Coleção
Oriente Médio

É Realizações
Editora

A Face Mutável do Antissemitismo

DOS TEMPOS ANTIGOS AOS DIAS ATUAIS

Walter Laqueur

TRADUÇÃO **Rodrigo Maltez Novaes**

São Paulo · 2022

Título original: *The Changing Face of Antisemitism: From Ancient Times to the Present Day*

EDITOR Edson Manoel de Oliveira Filho

PRODUÇÃO EDITORIAL É Realizações Editora

CURADOR Jorge Feffer

CAPA E PROJETO GRÁFICO Angelo Bottino

DIAGRAMAÇÃO Nine Design Gráfico / Mauricio Nisi Gonçalves

PREPARAÇÃO DE TEXTO Cristian Clemente

REVISÃO Alessandra Miranda de Sá e Marta Almeida de Sá

CIP-BRASIL. CATALOGAÇÃO NA PUBLICAÇÃO
SINDICATO NACIONAL DOS EDITORES DE LIVROS, RJ

L324f

Laqueur, Walter, 1921-2018
A face mutável do antissemitismo : dos tempos antigos aos dias atuais / Walter Laqueur ; tradução Rodrigo Maltez Novaes. - 1. ed.
224 p. ; 23 cm. (Oriente Médio)

Tradução de: The changing face of antisemitism : from ancient times to the present day
Inclui bibliografia e índice
ISBN 978-65-86217-49-0

1. Antissemitismo - História. 2. Cristianismo e antissemitismo. 3. Cristianismo e outras religiões - Judaísmo. 4. Judaísmo - Relações - Islamismo. 5. Islamismo - Relações - Judaismo. I. Novaes, Rodrigo Maltez. II. Título. III. Série.

22-78663 CDD: 305.696
CDU: 26:316.347(=411.16)

Meri Gleice Rodrigues de Souza - Bibliotecária - CRB-7/6439
30/06/2022 06/07/2022

É Realizações Editora, Livraria e Distribuidora Eireli
Rua França Pinto, 498 · São Paulo SP · 04016-002
Telefone: (5511) 5572 5363
atendimento@erealizacoes.com.br · www.erealizacoes.com.br

Este livro foi impresso pela Paym Gráfica e Editora em setembro de 2022.
Os tipos são das famílias Dala Floda, FF Spinoza e National.
O papel do miolo é o Lux Cream 70 g. e o da capa, cartão Ningbo C2 250 g.

SUMÁRIO

PREFÁCIO À EDIÇÃO BRASILEIRA

A FACE MUTÁVEL DO ANTISSEMITISMO traz ao Brasil a discussão acerca de um tema pouco abordado, mas sempre presente de forma subliminar na sociedade brasileira.

Vivemos em uma sociedade que foi fundada e subsistiu muito tempo sob o mito do caldeirão racial, da democracia racial, do "homem cordial" de Sérgio Buarque de Holanda. E, assim como o racismo tem sido negado ao longo dos séculos, também o antissemitismo se manteve como um "tabu", até que estudos mais recentes demonstraram a realidade da política migratória do governo Vargas, e as mudanças na recente política externa brasileira destacaram a ligação entre o antissemitismo contemporâneo e o antissionismo.

A recente pandemia levou ao aumento do antissemitismo, mostrando que temos de permanecer vigilantes em relação a essa forma persistente de racismo.

Embora o antissemitismo tenha encontrado sua expressão mais horrível no Holocausto, não terminou ali, pois continua a se alastrar pelo mundo atual. Manifesta-se também através do ressurgimento da negação e da distorção do Holocausto, com neonazistas e suas ideias ganhando força mundo afora.

Na Europa, nos Estados Unidos e em outros países, supremacistas brancos estão organizando e recrutando para além das fronteiras, exibindo símbolos nazistas e suas ambições assassinas.

A pandemia também abriu novas frentes para radicais que estão usando as mídias sociais a fim de disseminar propaganda e semear o medo e o ódio, e deve ser vista no contexto de um ataque global à verdade, que reduz o papel da ciência e da análise baseada em fatos da vida pública. Assim, quando a verdade morre, torna-se mais fácil explorar diferenças entre grupos ou inventar bodes expiatórios. A fragmentação da mídia tradicional e o crescimento das mídias sociais também contribuem para essa situação.

Quando a verdade é apenas uma versão entre muitas, a mentira se normaliza e a história pode ser distorcida e reescrita, permitindo o recrudescimento do racismo e da negação do Holocausto.

O ódio aos judeus pode ser entendido como um fenômeno milenar que se transforma ao longo dos séculos, passando pelo conflito com as raízes judaicas do cristianismo e culminando com a solução final nazista. Também pode ser visto, hoje, como um resgate de superstições e mitos medievais e a negação das ideias iluministas. Enfim, uma rejeição da modernidade.

Esse ódio aos judeus foi construído sobre uma base contraditória: o judeu era, ao mesmo tempo, aquele que negara Cristo como o messias, que por isso tinha de ser punido, mas também tinha de ser preservado para testemunhar o Juízo Final. E essa visão prevaleceu por quase dois milênios, combinando a discriminação e a limitação de atividades (o que levou os judeus à usura, acentuando sua imagem negativa junto à população).

Mas ainda que frequentemente vinculada ao cristianismo em aspectos religiosos da questão, a discriminação contra os judeus já era praticada na Grécia antiga e no período romano anterior ao nascimento e à pregação de Jesus.

O antissemitismo clássico permeou a sociedade ocidental durante dois milênios, gerando inclusive espaços totalmente "livres" de judeus, como na Espanha e na Inglaterra, após os decretos de expulsão lá promulgados. Já no século XX, a modalidade racial imposta pelos nazistas transformou a solução clássica do binômio conversão/expulsão, instituindo o extermínio como a "solução final" que promoveu o Holocausto.

Enquanto na Europa Ocidental a emancipação estava baseada no princípio dos direitos individuais, conferidos também aos judeus, na Europa Central a emancipação foi entendida como uma troca: os judeus teriam acesso aos seus direitos quando provassem que os mereciam, através da total assimilação. Mas os valores promovidos pelas conquistas napoleônicas, que beneficiaram os judeus nas áreas dominadas pelos franceses, foram eliminados pelo nacionalismo alemão após 1815. Na Prússia, judeus nunca poderiam tornar-se totalmente alemães simplesmente porque não faziam parte do povo alemão. Especialmente o conceito do romantismo alemão pregava que o pertencimento era determinado por uma "comunidade", não racional, definida pelo compartilhamento do sangue e do solo. E os judeus, que tradicionalmente estiveram alijados dessa sociedade, viram-se impedidos de adentrá-la, por mais que, racionalmente, a assimilação fosse possível.

As circunstâncias econômicas e sociais da época também conspiraram para potencializar a rejeição aos judeus como grupo diferenciado. Marginalizados da economia agrária, estavam perfeitamente posicionados para se beneficiar das mudanças oferecidas pelos novos setores: nas finanças, nas manufaturas e na indústria leve, nos transportes e no comércio em grande escala, os judeus se encontravam em posição de vantagem para progredir. Não era apenas a sociedade que os identificava com o liberalismo e a moderna economia capitalista, pois os próprios setores progressistas judaicos se identificavam com essas ideias.

Assim, quando os protestos contra a modernidade se expandiram no final do século XIX, os judeus se tornaram o bode expiatório ideal. Também na Rússia czarista o conflito entre o impulso racional de modernização da economia e a proteção de uma sociedade agrária arcaica transformou os judeus em vítimas, promovendo os grandes *pogroms* do final do século XIX e início do século XX. E a grande onda migratória da época foi decorrência desse processo. Os que ficaram, desiludidos, em sua maioria, ou foram identificados como capitalistas ou engajaram-se nos movimentos de esquerda que finalmente levaram à derrubada da monarquia em 1917. Na Rússia – e em diversas áreas da Europa – os judeus eram, portanto, acusados absurdamente de ser tanto capitalistas quanto comunistas. Foi esse ambiente marcado pelo progresso econômico, muitas vezes capitaneado por empreendedores judeus, que promoveu a prosperidade da população em geral na Europa central até que a crise econômica e a depressão dos anos 1870 levassem ao surgimento do antissemitismo político.

E foi nessa época que surgiram as primeiras publicações relacionando os judeus a teorias raciais, ainda antes da publicação de *A Origem das Espécies*, de Charles Darwin. A disseminação dessas ideias, que incluíam o apoio à eugenia, alimentou o antissemitismo e pavimentou o caminho em direção ao Holocausto.

Contudo, antes disso, a Primeira Guerra Mundial facilitaria uma breve integração judaica nos países centro-europeus que viveram uma onda de solidariedade nacional, de "pasteurização" das identidades. Todos, judeus e não judeus engajados no esforço militar, eram vistos sob a óptica do nacionalismo. A rápida frustração de ambos os lados, por conta de uma vitória nos primeiros estágios da guerra, causou amplas tensões nas sociedades envolvidas e criou, mais uma vez, terreno fértil para a busca de um bode expiatório. E os judeus eram o elemento universal presente em todos os cenários dessa tragédia. A derrota das potências centrais e a presença de judeus entre as principais lideranças revolucionárias do pós-guerra alimentariam o mito de uma conspiração judaico-bolchevique. Além disso, políticos judeus atuaram com destaque nos governos da República de Weimar e da Áustria, o que reforçou as acusações de rendição frente às potências ocidentais e as condições impostas pelo Tratado de Versalhes. A crise econômica que se seguiu à guerra, a humilhação imposta aos perdedores e as tensões oriundas da criação de uma infinidade de novos estados fundamentados na identidade nacional e na autodeterminação alimentaram o caldo antissemita daquela época.

A ascensão do partido nazista na Alemanha e a eleição de Hitler em 1933 iniciaram uma nova etapa, inédita, na história do antissemitismo e do povo judeu. As lições incorporadas em dois mil anos de perseguição, expropriação e incontáveis massacres não seriam capazes de prever o que estava por vir. Conduzida de forma progressiva, através de medidas legais implementadas pelo funcionalismo público alemão e com a conivência e o apoio da maioria da população, os judeus alemães foram segregados, desprovidos de cidadania, obrigados a emigrar e, finalmente, exterminados. O mesmo se deu nos países ocupados da Europa, onde, na época, vivia a maior parte da população judaica do mundo. O Holocausto, termo adotado para definir o extermínio dos judeus europeus, foi o ápice de um processo, mas não o seu final.

Nos anos que se seguiram ao final do conflito, o mundo se viu obrigado a reconhecer a barbaridade do crime cometido, e o fez por meio da promulgação da Declaração Universal dos Direitos Humanos, da Convenção para a Prevenção e Punição do Crime de Genocídio, da votação na ONU pela criação de um estado judaico. Também contribuiu para essa mudança o papel da Igreja Católica, que, no início da década de 1960, aboliu a acusação referente à responsabilidade judaica pela morte de Cristo e restabeleceu o reconhecimento do vínculo entre Deus e os judeus.

No entanto, após a pausa provocada pela revelação do impacto do extermínio na Europa, ressurgiram os antigos elementos baseados nas ideias disseminadas nos Protocolos dos Sábios de Sião: o judeu como elemento egoísta, avaro, manipulador, a própria personificação do mal.

Agora, quase oitenta anos após o final da guerra, podemos observar uma clara mudança na forma como se expressa o antissemitismo, que já não é baseado na etnicidade e nas teorias científicas raciais que pregavam a melhoria da raça humana. A Guerra Fria criou um novo parâmetro para as divisões que, nos Estados Unidos, relacionaram o judeu ao radicalismo político alinhado com a esquerda, enquanto na União Soviética, depois de um breve flerte com o recém-criado estado judeu, o antissionismo se estabeleceria como a nova face do antissemitismo.

As limitações impostas pelo Holocausto às manifestações de antissemitismo geraram um novo instrumento na forma de negação do Holocausto. A ideia de que o antissemitismo, quando não combatido, pode provocar um genocídio como o Holocausto ficou tão enraizada na sociedade ocidental que, somente através da negação, os antissemitas contemporâneos são capazes de fazer alguma acusação contra os judeus. Mas as cortes têm estado alertas e, em vários países, inclusive no Brasil, a negação de que tenha ocorrido o Holocausto tem sido condenada nos tribunais.

Nos Estados Unidos, um dos trágicos resultados do engajamento de judeus liberais na luta contra a discriminação dos afro-americanos foi a negação da liderança negra, apesar de esforços como os promovidos por Martin Luther King. Judeus passaram a ser identificados com a elite branca e, no contexto do conflito no Oriente Médio, com o opressor aliado aos Estados Unidos contra os árabes e palestinos.

Na Ásia surgiu uma forma curiosa de antissemitismo, caracterizada pela ausência de judeus e, portanto, baseada em sua imagem. Reflete a crença no poderio judaico, seu domínio das finanças e da imprensa, mas também demonstra uma admiração para com a forma como um grupo, numericamente tão reduzido, foi capaz de alcançar resultados tão significativos.

Os países muçulmanos, que não se envolveram diretamente no massacre europeu, "cobriram" sua rejeição aos judeus (que permeia o Alcorão) com as vestes do confronto contra Israel, transformando o antissemitismo clássico em antissionismo moderno. E nesses países o fenômeno tem de ser denominado antijudaísmo, porque antissemitismo denota um termo que também os incluiria. Com o surgimento do estado de Israel, a expressão de rejeição aos judeus foi em grande parte transferida das sociedades de que fazem parte como minorias para a condenação às ações do estado ou a negação do seu direito à existência. Os inimigos agora são Israel e os sionistas, seus defensores.

A negação do direito de existência de Israel – único entre as quase duzentas nações do mundo e evidenciado nas condenações na ONU e em outros organismos internacionais –, mesmo após o desaparecimento da União Soviética e do bloco de esquerda, representa o principal sintoma da resiliência do antissemitismo. Terroristas das mais diversas correntes fizeram questão de não diferenciar judeus e cidadãos israelenses quando estes se tornaram reféns de seus ataques, seja em Uganda, no navio Achille Lauro ou em inúmeros outros episódios. O ataque ao World Trade Center em Nova Iorque foi atribuído a uma conspiração judaica, com as redes disseminando a informação de que os judeus que lá trabalhavam haviam sido informados e que não teriam comparecido naquele dia.

Desde a criação do estado de Israel, em 1948, sua sobrevivência e seu sucesso foram atribuídos a um complô organizado pela comunidade judaica internacional e ao *lobby* promovido nos Estados Unidos. Ataques ao conceito do sionismo como movimento de autodeterminação do povo judeu e sua definição como uma guerra de extermínio contra os árabes são meramente um reforço do conceito tradicional de antissemitismo, expresso através de uma nova óptica.

O antissemitismo contemporâneo está representado pelo ressentimento contra o sucesso do judeu, onde quer que ele ocorra, pela discriminação social e cultural contra minorias judaicas na diáspora, acrescidos da utilização de critérios desproporcionais na crítica contra Israel. Tal postura anti-israelense poderia ser denominada "neo-antissemitismo", para que fosse diferenciada dos conceitos tradicional, milenar, religioso e racial. Estes têm em comum a obsessão, considerando Israel e a disputa com os palestinos como originários de todos os males no Oriente Médio, ignorando a miríade de conflitos que assolam a região desde antes da criação dos estados nacionais, após a Primeira Guerra Mundial.

Essa modalidade caracteriza-se pela demonização, pela deslegitimação e pela difamação de Israel, considerado o lar nacional do povo judeu. Acusações absurdas de genocídio contra o povo palestino (que comporta uma das populações que mais crescem no Oriente Médio), além da tentativa de se equiparar com as ações dos nazistas, compõem alguns dos mais sórdidos instrumentos da política do novo antissemitismo.

Portanto, este livro indispensável, agora disponível para o leitor brasileiro, nos deixa uma importante mensagem: por mais que tentem disfarçá-lo ou justificá-lo, o antissemitismo é algo que precisa ser reconhecido e combatido, pois os judeus serão sempre o "canário na mina". Onde forem discriminados e perseguidosm, serão, invariavelmente, os precursores de uma ação mais ampla contra minorias vulneráveis e desprotegidas.

Samuel Feldberg
Tel Aviv, maio de 2022

PREFÁCIO

COMO EXPLICAR O antissemitismo? Ele tem uma história muito longa, mas que foi escrita apenas durante o século passado. Não temos um Tucídides ou Plutarco do antissemitismo. Nenhum dos grandes historiadores e sociólogos do passado escreveu detalhadamente sobre o tema. Os esforços para explicar e interpretar o antissemitismo são de data ainda mais recente. Somente depois da Segunda Guerra Mundial e do desastre que se abateu sobre os judeus da Europa foi que surgiram as muitas tentativas de analisá-lo e compreendê-lo. Várias questões permanecem em aberto, e algumas provavelmente permanecerão sem solução no futuro próximo.

Elas incluem as questões sobre a existência ou não do antissemitismo antes do advento do cristianismo ou se o antagonismo em relação aos judeus naquela época não passava de "xenofobia normal"; se, como outros argumentam, o antissemitismo pode remontar não ao cristianismo primitivo, mas apenas ao final da Idade Média. Isso, por sua vez, levanta as questões de se e em que medida houve continuidade entre o antissemitismo tradicional, religioso, que prevaleceu até a segunda metade do século XIX e o antissemitismo racialista que o sucedeu e que levou ao assassinato em massa durante a Segunda Guerra Mundial. Um debate relacionado diz respeito a se e até que ponto o antissemitismo contemporâneo está enraizado no antissemitismo do passado ou se está relacionado principalmente com a existência e as políticas do Estado de Israel, assim como com o antiamericanismo, antiglobalismo e outras raízes e movimentos contemporâneos.

Embora até 1945 os antissemitas geralmente não se importassem de serem chamados de antissemitas, desde então há indignação por parte de muitos – por mais hostis que sejam aos judeus – de serem retratados com um pincel antissemita. E surge aqui a questão que indaga se os sentimentos de raiva deles são justificados. Isso também nos faz questionar se o que era histórica e predominantemente uma preocupação de setores das igrejas cristãs e dos movimentos de direita tornou-se, atualmente, muito mais frequente entre grupos muçulmanos e de esquerda. Mas seria isto calúnia grosseira ou fato inegável?

O debate continua no que diz respeito a investigar em que medida os motivos econômicos e psicológicos estão envolvidos no antissemitismo, ou se historicamente o antissemitismo era apenas a consequência de os judeus rejeitarem o cristianismo e o islã. E isso abrange a questão de se o antissemitismo é o resultado mais ou menos inevitável da posição social, econômica e política anômala dos judeus entre outros povos, causando portanto um efeito negativo sobre os judeus tanto em conjunto como individualmente.

Este breve estudo não pretende apresentar mais uma teoria do antissemitismo ou responder às muitas questões não resolvidas. Nem é uma declaração apologética ou polêmica; apenas tenta resumir pesquisas e debates que vêm ocorrendo há décadas. Também lida com o caráter atual do antissemitismo e suas perspectivas futuras.

Um dos mais renomados intelectuais da atualidade, Noam Chomsky, afirmou que "o antissemitismo não é mais um problema, felizmente", e isso pode ser bastante correto em certas partes do Estado de Massachusetts, bem como em algumas outras regiões da América do Norte. Mas é menos certo que essa afirmação ainda se sustente se formos um pouco mais além. Logo a dois ou três quilômetros do *campus* do Massachusetts Institute of Technology (MIT), o reitor de Harvard, Lawrence Summers, indicou a existência de uma ampla corrente de opiniões que encoraja um antissemitismo funcional, marcado por uma preocupação desproporcional com os judeus e o estado judeu: "Pessoas sérias e ponderadas defendem e realizam ações que são antissemitas em seus efeitos, quando não em suas intenções". (E o que dizer das pessoas que são menos sérias e ponderadas?)

O fato de o reitor de Harvard ser duramente criticado por dizer isso mostra que as paixões ainda estão em alta. Sessenta anos se passaram desde o final da Segunda Guerra Mundial; o fôlego dos judeus está acabando. Os judeus, argumenta-se, têm falado por muito tempo e intensamente sobre o Holocausto, como se a humanidade não tivesse vivenciado também outras tragédias durante o último século. Por outro lado, os judeus têm se saído muito bem social e economicamente e têm sido influentes demais política e culturalmente para passarem despercebidos. E também há Israel, o maior perigo para a paz mundial na opinião de muitos na Europa. E, como o principal historiador de esquerda Eric Hobsbawm escreveu, vários dos portões que se abriram tão amplamente para os judeus depois de 1945 podem ficar entreabertos. Parece-me prematuro, portanto, querer traçar a linha final sob este capítulo da história humana.

Aqui se faz necessária uma breve declaração pessoal. Pertenço aos últimos membros sobreviventes de uma geração que viveu o antissemitismo europeu em sua forma mais extrema, em contraste com os estudantes posteriores do antissemitismo, para quem o assunto é necessariamente um fenômeno abstrato ou pelo menos remoto. É improvável que um membro desta geração que perdeu pais e familiares naquele período esteja inclinado a tratar o antissemitismo como uma questão risível, assim como um professor no Canadá sugeriu recentemente. Por outro lado, tendo enfrentado o antissemitismo extremo, é improvável que essa pessoa reaja de forma exagerada, gritando "lobo" ao ver apenas um rato ou um mosquito.

Com algumas exceções específicas (assim como pode-se ver nas origens de *Os Protocolos dos Sábios de Sião*), o antissemitismo não esteve por muito tempo entre as questões centrais que me preocupavam em nível acadêmico. Mas durante trinta anos fui diretor do que era então o principal instituto para estudo e coleta de material sobre antissemitismo, a Biblioteca Wiener, em Londres. Embora não possa afirmar que estudei todas as publicações sobre antissemitismo que apareceram no mundo durante essas décadas, li (às vezes não sem esforço) e refleti sobre muitas delas. Este longo ensaio é o resumo do meu pensamento sobre o assunto.

Gostaria de expressar minha gratidão a Reinhard Kratz e Mark Cohen pela leitura crítica de um dos capítulos, e a Matthew Spieler, por ter atuado como meu assistente de pesquisa no trabalho para este livro.

Washington, D.C., janeiro de 2006

CAPÍTULO 1

O Novo Antissemitismo

SEJA COMO FOR definido ou classificado, o antissemitismo, a judeofobia ou o ódio e a suspeita aos judeus surgiu ao longo da história e em muitas partes do mundo com vários graus de intensidade. Isso não terminou com Hitler e a Segunda Guerra Mundial. Mas a motivação, o caráter e a manifestação do antissemitismo mudaram ao longo das eras e, apesar de bastante estudados, especialmente nas últimas décadas, muito dele ainda não está claro e permanece em disputa.

A primeira e óbvia questão nesse contexto é: o que há de diferente nos judeus que pode ter atraído ataques e perseguições? A necessidade de um bode expiatório pode ser parte da condição humana, mas não explica o porquê de os judeus terem consistentemente desempenhado esse papel. E as tentativas de explicar o antissemitismo moderno como uma aberração mental dos antissemitas, mesmo como uma doença mental, destacaram, de maneira não muito convincente, certos aspectos de um fenômeno muito mais amplo e complexo.

Historicamente, o judaísmo havia rejeitado duas das principais religiões do mundo, o cristianismo e o islamismo, e isso estava fadado a gerar hostilidade. Os judeus perderam seu estado e por dois mil anos sobreviveram como minoria. É verdade que há outros grupos étnicos ou religiosos, alguns até mais numerosos que os judeus, que também não têm um estado próprio, como os curdos, mas esses casos dificilmente são comparáveis. A maioria dos curdos vivem em territórios contíguos e há apenas uma pequena diáspora curda fora da região. Os judeus, por outro lado, têm sido uma presença minoritária em muitos países e, portanto, sua diferença sempre ficou marcada em todo o mundo.

Muitos ramos da árvore do povo judeu desapareceram ao longo da história, alguns sem deixar vestígios, mas outros sobreviveram. Que tipo de comunidades são essas fora do Estado de Israel? Muitos judeus não são mais religiosos, certamente não no sentido ortodoxo. A maioria dos judeus que vive fora de Israel não se considera um povo, exceto por sua origem. Se formam uma comunidade, essa é uma comunidade defensiva, uma comunidade de destino – mas, como os ataques contra eles diminuíram, esse laço comum também se tornou mais fraco. A assimilação na Europa, onde a maioria dos judeus vivia na época, não tinha sido muito bem-sucedida no século XIX. Mas o fato de não ter sido um sucesso e de não ter impedido o Holocausto não significa que estivera sempre fadada ao fracasso – e isso por razões óbvias. Hoje, o número de judeus diminuiu significativamente e, ao mesmo tempo, as sociedades ocidentais se tornaram muito menos monolíticas; ou, para falar de forma mais grosseira, os judeus não são mais a minoria mais incômoda.

No entanto, o antissemitismo continua, embora tenha havido tantas mudanças em seu caráter que a questão da continuidade em si é controversa. Qual é a natureza do antissemitismo? Até que ponto o antijudaísmo cristão estava ligado a atitudes pré-cristãs? Qual é a conexão entre o antissemitismo racialista do final do século XIX e início do século XX e a antiga tradição antijudaica cristã? E há um "novo antissemitismo" no momento atual?

A xenofobia era um fenômeno bastante frequente no antigo Egito, na Grécia e em Roma. Embora os judeus não fossem populares, a atitude para com eles não era significativamente diferente das atitudes em relação a outros grupos étnicos. O antissemitismo pré-cristão não tinha raízes sociais ou econômicas óbvias nem era motivado pela religião, exceto talvez no sentido de que, embora os judeus tenham sido pioneiros no monoteísmo (e tivessem orgulho disso), isso não era considerado pelos gregos e romanos uma grande realização espiritual. A religião judaica não era mais tolerante do que outras, e os judeus não haviam contribuído de outra maneira à vanguarda da civilização humana. Em comparação com Grécia e Roma, a Judeia e os judeus não haviam produzido valores culturais primordiais além do Antigo Testamento. No entanto, ao mesmo tempo, os judeus se uniam, se isolavam e se consideravam melhores do que os outros (ou pelo menos assim eram vistos pelos outros), por serem o povo eleito e por terem uma conexão especial com o deus deles. Isso causava ressentimento e, às vezes, desprezo, mas não era realmente uma das principais questões do mundo antigo. Em geral, o antissemitismo era um dos vários antagonismos nacionais e étnicos.

A situação mudou radicalmente com a emergência do cristianismo. Embora o cristianismo primitivo tenha sido uma seita judaica, ele se distanciou gradualmente do judaísmo, o que se transformou em hostilidade declarada. No início, a competição poderia ter sido o fator predominante, porque ambas as religiões estavam à procura de novos conversos. Mas o cristianismo logo prevaleceu, e, mesmo após a vitória, a hostilidade entre as duas religiões não diminuiu de maneira alguma. Afirmava-se que os judeus eram os principais culpados pela morte do fundador do cristianismo; eles o rejeitaram, pois haviam rejeitado os profetas anteriores, e a destruição do templo judeu, seu país e sua dispersão entre as nações era, portanto, um castigo justo.

Comunidades judaicas europeias foram submetidas a frequentes ataques, perseguição e deportação durante a Idade Média, e seu status legal era regulado de acordo com o ensinamento da Igreja, pensado para mantê-las vivas, mas na miséria. Os judeus eram limitados a certas profissões (como a usura, o que os tornava ainda mais impopulares) e, por fim, confinados a guetos. Mas anos de perseguição frequente (1096, 1348, etc.) foram seguidos por anos relativamente "normais", e, após a expulsão de um certo país, eles eram gradualmente readmitidos. Não teria sido assim caso o antissemitismo tivesse sido puramente doutrinário-religioso. Contudo, motivos sociais e econômicos também estavam envolvidos, e eles podem ajudar a explicar em certos casos por que a perseguição foi mais severa em alguns momentos do que em outros. O que importa na perspectiva histórica é o fato de que o estereótipo do judeu criado pelo *establishment* teológico da Igreja – ou muçulmano – durou ao longo dos séculos e continua a ter importância hoje.

Embora o antissemitismo religioso tradicional tenha durado até o período contemporâneo, a maioria dos estudiosos do fenômeno também aponta o desenvolvimento de um novo antissemitismo racialista moderno que surgiu na Europa Central durante a segunda metade do século XIX. Esses acadêmicos chamam a atenção para o crescimento do estado-nação e da ideologia nacionalista, para as tensões e pressões sociais que acompanharam a desintegração da sociedade feudal, e para a modernização. Judeus foram responsabilizados não poucas vezes por esses males sociais. Como se dizia que os judeus eram os principais benfeitores da transformação social, também eram culpados por suas consequências negativas. No século XX, e particularmente depois da Primeira Guerra Mundial, o declínio socioeconômico da classe média forneceu o pano de fundo para a maior receptividade ao antissemitismo.

Mas a ruptura na continuidade entre o antissemitismo moderno e o pré-moderno não deve, por uma série de razões, ser enfatizada em excesso. O antissemitismo racialista pode ser encontrado (por exemplo, na Espanha) muitos séculos antes de seu surgimento na Europa Central. Além disso, os elementos políticos e ideológicos característicos do surgimento do antissemitismo secular moderno na Alemanha e na Áustria não são de modo algum típicos do antissemitismo na Rússia e na Polônia nos séculos XIX e XX. Nestes dois países, onde a maioria dos judeus vivia na época, conceitos estritamente raciais nunca se desenvolveram; não havia teorias amplamente aceitas sobre uma raça pura eslava ou russa e a necessidade de destruir elementos racialmente inferiores. Mas o antissemitismo existia e baseava-se, como no passado, em elementos religiosos ou quase religiosos. O mesmo se aplica ao mundo muçulmano e em particular ao árabe, onde a teoria racialista sempre permaneceu como um fenômeno marginal sectário, e a principal motivação do antissemitismo permaneceu religiosa ou nacionalista-religiosa. Sob esta luz, não é difícil apontar, do ponto de vista cronológico, a transição do antissemitismo tradicional para o antissemitismo moderno na Alemanha ou talvez na França, mas é completamente impossível fazê-lo no contexto do Leste Europeu.

Se há controvérsia sobre a continuidade entre o antigo antissemitismo inspirado na religião e as novas teorias racialistas, há também um debate semelhante sobre a continuidade entre o antissemitismo racialista (grosso modo, o período entre 1880 e 1945) e o novo antissemitismo (ou judeofobia) do período após a Segunda Guerra Mundial. Certamente há uma diferença óbvia, embora superficial: antes de 1945, poucos antissemitas hesitavam em se chamar antissemitas, enquanto, mais recentemente, a timidez prevalece e o antissemitismo aberto e sincero é restrito aos sectários da extrema direita. Os antissemitas pós-1945 têm sido cuidadosos em enfatizar que sua hostilidade está limitada a indivíduos e grupos colonialistas, capitalistas e imperialistas que defendem políticas racialistas, agressivamente militaristas e reacionárias. Infelizmente, de acordo com esses críticos contemporâneos, alguns ou mesmo muitos desses indivíduos são judeus (sionistas ou pró-sionistas), mas que isso não deveria dar-lhes imunidade contra críticas justificadas.

A expressão "novo antissemitismo" data dos anos 1970, quando livros com esse título foram publicados pela primeira vez. Na época, referia-se apenas ao antissemitismo pós-nazista que emanava principalmente de grupos neonazistas na Europa e na América. Não implicava uma diferença qualitativa. No início do século XXI, entretanto, "novo antissemitismo" refere-se a diferenças substantivas em comparação com formas anteriores de antissemitismo.

Alguns observadores da cena europeia e americana argumentam que não há "novo antissemitismo" e que o antissemitismo e o antissionismo (ou anti-israelismo) são duas tendências distintas que não devem ser confundidas. Não há pedidos para a expulsão dos judeus, nem mesmo para uma legislação antijudaica específica, e também nesse aspecto há uma diferença básica entre o antissemitismo atual e o racialista do passado. Se isso é antissemitismo, argumentam, há tanto, ou mais, islamofobia no mundo ocidental, na Rússia e em outros lugares.

Enquanto os judeus foram perseguidos, havia alguma simpatia por eles na esquerda, mas, uma vez que os judeus (ou israelenses) se tornaram os perseguidores, as atitudes em relação a eles estavam fadadas a mudar. Será que muitos judeus, sofrendo com o trauma do Holocausto (ou usando o Holocausto como uma arma propagandística), têm exagerado em relação a críticas justificadas? No mundo árabe e muçulmano, a situação é diferente, na medida em que os termos "Israel", "sionismo", "judaísmo" e "judeus" são usados como sinônimos; quando alguma distinção é feita, costuma ser para consumo externo.

O fato de a crítica a Israel não ser, por si só, antissemitismo é tão óbvio que dificilmente precisa ser dito mais de uma vez. Se Israel não tratar seus cidadãos não judeus de maneira igualitária e humana, se persistir em manter territórios ocupados em 1967 contra a vontade da população local, se apreender ilegalmente terras em outros países, se uma facção racialista-chauvinista dentro de Israel desafiar a lei e os direitos humanos elementares (e em certo grau ditar o comportamento ultrajante de Israel a outro governo), e se algumas pessoas em Israel não estiverem dispostas a aceitar os direitos dos outros, tal comportamento será condenável.

Mas Israel não faz fronteira com a Holanda e a Suíça; como Israel pode sobreviver em um ambiente hostil se não jogar de acordo com as regras locais? Não é verdade que muitos, talvez a maioria dos países fora da Europa Ocidental e da América do Norte, se comportam de maneira semelhante? Por isso, ouvimos as queixas israelenses e judaicas sobre os padrões duplos aplicados a eles.

A queixa está correta, mas baseia-se na crença equivocada de que existem direitos iguais para todos. Israel não é nem a China nem a Índia; não tem 100 milhões de habitantes, nem campos petrolíferos ou outros recursos vitais. Como se pode esperar que seja perdoado por violações de normas perdoadas a outros países muito maiores ou estrategicamente importantes? A Rússia pode não ser mais uma superpotência, mas não se ouve o menor murmúrio por parte das outras potências sobre o modo como os chechenos foram tratados; nem mesmo nos países muçulmanos houve palavras de condenação, muito menos apelos por uma *jihad*. Nunca houve resoluções e conferências das Nações Unidas condenando a Rússia, a Índia ou a China por perseguirem os muçulmanos.

O que é o "novo antissemitismo"? O problema se resume à questão de se o antissemitismo e o antissionismo são dois fenômenos inteiramente distintos ou se o antissionismo pode se transformar, em certas circunstâncias, em antissemitismo. Infelizmente, não há limite claro. Argumentou-se que, quando a crítica de Israel cruza a linha do justo para o injusto, ela se torna antissemita. Mas o que é justo e o que é injusto? Alguns argumentaram que mesmo a difamação sistemática de Israel, isolando o estado judeu injustamente, pode não ser necessariamente antissemita, dadas as paixões inflamadas e o sofrimento que o conflito gerou.

À luz da história, o argumento de que o antissionismo é diferente do antissemitismo não é muito convincente. Ninguém contesta que, no final do período stalinista, o antissionismo era apenas um sinônimo de antissemitismo. O mesmo se aplica hoje à extrema direita, que, por razões legais ou políticas, opta por slogans antissionistas e não abertamente antijudaicos. No mundo muçulmano e particularmente no mundo árabe, as distinções entre judeus e sionistas raramente existiram e são agora aparentemente menores do que nunca. No entanto, mesmo se ignorarmos tanto a história como a situação em outras partes do mundo e limitarmos a discussão ao antissionismo de esquerda ocidental, as questões não são claras.

Cerca de metade de todos os judeus agora vivem em Israel. O argumento de que o Estado de Israel é o maior perigo para a paz mundial, e que não tem o direito de existir, é antissionista, anti-israelense, ou antissemita? Se esse argumento se baseia no pressuposto de que os estados-nações, em geral, causaram mais danos do que benefícios e devem ser desmantelados, não pode ser considerado antissemita. Mas poucos daqueles que insistem na eliminação do Estado de Israel compartilham a convicção de que todos os estados-nações devem ser eliminados. Acreditam eles que outros Estados, por não serem tão perigosos quanto Israel para a paz mundial, têm o direito de existir.

Há muito mal no mundo e milhões pereceram na última década ou duas como resultado de guerras civis, repressão, perseguição racial e social e conflitos tribais, do Camboja a grande parte da África (Congo, Ruanda e Darfur). Mais de 2 bilhões de pessoas vivem em ditaduras repressivas, mas também há perseguição em países que são livres ou parcialmente livres. Na Indonésia, no Paquistão, em Bangladesh, na Ásia Central e além, há grupos minoritários nacionais e religiosos que são sistematicamente perseguidos, abusados, estuprados, queimados, baleados, enviados a câmaras de gás e condenados a verem suas propriedades demolidas. Na verdade, seria difícil pensar em países fora da Europa e da América do Norte que estivessem inteiramente livres desse sofrimento; e mesmo a Europa teve tais incidentes em grande escala, como nos Bálcãs. Mas não houve manifestações de protesto a respeito do destino dos *dalits* (intocáveis) na Índia, embora haja mais de 10 milhões deles. O destino dos uigures na China, os coptas no Egito ou os *bahá'ís* no Irã (para citar apenas alguns povos perseguidos) não gera muita indignação nas ruas da Europa e da América.

Segundo os pesquisadores da paz, 25 milhões de pessoas foram mortas em conflitos internos desde a Segunda Guerra Mundial, entre elas, 8 mil no conflito Israelo-Palestino, que ocupa o quadragésimo sexto lugar na lista de vítimas. Mas Israel tem sido mais frequentemente condenado pelas Nações Unidas e por outras organizações internacionais do que todas as outras nações juntas.

Isso nos faz procurar saber mais uma vez o porquê de Israel ser considerado um caso à parte e se isso é justo ou injusto, se é denúncia legítima ou antissemitismo. Quem aponta os delitos sionistas certamente não o faz porque a injustiça de Israel se dá em escala maior. Acaso as críticas a Israel foram mais duras e mais frequentes apenas por esperar-se mais dos judeus? Ou por Israel ser pequeno e isolado e existir um preconceito contra o país?

Paixões inflamadas e sofrimento por certo podem explicar as atitudes palestinas; suas paixões estavam realmente inflamadas e o povo palestino sofreu. Isso também explica por que os palestinos, no calor da batalha, têm atacado não apenas o sionismo e Israel, mas os judeus em geral. Mas por que as paixões de pessoas vivendo a milhares de quilômetros de distância – que nunca estiveram nessa parte do mundo, e não têm familiaridade com as circunstâncias do conflito nem laços emocionais particulares com ele – também estão em chamas? Se os amigos dos oprimidos e humilhados protestassem em outros casos de injustiça, seu caso seria irrefutável. Mas se os protestos antirracialistas em defesa dos direitos humanos são feitos seletivamente, cabe perguntar-se por quê. Nem as emoções antirracialistas nem anti-imperialistas, por mais intensas e sinceras que sejam, podem satisfatoriamente explicá-lo. Deve haver algo adicional nisso, e, se esse fator adicional não for antissemitismo, o que é? Seria uma nova forma de antissemitismo pós-racialista disfarçado de antirracismo e anti-imperialismo?

O "novo antissemitismo" foi explicado como antissionismo ou hostilidade causada pelo fato de os judeus serem vistos como representantes de Israel. Como ele não inclui os estereótipos tradicionais, alega-se que não pode ser propriamente associado ao antigo antissemitismo. Isso pode ser verdade em alguns casos, mas não em outros. Além disso, o sentimento antijudaico entre a esquerda e a mídia na Europa Ocidental e no Leste Europeu foi gerado apenas parcialmente por eventos em Israel. Houve uma transmutação e modernização do antissemitismo de forma mais geral – a "usura" tornou-se "Wall Street", e *Os Protocolos dos Sábios de Sião* ressurgiu como a conspiração dos neoconservadores visando a conquista do mundo.

Ainda que partamos do princípio de que as políticas israelenses são o fator mais importante no que diz respeito ao surgimento do "novo antissemitismo", permanece a questão de por que as políticas israelenses, embora perversas, geram primeiramente paixões tão fortes em pessoas como Míkis Theodorákis ou "Carlos, o Chacal" – em outras palavras, pessoas sem participação no conflito Israelo-Palestino, que não sofreram física ou emocionalmente com ele? Seria uma simpatia ao oprimido, um sentimento de que a injustiça deve ser combatida? Mas, se assim for, por que se concentrar em um oprimido específico e ignorar os outros? Não há resposta clara para essa pergunta; parece, no entanto, que deve haver um aspecto ou dimensão específica para esse caso de injustiça que outros casos não têm.

Quais são as perspectivas do antissemitismo no mundo contemporâneo? Tentativas de responder a essa pergunta são especulativas, mas mesmo sem certezas é possível apontar tendências políticas, econômicas, sociais e, sobretudo, demográficas, que lançam alguma luz sobre essas perspectivas.

Tradicionalmente, a Europa era o continente em que o antissemitismo tinha raízes mais fortes e manifestações mais extremas. Não é mais o caso, em parte por causa do pequeno número de judeus que moram lá, mas também por causa do enfraquecimento dos principais pilares tradicionais do antissemitismo – as igrejas, a extrema direita e o movimento nazifascista. A influência política das igrejas está mais fraca do que nunca; além disso, as igrejas denunciaram o antissemitismo e se engajaram em um diálogo ecumênico inter-religioso, com ênfase na amizade e no perdão. Clérigos, de forma individual, continuam a espalhar propaganda antissemita (na Itália, Grécia, Rússia), mas no total isso não significa muito.

Seria prematuro descartar o neofascismo e o neonazismo na Europa (e seitas semelhantes na América), particularmente numa época em que o poder europeu está encolhendo, em que o velho continente enfrenta tensões econômicas e sociais e, acima de tudo, em que a pressão populacional sobre a Europa advinda dos países muçulmanos e do terceiro mundo aumenta.

Os fatos e tendências são bem conhecidos e não precisam ser mencionados em detalhe. Se o atual declínio na taxa de natalidade continuar, o número de pessoas que vivem na Alemanha terá caído de 82 milhões atualmente para 32 milhões até o final do século; os respectivos números para a Itália são 57 milhões e 15 milhões, para a Espanha 39 milhões atualmente e 12 milhões até o final do século. Por outro lado, os países do Magrebe terão 120 milhões de habitantes apenas em 2050, daqui a uma geração. O Egito terá 115 milhões e a Turquia, 100 milhões. A população do Irã será maior que a da Rússia. Diz-se às vezes que tais projeções não são confiáveis, mas não foi esse o caso em relação ao período após a Segunda Guerra Mundial: as projeções mais sérias estavam corretas, com uma margem de erro de apenas alguns pontos percentuais.

Em resumo, o caráter da maioria dos países europeus está mudando com rapidez e provavelmente mudará com ainda mais rapidez no futuro. Até hoje, entre 40% e 50% dos jovens das cidades da Alemanha Ocidental, como Colônia, são estrangeiros; o mesmo se aplica às principais cidades holandesas (Amsterdã, Roterdã, Utrecht). A porcentagem é quase igualmente alta nas regiões francesas com forte imigração muçulmana

(Île-de-France, Provence, Alsácia, Languedoc), mas menor no Reino Unido (Londres, Bradford, Birmingham, Manchester). Em meados do século atual, entre um quarto e um terço da população da França, da Alemanha e de outros países europeus será muçulmana ou de origem muçulmana. Como as comunidades judaicas também estão concentradas nas grandes cidades, isso significa que em poucas décadas elas existirão em um ambiente em que os muçulmanos serão muitos e mesmo a maioria absoluta.

O declínio da "velha Europa" está fadado a fortalecer os movimentos políticos radicalmente opostos à imigração. Mas tal oposição não se limita ao neofascismo e à extrema direita; é compartilhado agora pela maioria dos partidos políticos. A extrema direita não mudou sua atitude fundamentalmente hostil em relação aos judeus, mas o "perigo judaico" é muito menor agora do que o perigo muçulmano, a ponto de os próprios judeus sentirem-se pressionados a ajustar suas políticas de acordo com ele. De fato, em partes da Europa, como a Bélgica, setores da comunidade judaica estão optando pelos partidos políticos que mantêm as ruas mais ativamente protegidas e que previnem ataques – não por qualquer afinidade ideológica, mas por razões eminentemente pragmáticas.

Como os governos europeus estão enfrentando a mudança demográfica? Estão apenas parcialmente conscientes dos enormes problemas que têm diante de si. A tendência natural dos governos democráticos eleitos por um período de quatro ou cinco anos é ignorar os perigos que estão mais à frente. Mas bem pode ser que seja tarde demais para tomar medidas efetivas, e há chances de ocorrer um súbito despertar que poderá se manifestar em reações radicais e até em pânico. A política implantada no futuro (e que até certo ponto já é implantada hoje) será uma mistura de mão forte e conciliação. "Mão forte" significa reduzir de modo drástico a imigração, opondo-se a violações agressivas das normas legais e valores culturais das sociedades ocidentais (por exemplo, a proibição do hijabe na França). Mas a situação é ainda mais complicada devido ao fato de as economias da Europa Ocidental precisarem de novos imigrantes para fazer suas indústrias e serviços funcionar e fornecer a rede de segurança social da qual o estado de bem-estar social depende. Mas de onde virão esses novos imigrantes?

Uma política de repressão está fadada a ser suavizada por um apaziguamento. Embora em alguns países europeus apenas alguns imigrantes de países muçulmanos têm o direito de votar, isso mudará, no mais tardar, dentro de uma ou duas gerações. Mesmo no momento atual, o voto muçulmano é significativo em dezenas de eleitorados britânicos e franceses, e isso aumentará muito rapidamente no futuro. Nas circunstâncias, os partidos políticos se esforçarão para mostrar que nada está mais longe da mente deles do que a islamofobia e que haverá uma disposição para fazer concessões aos sentimentos muçulmanos em questões que não são de interesse central para a maioria não muçulmana.

É neste contexto que a questão judaica provavelmente desempenhará um papel. Dados os sentimentos antijudaicos nas comunidades muçulmanas (menos pronunciados entre os turco-alemães do que entre os norte-africanos franceses ou holandeses), a política em relação a Israel (um país impopular em qualquer caso) será afetada, mas também, inevitavelmente, afetará a posição de judeus locais, que serão bem aconselhados a assumir um perfil moderado para escapar de ataques. Há partes da Europa nas quais os judeus têm sido muito menos ameaçados do que em outras, e é bem possível, e até provável, que, com a aculturação e integração do elemento muçulmano na sociedade europeia, essas tensões se tornem menos agudas com o tempo. Mas é improvável que isso aconteça no futuro próximo.

Enquanto isso, os judeus europeus ficarão sob pressão crescente. A Grã-Bretanha já apresenta essa pressão, por exemplo, nos discursos e artigos "antissionistas" de Ken Livingstone, prefeito de Londres, e nos ataques contra líderes judeus do Partido Conservador. Cada caso é diferente, e as generalizações são enganosas. Em alguns casos, esses ataques podem ser puramente oportunistas, ditados por fatos eleitorais; em outros casos, pode haver uma genuína aversão aos judeus, que será expressa mais abertamente à medida que o Holocausto recua no passado e, com ele, o peso na consciência das nações europeias. Na maioria dos casos, talvez se trate de uma mistura das duas tendências. De qualquer forma, os judeus provavelmente serão afetados de forma negativa.

Há alguns anos, um importante intelectual francês de esquerda escreveu no *Le Monde* que não se deveriam passar por alto as implicações políticas do fato de haver dez vezes mais árabes do que judeus na França. O escritor em questão foi atacado – por dizer em voz alta o que todos sabiam e muitos já aceitavam. Em outros países europeus, a discrepância nos números é muito maior. Esses fatos explicam, pelo menos em parte, as mudanças que ocorreram nas atitudes de esquerda não apenas em relação a Israel, mas também em relação aos judeus. O impacto doméstico do fator muçulmano será ainda maior na Europa no futuro do que no passado. Os números importam, como na pergunta de Stalin: quantas divisões tem o papa?

Um exercício de história contrafactual: e se o Império Otomano tivesse desmoronado cem anos antes do acontecido, e se a maioria dos judeus europeus tivesse decidido mudar-se e estabelecer-se lá? Dada uma taxa de natalidade semelhante à da faixa de Gaza, a região teria agora uma população entre 60 e 80 milhões de habitantes, talvez até mais. E se grandes campos petrolíferos tivessem sido descobertos neste imaginário Grande Israel indo do Nilo ao Eufrates?

Tal país viveria em paz com seus vizinhos e seria um membro honrado das Nações Unidas. Não haveria debates sobre o seu direito de existir, pois ninguém iria mexer com um país de tal tamanho, poder e importância geoestratégica. Os líderes religiosos muçulmanos invocariam citações do Alcorão enfatizando a amizade e a proximidade de muçulmanos e judeus, filhos do mesmo ancestral – Abraão (Ibrahim). Não haveria ataques contra o sionismo por parte dos antiglobalistas e trotskistas, apenas canções de louvor referentes ao renascimento milagroso de um povo antigo.

Estas são, é claro, meras fantasias que talvez fascinassem um visionário como Disraeli. Mas o Império Otomano não entrou em colapso e os judeus não emigraram para lá. Israel é um país pequeno que ainda não tem muita certeza do seu status no mundo. Sua existência ainda não foi aceita por seus vizinhos. Pequeno pode significar belo em todos os outros contextos, mas, nos assuntos internacionais, suas desvantagens são óbvias.

Mas seria errado supor que as atitudes mudaram apenas por causa da demografia. As raízes da mudança remontam às décadas de 1960 e 1970, período em que esses fatos demográficos ainda não existiam – ou, em todo caso, não eram completamente percebidos.

A mudança também antecede Ariel Sharon, a Intifada e a chegada da direita conservadora ao poder em Israel. Se esse for o caso, por que as atitudes de esquerda mudaram? Até certo ponto, as mudanças estão ligadas ao antiamericanismo da esquerda europeia (mas não apenas da esquerda). No entanto, o antiamericanismo era galopante na Europa muito antes dos presidentes Ronald Reagan e George W. Bush, e as relações entre Washington e Jerusalém não eram de forma alguma próximas no passado. Em outras palavras, o distanciamento entre a Europa e a América remonta ao passado e a uma mudança ideológica mais profunda, embora os eventos desde 1967 tenham causado um agravamento.

Se nas décadas de 1920 e 1930 os judeus foram atacados por serem considerados elementos destrutivos por seu papel proeminente no comunismo e em outros movimentos revolucionários de esquerda, o principal ataque no momento atual vem do campo populista, antiglobalista de esquerda, e as acusações são o oposto do que já foram – agora os judeus são vistos como protagonistas do capital financeiro internacional. Anteriormente, os judeus eram acusados de serem cosmopolitas e internacionalistas sem raízes. Agora são apontados como os avatares de um nacionalismo anacrônico e reacionário, duplamente repreensível em vista da estreita aliança entre Israel e a América do Norte. Um slogan antissemita frequente nas ruas da Europa nos anos 1930 era "Judeus, mudem-se para Jerusalém". Sessenta anos depois, eles são chamados a sair de Jerusalém.

Nas últimas décadas, houve uma reorientação ideológica do que costumava ser a esquerda. Com a desilusão progressiva com o comunismo e o posterior colapso do Império Soviético, as simpatias da esquerda foram transferidas para o terceiro mundo, para os países subdesenvolvidos da Ásia e da África. Se anteriormente o lema (não oficial) era "nenhum inimigo à esquerda", a nova orientação é "nenhum inimigo no terceiro mundo". Mas Israel não era um país do terceiro mundo. A esquerda, com poucas exceções, nunca foi a favor de uma pátria judaica, que considerava um passo na direção errada. E, como os problemas gerados pela criação de um estado judeu se multiplicaram, o antigo antagonismo reapareceu com vigor adicional.

Em uma reviravolta irônica da história, Israel tem sido aconselhado há décadas a não ser um posto avançado do Ocidente, mas a se integrar cultural e politicamente à parte do mundo em que está localizado. Nas últimas décadas, tais mudanças dentro de Israel ocorreram com o crescimento do fundamentalismo religioso, do nacionalismo religioso e do crescimento do elemento "oriental" (judeus do norte da África e do Oriente Médio e seus descendentes). Essas mudanças não ajudaram de forma alguma a integração de Israel a seus arredores, nem afetaram a hostilidade contra Israel. Pelo contrário, a "orientalização" de Israel apenas intensificou a inimizade. Como muitos europeus viram, o apoio dos judeus a Israel (e a assistência dada pela direita americana) envenenou as relações entre a Europa e o Oriente Médio, ameaçou o suprimento de petróleo, aumentou o perigo de uma nova guerra e, acima de tudo, intensificou as tensões na Europa entre os novos imigrantes muçulmanos e os outros segmentos da população.

Tais atitudes não se limitavam de modo algum à esquerda europeia; antes, foram cada vez mais imitadas pela grande mídia desse continente. E, com o passar do tempo, a hostilidade contra Israel foi transferida para os judeus que o apoiavam – ou pelo menos para aqueles que não se dissociam ativamente dele. Essas explicações não dão conta por completo da animosidade em relação aos judeus europeus que não eram nem sionistas nem se envolviam ativamente na vida judaica. Por outro lado, também é verdade que houve e existe uma tendência a exagerar a intensidade do "novo antissemitismo", que, afinal, não visa à eliminação física dos judeus como o antissemitismo racialista pré-guerra, mas meramente à redução da influência judaica, real ou aparente. O novo antissemitismo não visa à exclusão radical, mas ao apaziguamento, e espera-se que os judeus minimizem sua presença, e não causem tensão e conflito desnecessários e perigosos.

A situação dos judeus e a questão do antissemitismo na Rússia e no Leste Europeu são diferentes, na medida em que o fator muçulmano não existe nem é percebido como basicamente hostil. Isso não impedirá o governo russo de tentar melhorar as relações com países árabes e muçulmanos, justamente para neutralizar os objetivos políticos das minorias muçulmanas domésticas. Mas isso, com toda a probabilidade, não afetará os judeus que vivem na Rússia. O fato de tantos judeus terem emergido como oligarcas super-ricos na era da *perestroika* sem dúvida alimentou o antissemitismo nativo, ainda que a maioria dos oligarcas (como os líderes bolcheviques antes deles) não tivessem ligação com a comunidade judaica ou tivessem se distanciado formalmente dela.

Por outro lado, o impacto antissemita do surgimento desses oligarcas judeus não foi tão traumático quanto se poderia esperar. O antissemitismo russo argumentou (falsamente) por mais de um século que os judeus estavam, entre outras coisas, dominando a economia russa. E quando, durante vários anos, os oligarcas pareciam estar em tal posição, o choque foi, portanto, bem menor do que muitos supunham. De qualquer forma, o aparato burocrático estatal e da KGB logo começou a espremer os super-ricos. Embora os governos russos não demonstrem qualquer predileção particular por judeus, individual ou coletivamente, tampouco são ativamente antissemitas. Dado o pequeno número de judeus sobreviventes nessas regiões após a guerra e o grande êxodo da Rússia e da Ucrânia, a questão judaica não figura mais entre as mais importantes na agenda russa. As relações entre a Rússia e seus vizinhos, as antigas partes da União Soviética, assomam consideravelmente maiores.

Muito depende, no entanto, do clima geral que prevalecerá na Rússia e no Leste Europeu nos próximos anos e décadas. Se as tendências políticas e sociais e a evolução econômica forem relativamente tranquilas, haverá paz na frente doméstica. Mas se as políticas geral e econômica do estrato dominante se depararem com dificuldades ou fracassarem, velhas inimizades poderão reaparecer, e o antissemitismo poderá se tornar política oficial pelo menos por um tempo, afetando os judeus, não importa quão insignificantes sejam seus números.

O antissemitismo surgiu nos Estados Unidos assim como na Europa, e será ativo no futuro tanto na extrema direita – em especial nas seitas e milícias neonazistas com sua invocação do Governo de Ocupação Sionista (GOS) – como na extrema esquerda. Ambos os extremos compartilham a crença nas teorias da conspiração e no poder dos meios modernos de comunicação, em particular da internet, que lhes proporcionou acesso sem precedentes a muitas pessoas. Os neonazistas negam o Holocausto; a extrema esquerda não nega, mas se opõe à ênfase excessiva no assassinato dos judeus durante a Segunda Guerra Mundial, porque isso só pode servir à causa do sionismo e de Israel. O antissemitismo da extrema direita é tradicional e racialista, no modelo anterior à Segunda Guerra Mundial.

O antissionismo da extrema esquerda é pós-racialista, motivado sobretudo pelo antiamericanismo e pelo apoio dos Estados Unidos a Israel, e conta com vários judeus entre seus porta-vozes e seguidores. É particularmente prevalente nas universidades, e vários de seus seguidores se esforçam bastante para explicar que não se opõem à América em si, mas apenas à direção errada que a política interna e externa americana adotou nos últimos tempos. Judeus e grupos judeus (os neoconservadores) são responsabilizados por essa virada errônea, embora a maioria dos eleitores judeus seja tradicionalmente encontrada no campo democrático de centro-esquerda.

Em sua forma mais radical, a rejeição dos valores americanos e do sionismo é absoluta, pois esses princípios são considerados incuravelmente reacionários e anti-humanos. Em sua forma mais branda, a oposição a uma política externa americana ativista (agressiva) tem um alcance muito mais amplo. Secundada pela velha direita (paleoconservadores) e por muitos liberais, essa oposição é muito influente na mídia e se estabeleceu como a nova correção política. Inclui a crença de que a associação próxima com

Israel causou muito mais mal do que bem e não beneficia os Estados Unidos. Assim, o todo-poderoso *lobby* judaico em Washington é criticado e responsável pela mudança fatal da política externa americana.

Como tudo isso afeta os judeus americanos e em que ponto o antissionismo se torna antissemitismo? Isso dependerá muito dos eventos no Oriente Médio e no mundo muçulmano nos próximos anos; os contratempos americanos criarão uma constelação na qual os judeus poderão ser apontados como responsáveis em grande medida pelo envolvimento e a derrota dos americanos nos conflitos da região. Mas é difícil imaginar que o antissemitismo, antigo ou novo, se torne um fator crucial na cena política ou social americana. A América é um país de imigrantes que tradicionalmente dá muito espaço a ondas consecutivas de recém-chegados. Os muçulmanos em comunidades nos Estados Unidos são de origens sociais e econômicas diferentes dos muçulmanos da Europa, e são mais integrados. Se há temores em relação às tensões étnicas domésticas nos Estados Unidos, elas dizem respeito a minorias que não são judias ou muçulmanas.

O antissemitismo no mundo contemporâneo continua a existir na Europa e na América, mas é muito menos importante do que nos países muçulmanos e árabes. O ressurgimento do antissemitismo na Europa é predominantemente de caráter muçulmano. Há probabilidade de que isso mude no futuro próximo? E até que ponto isso depende de Israel? Os muçulmanos fiéis consideram Israel um corpo estranho em seu meio, e os judeus um inimigo pérfido de acordo com o Alcorão. É verdade que os cristãos também são inimigos, mas os cristãos são muitos e, por enquanto, poderosos, de modo que precisam ser aceitos. Os judeus são poucos e muito menos poderosos; por que não tentar derrotá-los? A *jihad* contra eles deve ser levada até o fim – a destruição de seu Estado e a redução dos sobreviventes ao antigo status de *dhimmis*, isto é, cidadãos de segunda categoria.

Esse é o desejo dos extremistas religiosos e nacionalistas. Mas tais crenças não são estáticas e imutáveis; seu ímpeto não permanece forte para sempre. O cristianismo não se envolve em cruzadas há muito tempo, não há razão para supor que o islã continuará em guerra contra os judeus. Para os palestinos, a prevalência de Israel deve continuar a ser um trauma no futuro próximo, ao passo que a perda de parte de sua pátria é uma injustiça enorme, que só pode ser corrigida pela violência. É natural que eles queiram que esse Estado deixe de existir. Assim que tiverem o próprio estado, porém, os problemas da vida cotidiana serão grandes e muito da sua energia terá que ser investida no funcionamento desse estado. O grande desejo de reconquistar o que foi perdido não desaparecerá, mas não será uma meta como nos dias em que este era o único problema.

O mesmo acontece em particular no que diz respeito aos outros países árabes e muçulmanos e às comunidades muçulmanas na Europa. Israel e os judeus permanecerão inimigos. Mas é improvável que sejam considerados os únicos ou mesmo os principais inimigos; esses países e comunidades, a maioria deles distantes de Israel e dos judeus, enfrentam grandes problemas em todos os aspectos. Muitas de suas reclamações não têm nada a ver com a existência de Israel e a presença dos judeus, mas com outros fatores, como a (aparente) discriminação dos jovens muçulmanos na França, ou relações internas árabes, ou as tensões entre xiitas e sunitas, ou o desemprego no norte da África, ou o conflito entre a Índia e o Paquistão.

Não se pode dar como certo que Israel seguirá uma política de acomodação com a Palestina; o extremismo fundamentalista-nacionalista do mundo muçulmano tem sua contrapartida em fortes grupos marginais de igual fanatismo dentro de Israel. Uma vez que os palestinos tenham um estado viável, no entanto, e uma vez que Israel tenha dado outros passos para acomodar os interesses muçulmanos – como a internacionalização dos lugares sagrados de Jerusalém –, há uma chance razoável de que o antissemitismo árabe diminua, embora não desapareça. Por outro lado, principalmente por causa da profunda propensão das sociedades árabes e muçulmanas a acreditar em conspirações, por mais exageradas e irreais que sejam, não há certeza de que o fanatismo profundamente arraigado irá desaparecer com rapidez. Em uma era nuclear, tal fanatismo poderia ter consequências devastadoras.

Os judeus estarão sob pressão e ataque em muitas partes do mundo, sobretudo (mas não inteiramente) por insistirem que têm direitos não apenas enquanto indivíduos, mas também enquanto grupo nacional. Que isso não é de forma alguma comparável às perseguições das décadas de 1930 e 1940 é evidente. Chamar isso de antissemitismo de pressão, de judeofobia, antissemitismo pós-racialista ou antissionismo radical é uma fascinante questão semântica que dá margem a uma discussão interminável. Hitler deu má fama ao antissemitismo e mesmo os críticos mais severos dos judeus relutam em aceitar esse rótulo. Já não se chamam as coisas pelo nome, mas, qualquer que seja a terminologia usada, não há razão para acreditar que o último capítulo da longa história do antissemitismo já tenha sido escrito.

CAPÍTULO 2

Interpretações do Antissemitismo

"ANTISSEMITISMO" É UM termo relativamente recente. A maioria dos historiadores afirma que foi cunhado em 1879 por Wilhelm Marr, um jornalista alemão. Isso é apenas parcialmente correto, porque o termo foi usado por pelo menos duas décadas antes, em enciclopédias da época. Mas é verdade que Marr popularizou o termo e o pôs em circulação. Radical nos anos de juventude, publicou um panfleto antijudaico, "de um ponto de vista não religioso", como disse o autor. Ele argumentou que era errado atacar os judeus como assassinos de Cristo e que as acusações medievais sobre a contaminação de hóstias e assassinatos rituais eram ambas tolices – seus ataques foram dirigidos contra o que ele chamou de "espírito judaico" e seu impacto nefasto sobre a cultura e a vida alemãs em geral. Ele tratava do antissemitismo moderno, não do medieval.

Mas o que exatamente o antissemitismo significava? Marr se opunha e lutava contra o "semitismo" – outro neologismo, que não sobreviveu. O termo foi tirado do reino da linguística, mas o interesse dos antissemitas sobre o acadiano (a mais antiga língua semítica) era tão limitado quanto sobre o fenício ou tigrínia, língua oficial da Eritreia. Não tinham nada contra Aníbal ou Jesus Cristo, apesar de os dois serem falantes de línguas semíticas. O antissemitismo era sinônimo de judeofobia racial, distinto do ódio religioso anterior aos judeus.

Mas os antissemitas radicais da geração de Marr – como Paul Lagarde, Eugen Duehring e Richard Wagner –, embora já não fossem cristãos muito firmes na fé, não haviam adotado completamente uma teoria racialista "científica", ainda inexistente na época. Seu conceito era algo como um ponto intermediário entre o antigo e o novo antissemitismo.

Mesmo os nazistas, por razões políticas, não eram apaixonados pelo termo "antissemitismo"; não queriam antagonizar seus simpatizantes no mundo árabe e, durante a Segunda Guerra Mundial, Josef Goebbels, ministro da propaganda de Hitler, e outros deram instruções para usar o termo o mínimo possível. Por outro lado, fortes elementos de racialismo podem ser encontrados séculos antes, como na Espanha, com ênfase na pureza do sangue (*limpieza de sangre*). Mais recentemente, tentativas de substituir o termo "antissemitismo" por um ou vários outros termos não tiveram sucesso; o termo já está profundamente arraigado há muito tempo.

A literatura sobre antissemitismo é verdadeiramente enorme e boa parte dela é polêmica ou apologética. Até bem recentemente, as tentativas de explicar as fontes e os motivos do fenômeno eram poucas e espaçadas. Com poucas exceções, esses estudos foram escritos por judeus – as razões são, obviamente, que o antissemitismo era um problema muito maior para os judeus do que para os não judeus – e esse é o caso ainda hoje, apesar da proliferação de estudos acadêmicos sobre o assunto.

O antissemitismo é um assunto difícil de se discutir por diversas razões. Seu caráter e manifestações sofreram mudanças ao longo do tempo, e o antissemitismo se expressou de diferentes maneiras em vários países e culturas. O estudo do antissemitismo supõe um conhecimento da história e da sociologia judaica e geral – porém, pouquíssimos estudiosos estão igualmente familiarizados com ambas. A maioria dos estudos sobre antissemitismo trata de algum aspecto específico – suas raízes ideológicas ou sociais ou psicológicas –, negligenciando outros potenciais motivos. Tem havido uma enorme quantidade de literatura sobre o antissemitismo alemão (e austríaco), mas a maioria dos judeus anteriores à Segunda Guerra Mundial vivia na Rússia, na Polônia, nos Estados Unidos e na Romênia, e apenas alguns estudos sobre esses países existiam. A situação era semelhante mesmo com relação à França; um excelente trabalho foi escrito nos anos 1950 sobre o antissemitismo francês – mas era virtualmente o único no campo e seu segundo volume nunca apareceu.

Entre os liberais judeus e seus amigos cristãos do século XIX, supunha-se em geral que, com a difusão do Iluminismo e a emancipação dos judeus, seria apenas uma questão de tempo até que a chamada "questão judaica" fosse resolvida. Eles percebiam, é claro, que havia uma resistência considerável contra a integração total dos judeus nas sociedades ocidentais. Mas a disseminação de crenças antissemitas parecia-lhes uma aberração que, com tempo e a boa vontade de todos os lados, mais cedo ou mais tarde cessaria. Afinal, estavam na era do progresso, e seria impensável que o preconceito medieval persistisse indefinidamente.

Os acontecimentos pareciam confirmar essas esperanças em certa medida. Os partidos antissemitas que haviam surgido na Alemanha na virada do século haviam diminuído e desaparecido antes do início da Primeira Guerra Mundial. Depois do caso Dreyfus, também houve na França uma diminuição significativa do antissemitismo político. Em outros países ocidentais, como a Inglaterra e os Estados Unidos, o antissemitismo era uma questão social, mas sem grande significância política.

Ainda havia ataques ocasionais contra os judeus, e portanto perguntava-se: o que poderia ser feito para drenar o pântano antissemita? Os judeus alemães liberais fundaram na década de 1890 uma associação de defesa contra o antissemitismo que pacientemente tentou refutar as acusações contra os judeus: não, não eram sanguessugas e parasitas, mas cidadãos honestos e obedientes à lei, com o mesmo patriotismo de todos os outros alemães. A intenção foi louvável, mas os resultados, escassos. Pois os antissemitas não estavam muito interessados em fatos e números, nem em argumentos racionais, e o fato de vários judeus receberem o Prêmio Nobel (aumentando o prestígio cultural da Alemanha) não os impressionava muito. Os antissemitas instintivamente não gostavam dos judeus, não os consideravam seus semelhantes e tinham graves suspeitas a respeito deles. Afinal, não era verdade que não havia camponeses judeus, mas muitos empresários, advogados e médicos? Eles não exerciam uma influência na vida cultural alemã — nas editoras, na imprensa e no teatro — bastante desproporcionada com a sua quantidade? O artesão e o pequeno comerciante alemão não eram oprimidos pelas lojas de departamentos (muitas vezes de propriedade judaica)? Algumas dessas observações estavam corretas; por exemplo, havia poucos camponeses judeus na Alemanha, se é que havia algum; outras observações eram falsas ou irrelevantes e pouco contribuíam para a interpretação do antissemitismo, por exemplo, a de que não havia mais antissemitismo entre empresários alemães, advogados ou médicos do que entre o resto da população.

Os socialistas e os radicais do século XIX eram, no mínimo, ainda mais otimistas com relação ao desaparecimento do problema judaico. Com a vitória da democracia radical e da revolução social, todos os outros problemas desapareceriam. Eles consideravam o antissemitismo, na melhor das hipóteses, o socialismo dos tolos, ou um estratagema para distrair as massas trabalhadoras de lutar contra seus inimigos reais – os exploradores, o capitalismo e os reacionários. Entre os principais socialistas do século XIX, havia uma grande dose de sentimento antijudaico e isso se refere não apenas aos chamados socialistas utópicos (não judeus), como Pierre Proudhon e Charles Fourier, mas também a pensadores de origem judaica como Karl Marx.

O avô de Marx fora rabino, mas o judaísmo (a religião da usura, do egoísmo, do dinheiro como fetiche, como ele dizia) era para Marx uma vergonha, e ele queria se distanciar tanto quanto possível dessa tradição desprezível. Marx escreveu seu ensaio "Sobre a Questão Judaica" (1844) quando era ainda muito jovem, sem os empecilhos que o conhecimento da história judaica lhe traria; ele sabia sobre os Rothschild, mas sabia pouco e se importava ainda menos com as massas judaicas do Leste Europeu. Mais adiante na vida, Marx não tocou mais na questão judaica como tal, embora se referisse aos judeus na sua correspondência privada quase sempre em teor negativo.

No entanto, os partidos socialistas da Alemanha, Rússia e outros países europeus, embora não prestassem muita atenção à questão judaica, sempre rejeitaram o antissemitismo. Nem os judeus nem o antissemitismo se ajustaram bem à estrutura da ideologia marxista (materialismo histórico), e as tentativas de explicar a relação entre os judeus e o capitalismo foram deixadas para os historiadores econômicos, como Werner Sombart. Enquanto Max Weber via a ética protestante como a principal fonte do capitalismo moderno, Sombart também a ligou ao "espírito judaico". Para superar essa aparente contradição, Sombart argumentou que o puritanismo e o espírito judaico eram na verdade a mesma coisa, assim como o Sabá judaico e o domingo do inglês eram semelhantes. O espírito judaico era orientado para o lucro e assim abriu o caminho para o empreendedor moderno – o comerciante judeu (e puritano) era a contrapartida do herói guerreiro ariano. Quanto à América, essa foi totalmente *verjudet*, devendo tudo o que se tornou ao espírito judaico.

Enquanto Sombart era um homem de opiniões firmes e frequentemente originais, sua atitude em relação aos fatos históricos não era irrepreensível. Ele sabia pouco sobre a história judaica e, como a maioria de seus contemporâneos, não tinha contato com o Leste Europeu, onde a maioria dos judeus vivia na época. Superestimou o papel histórico dos judeus da corte, e subestimou o papel dos banqueiros cristãos na história — sejam eles huguenotes, alemães ou italianos (como Fugger e Medici), ou os *quakers* e os holandeses. Deixou de abranger os empreendedores que tinham sido fundamentais no desenvolvimento da economia americana no século XIX e início do século XX — e, antes deles, os britânicos —, entre os quais quase não havia nenhum judeu. Ele ignorou ainda que, apesar de os Rothschild terem realmente desempenhado um papel muito importante na vida comercial europeia em um certo momento, os bancos privados, judeus ou não judeus, tinham sido esmagados por bancos estatais muito maiores ou outras entidades que não estavam nas mãos de uma família ou clã ou tribo.

O estudo de Sombart sobre as origens do capitalismo e suas conexões com o antissemitismo era muito complicado para o uso dos antissemitas políticos, embora Julius Streicher, do *Der Stürmer*, o citasse. Durante um tempo, Sombart encontrou mais interesse por suas teses entre os judeus do que entre os não judeus.

Mas as tentativas mais radicais de explicar o surgimento do antissemitismo vieram de diferentes quadrantes — isto é, dos judeus que não compartilhavam do otimismo de seus correligionários, que acreditavam firmemente nas bênçãos vindouras da emancipação. Leon Pinsker, um médico russo, fora no começo da vida um dos que lutaram pela plena emancipação dos judeus de sua terra natal; ele acreditava que a disseminação da educação entre judeus e não judeus traria uma solução para a questão judaica mais ou menos automaticamente. Mas a ascensão do antissemitismo na Europa Ocidental e Central e, sobretudo, os grandes pogroms de 1881 no sudoeste da Rússia ensinaram-lhe que tal otimismo estava errado.

Em um pequeno panfleto intitulado "Autoemancipação", publicado em Berlim em 1882 em alemão (Pinsker havia estudado em universidades alemãs), ele argumentou que os judeus eram um elemento distinto entre as nações e, como tal, não podiam ser assimilados e digeridos. De que maneira os judeus eram diferentes dos outros? Eles não eram uma nação e não tinham um estado próprio. Eles haviam renunciado à sua nacionalidade, mas isso não lhes dava o mesmo status que os outros. Sua posição era anormal, fantasmagórica, e era inútil culpar os antissemitas. Judeofobia era "demonopatia" (de acordo com Pinsker), uma aberração psíquica como outras superstições e idiossincrasias. Mas era hereditária e incurável, parte da condição humana; as polêmicas contra a judeofobia eram inúteis, um desperdício de energia, pois o preconceito não podia ser removido por argumentos racionais. Ninguém gostava de estrangeiros, e os judeus, por não terem país e por serem estrangeiros por excelência, não seriam capazes de mudar isso num futuro previsível. Talvez um dia, no futuro distante, as barreiras nacionais deixassem de existir e toda a humanidade vivesse em fraternidade e concórdia. Mas nenhuma civilização anterior havia conseguido isso, e o mundo ainda precisava esperar pela paz eterna. Por isso, ele pediu aos judeus que se tornassem uma nação.

Pinsker viajou para a Europa Ocidental e conversou sobre suas ideias com os líderes judeus, mas encontrou pouca simpatia – eles eram muito mais otimistas quanto ao futuro dos judeus na Europa. Aconselharam-no a publicar seus pensamentos, o que ele fez em "Autoemancipação". Pinsker morreu logo depois e não esclareceu como ele imaginava que os judeus se tornariam novamente uma nação; seu apelo foi feito anos antes de o sionismo político aparecer em cena.

As opiniões de Pinsker tornaram-se parte da ideologia oficial sionista – a suposição de que, embora repreensível, o antissemitismo era, de certa forma, um fenômeno "natural", dadas a anomalia da existência política e social judaica na diáspora, a xenofobia prevalente e as tensões sociais e econômicas. E também era verdade que as condições dos judeus no Leste Europeu, onde a maioria deles vivia, eram insatisfatórias e a existência judaica, indigna. A perseguição e a opressão ao longo de muitos séculos tiveram um impacto negativo no caráter e no comportamento judaicos. Havia uma "questão judaica" objetiva em países como a Polônia, que não se tratava de invenção de antissemitas malévolos. Os sionistas radicais defendiam a "negação da diáspora", o êxodo dos judeus europeus, pelo menos daqueles países onde a questão judaica era mais aguda. Mas, em termos práticos, dada a limitada capacidade de absorção da Palestina, esta não era uma proposta prática.

Esse pessimismo era, por razões óbvias, mais frequente entre os judeus do Leste Europeu do que na Europa Ocidental e Central. Afinal de contas, não havia pogroms fora da Rússia, mas apenas resistência contra a emancipação total. É verdade que o antissemitismo teve um grande renascimento no final do século, e a França teve seu escândalo Dreyfus. O caso Dreyfus induziu Theodor Herzl a trabalhar pelo estabelecimento de uma pátria e estado judaicos. O caso Dreyfus também persuadiu Bernard Lazare, um judeu francês cuja família vivia na França desde tempos imemoriais, a mudar seus pontos de vista sobre o caráter do antissemitismo.

Embora não fosse de profissão nem historiador nem sociólogo nem estudante de política, Lazare foi um dos primeiros a se dedicar a um estudo sistemático do antissemitismo (*Antissemitismo: sua história e causas*, 1894). Ele não gostava de antissemitismo, escreveu em seu prefácio, porque era uma visão estreita e unilateral, mas procurou justificar-se. Afinal, o antissemitismo não nasceu sem uma causa. Após sua pesquisa, chegou à conclusão de que essas causas residiam nos próprios judeus, não naqueles que os atacavam, porque o judeu onde quer que fosse era um ser recluso e antissocial. De acordo com a própria lei, não podiam aceitar a lei local. Além disso, a política do Talmude os tornava mal-humorados, insociáveis e orgulhosos; nas palavras de Spinoza – por seus ritos externos, eles se isolaram de todas as outras nações, chegando a atrair o ódio de toda a humanidade.

É verdade que o antijudaísmo do século XVII havia mudado de caráter na medida em que a motivação social se tornava gradualmente mais forte que o ódio religioso. Em sua maioria, os judeus continuavam "improdutivos" – corretores, agiotas, usurários, e não podiam ser outra coisa, dados seus hábitos e as circunstâncias em que haviam vivido. Lazare escreveu seu livro com os judeus alemães e franceses em mente; seu conhecimento sobre Leste Europeu era escasso e de terceira mão; acreditava, por exemplo, que, apesar de o governo russo ser antissemita, os russos não o eram.

Assim sendo, as causas reais do antissemitismo eram políticas, econômicas e sociais. No entanto, de acordo com Lazare, a personalidade judaica tendia a desaparecer quando liberta da legislação hostil e do talmudismo obscurantista. Portanto, os judeus não acreditavam mais que estavam destinados a permanecer como um povo com uma missão eterna a cumprir. Este poderia ser um longo processo e, enquanto isso, o antissemitismo agia, a contrapelo, como um fator de progresso. Originalmente reacionário, transformara-se e agia em benefício da causa revolucionária. Isso despertou as classes médias, os pequenos comerciantes e, às vezes, os camponeses contra os capitalistas judeus. Ao fazê-lo, conduziu-os gentilmente ao socialismo, insultando todos os capitalistas e, mais do que isso, o capitalismo abstrato.

Estes eram os pontos de vista de Lazare em 1894 e não deveria ser uma surpresa que seu livro ainda seja vendido até hoje em livrarias antissemitas na França, na Grã-Bretanha e em outros países – um judeu revelando a verdade sobre seu próprio povo.

Mas, apenas alguns anos depois, Lazare se tornou o primeiro, e durante algum tempo o mais proeminente, defensor da reabilitação do capitão Dreyfus, e não acreditava mais na função progressista do antissemitismo. Ficou chocado, sobretudo, pelo fato de que os ataques dos antissemitas não eram dirigidos principalmente contra os novos imigrantes judeus do Leste Europeu (a quem anteriormente chamara de desprezíveis e inúteis) à França, mas contra aqueles judeus totalmente emancipados que viviam na França havia muitas gerações. Isso demonstrava que a emancipação não estava funcionando e que os judeus, espalhados entre outros povos, estavam destinados a atrair hostilidade, o que o levou à crença em uma nação judaica e mesmo no sionismo.

Mais ou menos na mesma época em que Lazare sofreu sua amarga decepção, forjou-se (possivelmente na França) um documento ao qual teremos de retornar mais adiante: *Os Protocolos dos Sábios de Sião*, que se tornaria a bíblia do antissemitismo no século XX. Este documento tinha pouco a ver com o ódio religioso e não propagava uma ciência racialista; revelou, nem mais nem menos, a ideia de uma conspiração judaica para conquistar e governar o mundo. No entanto, também é verdade que, antes da Primeira Guerra Mundial, a influência do *Protocolos* estava limitada a certos círculos da Rússia czarista – ninguém fora da Rússia tinha ouvido falar dele ou estava disposto a dar muito crédito à sua mensagem. Nos anos anteriores a 1914, havia (como dito anteriormente) a crença geral entre os judeus na Europa e na América de que a razão e a harmonia prevaleceriam gradualmente; apenas uns poucos aceitavam a análise do antissemitismo feita por Pinsker, Herzl e Lazare.

Os *pogroms* ocorreram novamente na Rússia de 1904 a 1906, mas mesmo assim prevalecia a crença de que a questão "objetiva" judaica seria de alguma forma resolvida – pela emigração, ou emancipação gradual dos judeus e sua transformação subsequente em um "povo produtivo".

Nos escritos dos antissemitas da época, havia um tom de desespero: por que havia tão pouca disposição da parte da população em aceitar sua mensagem e perceber como o perigo que os judeus representavam era grande? Só a guerra mudou tudo isso; na Alemanha, os judeus foram acusados de fugir de seus deveres patrióticos durante a luta no fronte, mas foi sobretudo o impacto da Revolução Bolchevique na Rússia e a ameaça de novas revoluções comunistas na Europa Central (Hungria, Baviera) que deram um grande impulso para a propagação do antissemitismo.

As histórias sobre uma conspiração mundial judaica, rejeitadas alguns anos antes, agora recebiam muito mais crédito. Muitos dos líderes da revolução mundial eram de origem judaica; o fato de terem se distanciado completamente de sua religião e comunidade não importava. Esses líderes revolucionários não se consideravam judeus, mas soldados do exército da revolução mundial, só que não era assim que os outros os viam. Tampouco importava que nas décadas de 1920 e 1930, com a vitória de Stalin sobre Trotsky, os judeus tivessem sido expulsos da liderança do Partido Comunista. O estereótipo do revolucionário judeu como um fermento de decomposição tinha raízes profundas e, se necessário, Stalin poderia se tornar um judeu ou pelo menos um homem forte de Lazar Kaganovitch, supostamente a força real por trás dos bastidores.

Houve uma nova onda de pogroms imediatamente após a Primeira Guerra Mundial, especialmente na Ucrânia, e mais tarde apareceram partidos antissemitas radicais, como o nazista, na Alemanha, mas também em países como a Romênia e a Hungria. Diversos países do Leste Europeu aprovaram legislações antijudeus.

Ainda que o antissemitismo tenha se tornado um fator político de grande importância após a Primeira Guerra, não houve novas tentativas de explicá-lo. Publicaram-se uns poucos livros bons sobre a demonização dos judeus na Idade Média (cf. J. Trachtenberg, *The Devil and the Jews*). Os sionistas continuavam a apontar a existência de um "problema judeu objetivo" no Leste Europeu e, com o início do Mandato Britânico, passaram a recomendar a imigração para a Palestina. Os comunistas continuavam a afirmar que apenas a revolução mundial resolveria a questão judaica; enquanto ela não ocorria, sugeriam Birobidjan, uma cidade soviética no Extremo Oriente, como alternativa para o assentamento de judeus. Os liberais continuavam com a esperança de que o recrudescimento do antissemitismo – que não afetara todos os países, afinal – passaria com o tempo. Alguns teólogos cristãos (James Parkes, Lukyn Williams, Peter Browe) demonstravam interesse e competência ao lidar com o antissemitismo pré-moderno, mas sua obra não teve muito impacto na época.

Publicaram-se alguns poucos estudos históricos, livros e artigos de apologética, mas foi apenas com a chegada dos nazistas ao poder na Alemanha que o estudo do antissemitismo recebeu um novo ímpeto. Hugo Valentin, um historiador judeu da Suécia, publicou um estudo histórico e sociológico que foi traduzido para o inglês e pirateado para a Manchúria pelos japoneses. A obra transformou-se numa espécie de referência, dada a ausência de outros livros sérios.

O interesse no fenômeno antissemita aparecia em lugares que até então não tinham se preocupado com o tema, como o círculo que mais tarde seria chamado de Escola de Frankfurt. Tratava-se de um grupo de marxistas esclarecidos que consideravam simplista demais a linha oficial do Partido Comunista sobre os judeus, embora continuassem a acreditar que as raízes do antissemitismo seriam encontradas no modo de produção capitalista e na sociedade burguesa. Os judeus em geral trabalhavam no âmbito da circulação (eram comerciantes e banqueiros), não no âmbito da produção, e por esse motivo era mais fácil responsabilizá-los pelas falhas e pelos pecados do capitalismo. Não eram ideias de todo novas; já tinham sido expressas pelos sionistas em seus apelos à normalização da estrutura social judaica, ao "retorno ao solo", etc. Foram expressas em linguagem mais acadêmica por Max Horkheimer e Theodor Adorno em uma série de artigos antes e depois da guerra, bem como na estrutura de um estudo geral sobre o nacional-socialismo escrito por Franz Neumann (*Beemote*).

Como explicar que o Iluminismo não tivesse deixado claro quem eram os verdadeiros culpados e por que os antissemitas conseguiram desviar o ódio dos oprimidos das causas reais do seu sofrimento (agressão deslocada)? O materialismo histórico não tinha resposta para essas perguntas, e por isso o afastamento gradual da "primazia da economia" marxista rumo à perspectiva psicanalítica. Esta guinada manifestou-se sobretudo no famoso estudo da personalidade autoritária levado a cabo pela Escola de Frankfurt durante a Segunda Guerra Mundial.

Esse estudo afirmava que as pessoas com tendências antissemitas possuíam um ego fraco e sentiam-se dependentes de vários tipos de autoridade; eram gente de comportamento convencional, repressivo e arcaico, agressiva para com os estranhos; pendiam para a superstição e paranoia e acreditavam na força e na rigidez. Essas descobertas foram influentes entre certo público, mas não foram aceitas pelos principais estudiosos do antissemitismo da época, que as desconsideravam por toscas ou simplistas demais. Um dos pontos fracos da interpretação da Escola de Frankfurt era – com algumas exceções, como Erich Fromm (que no início estava às margens do grupo) – conhecer pouco da história e da sociologia dos judeus; seus membros tinham conceitos e teorias, mas não o conhecimento factual para lidar adequadamente com um tema complicado e multifacetado.

Além disso, seu conhecimento limitava-se a alguns países, que não eram onde vivia a maior parte dos judeus.

A pedra de toque do estudo, a base para a definição de personalidade autoritária, foi construída de maneira a demonstrar que os antissemitas quase sempre se encontram na direita política. O que era verdade, mas uma verdade já conhecida. Além disso, os comunistas também acreditavam muito em autoridade, assim como muitos judeus ortodoxos e mesmo não judeus. Em suma, as descobertas a respeito da personalidade autoritária não eram de muita serventia prática nem teórica.

Uma tentativa ambiciosa de explicar o antissemitismo foi levada a cabo por Hannah Arendt, uma refugiada judia alemã que não era nem marxista nem devota fiel da psicanálise. Na juventude, demonstrara pouco interesse na história dos judeus e no antissemitismo, tema que considerava enfadonho. Mas a ascensão dos nazistas ao poder e sua fuga para a França e a América lhe ensinaram o contrário. Assim, na sua obra capital *As Origens do Totalitarismo*, o antissemitismo tornou-se o fundamento de sua teoria. Arendt distanciou-se das duas teorias do antissemitismo dominantes: por um lado, da vertente que via os judeus como bode expiatório; por outro, o conceito de antissemitismo eterno. Arendt argumentava que o antissemitismo era, pelo menos parcialmente, culpa dos judeus que não resistiram aos ataques contra si. Mas não se pode aceitar sem mais a ideia de Arendt de que os judeus não teriam se tornado bodes expiatórios caso tivessem agido politicamente. Como os judeus levariam a cabo ações políticas perante uma maioria hostil? Como lutariam por seus direitos se não tinham forças armadas?

O "antissemitismo eterno" era uma espécie de espantalho, já que poucos estudiosos sérios chegaram a seguir essa linha de argumentação. Herzl e os sionistas não excluíam *a priori* a possibilidade de um mundo sem conflitos nacionais e admitiam que, depois de algumas gerações de paz, a assimilação poderia ter êxito em muitos países. Mas duvidavam seriamente de que nos países da Europa Central e do Leste os judeus fossem desfrutar de um armistício muito longo.

Hannah Arendt enxergava uma diferença básica entre o antissemitismo anterior, baseado no estado-nação, e o muito mais perigoso e mortal antissemitismo dos tempos do imperialismo e dos movimentos pan-nacionalistas. Essa tese foi bastante discutida por um tempo, mas teve pouco impacto no estudo do antissemitismo. Como escreveu John Gager, um estudioso destacado do cristianismo primitivo, a ideia de um "abismo intransponível" entre o mundo moderno e a Antiguidade ou o Medievo ia contra o sentido comum e a historiografia de qualidade. Além disso, havia pouco antissemitismo no país imperialista por excelência (o Reino Unido), e a ligação, por exemplo, entre Cecil Rhodes (que aparecia com destaque na obra de Arendt) e o antissemitismo do século XX não era imediatamente óbvia.

Tampouco a crítica que Arendt fez da interpretação existencialista do antissemitismo era muito convincente. Escrevendo em 1944, Sartre argumentava que um judeu era alguém que os outros consideravam e definiam como judeu. Tratava-se, afirmou Arendt, do exato inverso daquilo que o arrivista judeu pensava: ele queria ser aceito por uma sociedade que o rejeitava. O sucesso significava deixar de ser judeu no instante que os outros já não o consideravam como tal. Mas, de muitas formas, Sartre tinha apenas afirmado o óbvio. E também era verdade, como Sartre argumentava, que os democratas não eram amigos incondicionais dos judeus em seus conflitos: estavam dispostos a apoiar os judeus, mas apenas se os judeus estivessem dispostos a abrir mão do seu judaísmo ou do sentido de pertença a uma certa comunidade. Nas palavras de Sartre, o democrata estava disposto a salvar os judeus enquanto seres humanos, mas apenas se o judeu deixasse de ser judeu.

Ao passo que filósofos políticos no exílio especulavam sobre as chaves do antissemitismo, eram escassas as pesquisas feitas por acadêmicos não judeus. Uma rara exceção foi o livro publicado nos Estados Unidos em 1942, que contou com a contribuição de Carl Friedrich e Talcott Parsons, dentre outros. Friedrich (como Hannah Arendt uns anos depois) enfatizou que o novo antissemitismo tinha um caráter diferente das antigas e tradicionais intolerâncias e perseguições religiosas, mas ao dizer isso tinha em mente o racialismo, e não o imperialismo. A mesma ideia ganhou destaque noutro livro amplamente lido durante a Segunda Guerra: *Antissemitismo*, de Maurice Samuel. Nele, o autor afirmava que o antijudaísmo do passado nascia principalmente de uma tendência a pensar mal dos judeus, ao passo que o antissemitismo moderno se baseava sobretudo no medo, na desconfiança e mesmo nos delírios de considerar os judeus conspiradores e corruptores internacionais. Friedrich apontou vários fatores que, em sua opinião, eram da mais alta importância: primeiro, o antissemitismo era uma manifestação de decadência cultural, isto é, do desgaste da crença fiel em normas éticas; ou, em palavras mais fortes, uma recaída no barbarismo.

Isso também era uma referência à natureza profundamente anticristã do nazismo e à sua hostilidade para com a civilização. Friedrich mencionava ainda a ascensão dos dogmas pseudocientíficos do tipo materialista (ou seja, a teoria racialista) e a crescente dominância de empresários judeus nos países capitalistas, por um lado, e a proeminência dos judeus nos movimentos revolucionários de esquerda, por outro.

Talcott Parsons destacou o caráter raivoso do nacionalismo alemão e o fato de a classe média baixa estar mais disposta a aderir ao antissemitismo. Em grande medida, baseava sua teoria nas descobertas do sociólogo francês Émile Durkheim a respeito da *anomie* da sociedade moderna, que significava a desintegração das estruturas sociais tradicionais e a consequente incerteza e necessidade de estabelecer um vínculo próximo com uma coletividade nacional (o povo, a nação). Os judeus estavam em minoria em toda parte (e as minorias nunca eram recebidas com alegria); a crença dos judeus de se considerarem o povo eleito jamais contribuíra para a sua popularidade.

Muito do esforço acadêmico da época tinha natureza descritiva e centrava-se em questões de como definir os judeus: se não eram um povo nem uma raça, o que eram, e o que se poderia fazer com relação ao antissemitismo depois da guerra? Nada disso contribuiu muito para esclarecer o porquê de o novo antissemitismo, primeiramente, ter surgido e o porquê de ele ser muito mais virulento em certas épocas (e países) do que outras. São, aliás, questões que se põem aos especialistas até os dias atuais.

Não é de surpreender que o estudo do antissemitismo durante a guerra e no início do período pós-guerra tenha focado na Alemanha, simplesmente porque foi nesse país que o antissemitismo moderno tinha recebido sua sustentação ideológica e que a prática antissemita – isto é, o Holocausto – foi a mais assassina. Assim, o debate em torno do antissemitismo transformou-se num debate sobre o assassinato em massa dos judeus perpetrado pela Alemanha nazista. Isso originou alguns estudos pioneiros sobre as origens do antissemitismo na Áustria e na Alemanha do século XIX e do começo do século XX; a passagem dos anos praticamente não deixou uma só pedra que não tenha sido levantada nesse campo. O impacto do Holocausto no estudo do antissemitismo foi óbvio, provavelmente inevitável, mas também houvera antissemitismo antes e depois dele, e havia o risco de o estudo do Holocausto não apenas ofuscar o estudo do antissemitismo, mas mesmo simplificá-lo e distorcê-lo. Foi somente no final do século XX que se voltou a dar atenção ao antissemitismo noutras partes do mundo, incluindo o mundo islâmico, e à análise geral do problema. Houve uma verdadeira explosão de estudos sobre o antissemitismo. Uma bibliografia do antissemitismo nos anos 1930 ou 1940 somaria umas poucas páginas; uma lista que cobrisse os últimos dez anos (1995-2004) contaria 40 mil itens.

Sempre que houve antissemitismo, houve tentativas de investigar suas causas, embora geralmente não se tratasse de tentativas nem sistemáticas nem muito sofisticadas. A primeira escola de pensamento a dedicar-se ao problema foi a teológica: a explicação do ódio aos judeus no contexto da obstinação e do exclusivismo dos judeus: eles tinham crucificado Jesus e se negaram a aceitar seus ensinamentos; recusaram-se a ouvir Maomé e a aceitar o islã. Esse foi, por muitos séculos, um fator crucial, mas incapaz de explicar o antissemitismo dos tempos modernos.

Tensões sociais e rivalidades econômicas — o fato de, em muitos países, os judeus estarem à margem da sociedade e dedicarem-se a atividades econômicas que tendiam a causar ódio e inveja — eram sem dúvida fatores importantes. Um exemplo óbvio do começo da Era Moderna é a oposição e o ressentimento contra judeus por parte da população urbana não judaica da Europa Central e do Leste que tentava entrar nas cidades de que fora expulsa e competir com eles em ocupações urbanas como o comércio e o artesanato.

As tensões sociais podem explicar o antissemitismo na Rússia e na Polônia do século XIX. Mas o antissemitismo afetava os judeus independentemente de serem ricos ou pobres, usurários ou mendigos. Tampouco explicam sua expulsão da Espanha, da França, da Grã-Bretanha e de outros países e a perseguição na Alemanha nazista. Não surpreende que a ascensão de um judeu rico como Joseph Suess Oppenheimer à corte da Alemanha do começo do século XVIII tenha gerado inveja e má vontade. Mas se estima que à época um terço dos judeus alemães eram mascates e talvez um quarto fossem mendigos, e eles não eram populares, ainda que ninguém quisesse ter o mesmo destino. É preciso considerar fatores demográficos, como o influxo de judeus nas cidades grandes no século XIX. Em 1850, 9 mil judeus moravam em Berlim, mas em 1925 o número subira para 180 mil; as cifras para Viena eram ainda mais impressionantes: cerca de 2 mil em 1850 e 200 mil em 1925. Viena era um centro de antissemitismo, mas Berlim, não, nem Frankfurt, que tinha a segunda maior comunidade judaica da Alemanha. O antissemitismo com frequência recebia impulso renovado em crises econômicas, mas ainda mais em crises políticas. E com muita frequência as crises econômicas e políticas tinham pouco ou nenhum efeito sobre o destino dos judeus.

A abordagem psicológica na explicação do antissemitismo (os judeus como estranhos, a repulsa ao diferente, a personalidade autoritária) é útil em alguns casos, mas não noutros: os judeus eram rejeitados quando fracos e quando fortes, quando se esforçavam para serem assimilados e quando se pegavam à sua crença e ao seu modo de vida tradicionais. Essa abordagem também não explica a grande intensidade do antissemitismo em alguns países e tempos nem sua ausência ou pouca intensidade noutros. No final da vida, Sigmund Freud acreditava que os judeus eram odiados porque causava muito inveja um povo que cometera o parricídio pré-histórico (matar Deus, o pai), fora pioneiro do monoteísmo e se considerava escolhido por Deus. Mas esse conceito não foi adotado por muitos estudiosos do antissemitismo, e aquilo que alguns discípulos de Freud tinham a dizer sobre o narcisismo e o antissemitismo, sobre o papel do superego e de outros conceitos analíticos foi mais ou menos ignorado pelos estudantes do antissemitismo.

Acaso a chave para o antissemitismo não residiria no caráter específico (e negativo) da raça judia? É verdade que a vida no gueto e no *shtetl* produzia certos atributos comuns e que a opressão não permitia que as pessoas mostrassem o que tinham de melhor. Mas os judeus mesmo assim não são uma raça em qualquer sentido útil do termo; as diferenças entre eles são enormes em todos os aspectos depois de 2 mil anos de vida de diáspora. Os estereótipos nacionais raramente são verdadeiros, e são ainda menos verdadeiros quando se referem aos judeus.

Nada disso significa que o antissemitismo é um mistério impenetrável e que não há explicação para ele. (É um mistério apenas na medida em que a existência de povos em geral o é.) Mas significa, por outro lado, que ele não se explica por uma causa única; que em tempos e lugares diferentes fatores diferentes estiveram em jogo. Às vezes a hostilidade antijudaica foi predominantemente irracional, e às vezes foi bastante racional, e em geral houve uma mistura entre esses dois tipos. O motivo dos grandes pogroms medievais na Europa Central em 1096 (a Primeira Cruzada) e 1348-1349 (a peste negra) foi principalmente religioso. Mas isso não explica por que as comunidades judaicas da Renânia foram atacadas e as da França, onde o movimento se iniciou, não. Ambos os casos implicaram saques generalizados, o que sugere o envolvimento de motivos econômicos. E, uma vez que os cruzados também mataram muitos milhares de outras pessoas durante seu caminho – tanto cristãos como muçulmanos –, seria correto considerar os massacres de 1096 manifestações de antissemitismo? Na Espanha, os judeus podiam escapar da perseguição convertendo-se, ao passo que na Ucrânia, entre 1648 e 1649, a conversão não fazia diferença. Acaso os agressores estavam atrás das almas dos judeus ou do dinheiro deles? É certo que nesses dois grandes pogroms (talvez mais em 1348 do que em 1096) tiveram parte tanto o fanatismo religioso como as tensões sociais, mas ninguém é capaz de dizer com segurança quanto havia de um e de outro.

O assassinato de milhões de judeus na Europa durante a Segunda Guerra Mundial teve um impacto crucial sobre o conceito e a interpretação do antissemitismo. Este, porém, é um tema a que voltaremos mais tarde, depois de um panorama das origens do antissemitismo. As manifestações mais recentes desse fenômeno não podem ser compreendidas sem um retorno às suas raízes, aos fatores constantes e às mutações que ocorreram ao longo das épocas.

CAPÍTULO 3

O Antijudaísmo Antigo e o Medieval

A **HISTÓRIA DA DIÁSPORA** judaica começa um século ou dois antes da destruição do primeiro templo (586 a.C.), e a história do antissemitismo data mais ou menos desse período. Mas os historiadores disputam há muito tempo a propriedade de usar o termo "antissemitismo", com suas conotações medievais e modernas, ao tratar da era pré-cristã. Há muito pouco que sabemos sobre esses primeiros séculos, e as fontes são virtualmente todas judaicas, como o livro de Ester no Velho Testamento, que relata uma intriga fracassada de Hamã para liquidar todos os judeus: "E Hamã disse ao rei Assuero: Existe espalhado e dividido entre os povos em todas as províncias do teu reino um povo, cujas leis são diferentes das leis de todos os povos, e que não cumpre as leis do rei; por isso não convém ao rei deixá-lo ficar". A mesma acusação ocorre muitas vezes ao longo da história.

Nem um único texto chegou até nós em sua versão original, e há, para dizer com moderação, pelo menos uma forte suspeita de que aqueles que os copiaram ao longo das eras os "editaram" ou mesmo os reescreveram. O primeiro incidente registrado de uma grande ação antijudaica é a destruição do templo judeu em Elefantina, a colônia militar egípcia em 410 a.C. Mas sabemos apenas que o templo foi destruído e só podemos especular o porquê. Pode ter sido um conflito político-religioso. Os sacerdotes egípcios se opunham às oferendas queimadas no templo judaico e ao culto judaico em geral. Pode ter sido que os persas, senhores indiscutíveis da região, tratassem os judeus do Egito com mais leniência e isso tenha provocado ressentimento entre os egípcios. Mas é igualmente provável que o acidente de Elefantina tivesse principalmente a ver com conflitos de propriedade.

Que o Egito permaneceu como o foco do sentimento antijudaico durante os séculos seguintes, se depreende dos escritos de dois historiadores do século III a.C. – Teofrasto, um grego da ilha de Lesbos, e Mâneton, um sacerdote no templo egípcio em Heliópolis. O primeiro refere-se ao sacrifício de animais vivos pelos judeus; o segundo fora encarregado de escrever a história grega do Egito (da qual apenas uma pequena parte sobreviveu), em que se refere à antiga hostilidade egípcio-judaica. Mâneton trata da história da expulsão dos judeus do Egito em uma contraversão do livro do Êxodo. Os judeus eram pastores, um povo selvagem com costumes estranhos e intolerantes, como rezar a um único deus, ignorando ou rejeitando os deuses egípcios. Eles não aceitavam os costumes egípcios, resguardavam-se e eram leprosos. Nesse sentido, o êxodo não foi uma fuga para a liberdade como a Bíblia o descreve, mas uma expulsão de elementos negativos, ímpios e doentes.

Mas Mâneton escreveu cerca de setecentos anos após o acontecimento, e o que sabemos sobre seus escritos são paráfrases citadas por Flávio Josefo, que escreveu outros trezentos anos depois. Josefo tinha sido um líder político e comandante militar na Judeia e mais tarde se juntou aos romanos e se tornou o principal historiador da sua época. No entanto, de acordo com essas paráfrases, muitas questões essenciais permanecem em aberto – esses leprosos eram egípcios ou estrangeiros, e, se eram estrangeiros, eram judeus? Foi um caso de xenofobia e limpeza étnica, para usar a linguagem de uma época posterior? Estas e muitas outras perguntas ainda não foram respondidas.

A maioria dos historiadores concorda que o antissemitismo existiu durante todo o período helenístico, mas não era uma questão primordial.

É somente do período romano que notícias mais detalhadas e aparentemente mais confiáveis chegam até nós – novamente através dos bons serviços de Flávio Josefo –, e dizem respeito à cidade de Alexandria, na qual havia uma considerável comunidade judaica. O principal ideólogo antissemita do período foi um certo Apião, que alegou que os judeus estavam rezando para a cabeça de um jumento exibido em suas sinagogas. Essa história pode ter sido baseada em uma lenda ainda anterior que aparece nos escritos de um historiador grego, Diodoro Sículo, de acordo com o qual havia uma estátua no templo judaico mais sagrado em Jerusalém que mostrava um homem barbado (Moisés) em um jumento.

Seja como for, a hostilidade contra os judeus provavelmente teve pouco a ver com o jumento ou com a observação do sabá, ou com o ritual da circuncisão (que na época não era de modo algum limitado aos judeus) que Apião ridicularizou. A hostilidade tem que ser interpretada contra o pano de fundo das relações judaicas com os romanos que governavam o Egito na época. Os judeus, pelo menos temporariamente, desfrutavam de um tratamento melhor dos governantes do que os egípcios, e isso gerou ressentimento. Houve pogroms e revoltas em Alexandria no tempo do imperador Calígula (38 d.C.). Também é verdade que os cidadãos de Alexandria, e sobretudo os gregos, recusaram-se a conceder aos judeus os direitos de cidadania plena. O imperador romano Cláudio disse aos judeus que eles deveriam ficar satisfeitos com a liberdade de viver, rezar e trabalhar, mas não deveriam reivindicar os direitos da cidadania plena.

Em geral, no entanto, o antissemitismo durante esse período foi principalmente de caráter literário. Surge, pois, a questão de descobrir se o que sabemos sobre ataques verbais, literários – e às vezes físicos – contra os judeus durante o período pagão equivale a uma xenofobia mais ou menos normal ou se havia algo a mais.

Sabemos sobre um número de escritores gregos como Lisímaco, Posidônio, Apolônio Molon e Hecateu de Abdera que escreveram sobre os judeus (Hecateu supostamente escreveu um livro inteiro). Apolônio Molon chamou Moisés de impostor e observou que os judeus nada haviam contribuído para a civilização humana. Mas novamente tudo o que temos dele são alguns fragmentos; de modo geral, é espantoso que os historiadores e geógrafos gregos (exceto os que viveram no Egito), que trataram de grupos étnicos pequenos e distantes, escrevessem tão pouco sobre os judeus com quem, sem dúvida, tinham se encontrado – não apenas no Egito. Nesses escritos, os mesmos temas sempre se repetem, e há muitas razões para acreditar que esses escritores copiaram um ao outro. O êxodo do Egito era um tema comum (a Bíblia foi traduzida para o grego nesse ínterim). Os judeus eram descritos como leprosos e estrangeiros suspeitos, porque não oravam aos mesmos deuses, mas exclusivamente aos seus. Eram considerados misantrópicos, porque rejeitavam e odiavam todas as pessoas fora de sua comunidade. Também foram atacados por causa de sacrifícios humanos e animais.

Juízos negativos sobre outras pessoas podem ser encontrados aleatoriamente no mundo antigo. Como observa o historiador Zvi Yavetz, os nativos de Creta (e da Sardenha) eram descritos como mentirosos inveterados, os egípcios como vilões, os beócios como bêbados. Dizia-se que os sírios tinham uma mentalidade de escravo, e os cidadãos de Abdera eram referidos como tolos. Todos eram bárbaros, e a questão é se os judeus foram de alguma maneira retratados de uma forma mais negativa do que os outros bárbaros. Há divergências sobre esse ponto; alguns historiadores da Antiguidade afirmam que, até a luta dos macabeus e a ascensão dos asmoneus (isto é, a expansão do estado judeu no segundo século a.C.), não havia virtualmente nenhum comentário antijudeu negativo em grego. Outros acham essa interpretação muito categórica.

Na literatura romana, a religião judaica é consistentemente descrita como uma forma de superstição (sobretudo por Quintiliano e Tácito). Cícero também temia que os judeus tivessem muita influência e que sua religião fosse incompatível com os valores e as tradições romanas, provocando uma degeneração geral. Sêneca (o jovem) expressa desprezo pelos judeus e preocupa-se com as atividades missionárias judaicas. Tradicionalmente, os judeus não se esforçavam para fazer conversões; mas aparentemente — também de acordo com outros autores — havia atividades missionárias judaicas em Roma e conversões para a religião judaica, mesmo nas camadas mais altas da sociedade romana, o que causava as dúvidas de Sêneca. Ele ficou particularmente irritado com o ritual do sabá, pois isso significava que os judeus estavam desperdiçando um sétimo de suas vidas sem fazer nada.

Petrônio, um satirista, zombou do ritual da circuncisão e do costume judaico de deixar os cabelos crescerem mais do que romanos e gregos. Ele alegou que os judeus estavam orando a um "deus-porco". Não é claro por que ele acreditava nisso — talvez achasse que, como os judeus não comiam carne de porco, o animal devia ser sagrado para eles. Outros satiristas, entre os quais Marcial e Juvenal, também focaram na circuncisão — que achavam cômica — e referiram-se ainda à tentativa de alguns criptojudeus de esconder o fato de terem sido circuncidados. Juvenal escreveu que havia um livro secreto escrito por Moisés segundo o qual os judeus não deveriam mostrar a um viajante o caminho a não ser que ele também fosse judeu, e ninguém, a não ser um correligionário, deveria ser guiado até um poço. Os judeus mantinham-se separados da sociedade e eram um elemento estranho e, portanto, suspeito.

Em geral, a atitude dos romanos era menos hostil do que a dos egípcios e dos gregos. Tácito, por exemplo, que não gostava de nada dos judeus (chamando suas instituições de sinistras e vergonhosas), responsabilizava mais os procônsules romanos locais pela rebelião dos zelotes do que os insurgentes judeus. Tácito e outros escritores romanos até demonstraram algum respeito em relação aos judeus por manterem seus antigos costumes e tradições e conhecerem seu significado e origem – aparentemente em contraste com outros cultos orientais.

Os romanos achavam os judeus um pouco tolos, dispostos a acreditar em quase tudo em contraste com os gregos, muito mais sofisticados e céticos. É certamente verdade que a Grécia antiga havia produzido uma civilização superior, e que havia pouco na herança judaica da época comparável à literatura, ciência e filosofia gregas. Havia, é claro, os livros da Bíblia hebraica, mas eles eram menos conhecidos do que a filosofia grega. Os romanos não ficaram impressionados com o monoteísmo judaico; pelo contrário, consideravam-no intolerante e atrasado.

Os romanos também não tinham total certeza sobre a origem dos judeus, para a qual Tácito relata nada menos que seis versões diferentes. Mas Tácito tendia a aceitar a história do êxodo dos leprosos do Egito e mesmo a adoração da cabeça de burro. Ele acreditava, e talvez fizesse sentido, que os judeus não comiam carne de porco porque suspeitavam que os porcos eram transmissores de doenças das quais haviam sofrido uma vez. O que incomodava Tácito acima de tudo era o espírito de casta dos judeus, o fato de comportarem-se bem uns com os outros, mas não com os de fora. Eram luxuriosos de acordo com seu relato, mas não se deitavam com mulheres não judias.

O fato de eles recusarem-se a adorar os imperadores romanos e, em geral, a aceitar os costumes romanos só agravou a situação. Mas Tácito parece demonstrar total disposição para tolerar os judeus se eles aceitassem as bênçãos da civilização grega e romana. Judeus educados dispostos a assimilarem-se eram bem-vindos, mas os outros não. No fim das contas, os judeus constituíam um certo perigo para a sociedade romana, seus valores e tradições, porque, por razões não inteiramente claras, alguns romanos pareciam dispostos a aceitar costumes e rituais judaicos, como observar o sabá e a circuncisão.

Antijudaísmo intelectual à parte, por muito tempo os judeus não foram maltratados em Roma, com algumas exceções notáveis, como a expulsão de 4 mil deles sob Tibério, após a rebelião na Galileia. Mas os zelotes judeus na Palestina eram antirromanos fanáticos, e os romanos, que estavam bem conscientes dessa hostilidade, suspeitavam e não gostavam deles. Milhares de judeus em Alexandria foram mortos por soldados romanos, embora antes, naquela cidade, Roma tivesse mostrado mais benevolência para com os judeus do que os gregos. Os judeus romanos tinham que pagar um imposto especial, o *fiscus judaicus*. Tais taxas não eram incomuns e, em geral, a perseguição aos cristãos por parte das autoridades e dos plebeus era muito mais pronunciada. Quase não havia rivalidade econômica, pois quase não havia banqueiros judeus na época.

Historiadores contemporâneos que estudam os judeus e o antijudaísmo no mundo antigo dividem-se em suas opiniões. Uma escola de pensamento ("funcionalista") tende a acreditar que havia uma diferença básica entre o antagonismo pagão (egípcio, grego, romano) aos judeus e aquele gerado pelo cristianismo, e que, no geral, sua importância não deve ser superestimada. De fato, questiona-se se o termo "antissemitismo" não é enganoso quando aplicado ao mundo pré-cristão. A hostilidade não era nem extrema nem consistente, pois, onde surgira de maneira virulenta (como em Alexandria), tinha caráter político. A outra escola de pensamento ("essencialista") acredita que a hostilidade era mais profunda e tinha a ver com o próprio caráter dos judeus e a essência do judaísmo. Alguns autores gregos, afinal, consideravam o distanciamento judaico não apenas inofensivo e pitoresco, mas uma perigosa conspiração contra toda a humanidade.

Visto de uma perspectiva mais ampla, no entanto, essas diferenças de opinião dizem respeito a nuances e não a questões básicas. Não há dúvida de que o advento do cristianismo e, em particular, sua interpretação subsequente representam o ponto de virada na história do antissemitismo e dos judeus.

Jesus Cristo era judeu e os apóstolos também; originalmente, ele queria mudar o judaísmo, embora de forma radical, mas não para criar uma nova religião. Ele era o chefe de uma das muitas pequenas seitas judaicas apocalípticas que existiam na época. Não houve ruptura com rituais religiosos judaicos, como a observação do sabá; isso só veio com a aparição de Paulo, que não conhecia Jesus. Daí em diante, o cristianismo tornou-se o novo Israel. Houve um aviltamento sistemático dos judeus, iniciado cerca de cem anos após a morte de Cristo, como na obra de Justino Mártir, que alegou que a destruição do templo (pelos romanos) foi uma punição justa pelos pecados dos judeus e por sua perfídia. Mas a questão que preocupou historiadores e teólogos foi, e é: até que ponto o Novo Testamento era antijudaico desde o início, ou se foi interpretado como tal pelos padres da Igreja vários séculos depois.

Alguns exemplos bastarão. Mateus relata como Pôncio Pilatos literalmente lavou as mãos quando confrontado pela multidão exigindo que Jesus fosse condenado à morte: "mandou trazer água, lavou as mãos diante da multidão e disse: Sou inocente do sangue deste homem; a responsabilidade é vossa. Todo o povo respondeu: Que o sangue dele caia sobre nós e sobre nossos filhos" (Mateus 27,24-25). Essa parece ser uma autocondenação totalmente conclusiva, se o relato estiver correto. Mas não é totalmente convincente. Pilatos era conhecido por ser um governante duro e severo, e é improvável que mandasse crucificar um judeu só porque outros o queriam, sobretudo se o considerasse inocente. Além disso, o texto não é totalmente claro – faltam algumas palavras, e a expressão "que o sangue dele caia sobre nós" não tinha a intenção de ser uma maldição eterna. Ela aparece mais de uma vez na Bíblia e não necessariamente como consequência de um assassinato. Nem se refere a todos os judeus, mas apenas àqueles reunidos naquele dia em Jerusalém.

Outro exemplo é Lucas 13,34-35, trecho interpretado como uma condenação de todo Israel: "Jerusalém, Jerusalém, que matas os profetas e apedrejas os enviados de Deus, quantas vezes quis ajuntar os teus filhos, como a galinha abriga a sua ninhada debaixo das asas, mas não o quiseste! Eis que vos ficará deserta a vossa casa [...]". A passagem também foi interpretada como uma maldição eterna por comentadores posteriores, mas tais ameaças (ou previsões) podem ser encontradas em profetas anteriores, como Jeremias. Os profetas de Israel raramente eram recebidos de braços abertos, de modo que Estevão, um seguidor de Jesus, não estava muito errado ao dizer: "A qual dos profetas não perseguiram os vossos pais?" (Atos 7,52); "Homens de dura cerviz, e de corações e ouvidos incircuncisos! Vós sempre resistis ao Espírito Santo. Como procederam os vossos pais, assim procedeis vós também!" (Atos 7,51).

Essas disputas judaicas internas eram extremamente amargas e a linguagem ("assassinos", "traidores", "seguidores de Satanás") era muito abusiva. De todos os livros do Novo Testamento, Apocalipse é o mais direto, com frequentes referências à "sinagoga de Satanás". No evangelho de João, Pilatos é inocentado no que diz respeito à crucificação, e os judeus se tornam os culpados. A ideia de um Anticristo judeu, que desempenhou um papel crucial na Idade Média, remonta a João e seus intérpretes posteriores. Segundo eles, os judeus eram um povo inútil, odiado por Deus. Além disso, o Anticristo, que compeliria o mundo inteiro a obedecer à lei judaica, surgiria entre eles (da tribo de Dan, para ser preciso). Outros intérpretes argumentaram que a referência original não era realmente sobre os judeus, mas sobre aqueles que afirmavam ser judeus, mas na verdade eram seguidores de Satanás, e que os padres da Igreja odiavam os hereges ainda mais do que os judeus. Mas isso não é muito convincente, já que havia diversas referências ao judeu como inimigo e à sinagoga como uma congregação de animais. Os padres da Igreja por certo contribuíram enormemente para o desenvolvimento da judeofobia.

A hostilidade tornou-se mais aguda a cada geração de intérpretes cristãos da Antiguidade: Deus havia rejeitado o povo que havia originalmente eleito; a Torá não era mais legítima; os judeus pecaram e caíram; em resumo, Deus os odiava. Isso aparece de maneira mais notável nos escritos dos padres da Igreja, do século III ao V depois de Cristo. Muitos deles são esquecidos hoje; outros, como Santo Agostinho, são considerados figuras centrais da teologia cristã.

Justino Mártir, já mencionado, foi o primeiro de uma longa fila de tais eclesiásticos. Foi seguido por Orígenes, bispo de Alexandria, que pregou que os judeus cometeram os mais abomináveis crimes e que, como castigo, a cidade onde Jesus havia sofrido foi destruída e os judeus foram dispersos. João Crisóstomo usou linguagem ainda mais violenta no século IV. A sinagoga, disse, era pior que um bordel e uma loja de bebidas; era um covil de canalhas, um lugar de animais selvagens, um templo de demônios, o refúgio de bandidos e libertinos, a caverna de demônios e uma assembleia criminosa dos assassinos de Cristo. Era um abismo de perdição. Seguindo esses e outros pronunciamentos similares, não foi surpresa quando ele finalmente declarou que odiava a sinagoga e os judeus. Somente os judeus, não os romanos, foram responsáveis pelo assassinato de Cristo; matavam crianças (Sócrates de Constantinopla); eram porcos, cheirando a alho (Éfrem, o Sírio). A absolvição de Pilatos pode ter a ver com as atividades missionárias do cristianismo primitivo em Roma e o desejo de não antagonizar aqueles que queriam converter.

Mas mesmo os membros mais moderados da Igreja, como Santo Agostinho de Hipona (África do Norte), demonstraram pouco amor e caridade cristãos; ele escreveu: "Como gostaria que tu os matasses [os judeus] com tua espada de dois gumes para que não houvesse ninguém para se opor à tua palavra [...]. Com prazer, eu os faria morrer para si mesmos..." Santo Agostinho também escreveu que Judas Iscariotes, o traidor, era a verdadeira imagem dos hebreus e que os judeus sempre carregariam a culpa pela morte de Jesus.

Esses pronunciamentos tornaram-se nos séculos posteriores uma fonte de inspiração para os antissemitas e também para os nazistas, que, no geral, não tinham muita paciência com o cristianismo. São João Crisóstomo foi frequentemente citado e republicado no Terceiro Reich como uma espécie de testemunha de acusação. Depois do Holocausto, isso se tornou uma vergonha para a Igreja, e fizeram-se tentativas de explicar suas palavras no contexto histórico. Dizia-se que o discurso geral da época era agressivo, brutal e extremo. Em um momento de luta por sobrevivência e reconhecimento, não havia demanda para o perdão e a salvação cristãos. Esses ataques antijudaicos continuaram e tornaram-se ainda mais nítidos depois de o cristianismo tornar-se a religião do estado no Império Romano.

Argumentou-se também que esses ataques eram frequentemente dirigidos não contra os judeus, mas contra os judaizantes, isto é, os sectários cristãos que não haviam rompido completamente com a religião judaica e continuavam orando nas sinagogas. Mas com mais frequência os judeus eram atacados diretamente. Dizia-se que o Talmude, composto entre 400 e 600 d.C., continha declarações abertamente anticristãs. Essa questão nos ocupará mais adiante neste estudo, porque o Talmude desempenharia um papel crucial na propaganda antissemita de eras subsequentes. Que tais declarações podiam ser encontradas com facilidade no Talmude é perfeitamente verdade, mas eram principalmente defensivas, prescrevendo que nenhuma ajuda deveria ser estendida a perseguidores e acossadores.

Os ataques dos padres da Igreja contra o judaísmo e os judeus poderiam ser explicados como resultado da rivalidade política? Ambos os grupos estavam engajados em atividades missionárias entre os pagãos e os cristãos, e os primeiros cristãos sentiam a necessidade de distanciar-se tanto quanto possível da religião da qual se originaram. Isso talvez tenha sido um motivo importante, embora não o único. Pois a atividade missionária judaica terminou com os Éditos de Constantino e as leis de 315 a 339, que fizeram do cristianismo a religião do estado, e, como resultado, a atividade missionária judaica tornou-se um crime.

João Crisóstomo, o mais agressivo dos porta-vozes antijudaicos com seus oito sermões contra os judeus, pertence a um período posterior em que não havia competição a temer. Alguns autores acreditam que a propaganda antijudaica estava de alguma forma ligada ao fato de que, em alguns casos, os judeus podiam ter se unido aos pagãos (os romanos) na perseguição aos primeiros cristãos. Mas é duvidoso que tal cooperação tenha ocorrido em uma escala significativa; pelo contrário, há mais referências a interesses judaico-cristãos comuns durante a era da perseguição romana.

No entanto, outros teólogos destacam que entre os padres da Igreja são encontradas várias declarações obscurantistas, por exemplo, com relação às mulheres, mas que isso deve ser interpretado não por padrões modernos, e sim no contexto do nível cultural geral de uma idade das trevas. Mesmo que a maioria dos padres da Igreja tenha vindo a ser canonizada, eles não eram infalíveis; teria sido mais fácil dissociar o cristianismo do Antigo Testamento, assim como os *Deutsche Christen* fizeram na era nazista. Mas, por uma grande variedade de razões teológicas, isso era completamente impossível, não apenas porque o Messias havia surgido da casa de Davi, mas porque o cristianismo estava profundamente enraizado no Antigo Testamento. E assim chegou-se a um consenso de que, com todas as suas falhas e pecados, os judeus tinham sido o povo eleito até a época de Cristo; no entanto, perderam sua posição ao rejeitar Jesus e sua mensagem.

Por último, argumentou-se que, embora os escritores cristãos negassem que os judeus fossem seres humanos, mas fossem feras selvagens – assim como escreveu Pedro, o Venerável (mesmo assim chamado por seus contemporâneos o mais humilde dos homens) –, eles não deveriam ser mortos, apenas relegados a uma vida pior que a morte – mais tormento e ignomínia. Isso leva a uma questão central, ou seja, se e em que medida a pregação antijudaica levou à violência e, finalmente, ao assassinato.

Houve perseguição física aos judeus durante o Império Romano; ler a Torá, praticar a circuncisão, entre outros atos, foram banidos em 135 d.C., e o judaísmo deixou de ser uma religião legal. Mas essas restrições eram limitadas e temporárias e restringiam-se à terra da Palestina. Isso mudou no quarto século; sob Constantino, os judeus foram proibidos de morar em Jerusalém (315 d.C.). Antes ainda, casamentos mistos e relações sexuais eram proibidos, e, em 337, acarretavam a pena de morte. O primeiro caso de queima de uma sinagoga após uma campanha antijudaica local ocorreu em 388, em Kallinikon (hoje, Raqqa), na Mesopotâmia. O imperador Teodósio queria que os culpados fossem punidos e pagassem pela restauração. Mas Ambrósio, bispo de Milão, persuadiu o imperador de que esta tinha sido uma ação que agradava a Deus, algo semelhante a um castigo divino.

São Cirilo, bispo de Alexandria, expulsou os judeus de sua cidade, e o imperador bizantino Justiniano I proibiu a leitura da Bíblia em hebraico, a construção de sinagogas e que judeus se reunissem em público. O Concílio de Claremont, em 535, decretou que os judeus não podiam ocupar cargos públicos; no século V, os judeus foram expulsos de partes da França e, em 613, os judeus na Espanha tiveram que se converter ao cristianismo ou deixar o país. O papa Leão III proibiu o judaísmo, e em 855 os judeus foram exilados da Itália.

A lista poderia ser facilmente prolongada. Mas também é verdade que, em parte, esses decretos nunca foram cumpridos, porque alguns judeus permaneceram, e as velhas ordens tiveram que ser reafirmadas de tempos em tempos. Embora o Concílio da Igreja de Toledo em 697 tenha decretado que os judeus deviam ser mantidos em escravidão perpétua, a prática nunca chegou a ser geral na realidade. De qualquer forma, após a disseminação do islamismo, a maioria dos judeus vivia sob o domínio islâmico e não cristão.

Além disso, embora os governantes tivessem se tornado cristãos, o cristianismo ainda não se tornara a religião das massas e havia poucos casos de antijudaísmo popular. Vista da perspectiva histórica, a situação dos judeus na Europa não foi tão ruim até a Primeira Cruzada. Do século VII ao XI, houve ataques contra judeus por parte de papas e bispos, alguns reis visigodos inclinaram-se a ser mais amigáveis do que outros, e houve várias formas de pressão, como a conversão compulsória. Mas, de modo geral, a posição dos judeus, na Europa Ocidental e Central, sob a dinastia carolíngia melhorou, como prova a proliferação das comunidades judaicas em vários países. Os judeus cumpriram uma importante função como comerciantes e banqueiros internacionais. Em muitos lugares, tinham direitos especiais e desfrutavam da proteção das autoridades eclesiásticas e seculares. Havia uma quantidade razoável de casamentos mistos, e eles podiam possuir terras e portar armas. Não se encontravam em grande número, mas eram necessários na sociedade como mercadores e banqueiros, e, apesar de o caminho às posições de liderança na vida pública ser-lhes barrado, havia muitos judeus ricos que atraíam, até onde se pode afirmar, ressentimentos dos bispos, mas não das pessoas comuns. De modo geral, há pouca evidência de antissemitismo popular durante este período.

O que nos preocupa no contexto atual, no entanto, não é a eficiência dos perseguidores, mas suas intenções, e, a esse respeito, há poucas dúvidas. A pregação antijudaica continuou. Alguns bispos, como Agobardo de Lyon, queixaram-se de que os judeus estavam vivendo bem demais, que tinham empregadas domésticas e outros servos que estavam observando o sabá junto com os judeus e violando o domingo. Havia até um perigo de conversão, porque o judaísmo ainda tinha certa atração. Houve ataques físicos contra as comunidades judaicas na França e na Alemanha quando se espalhou a notícia de que os judeus que colaboravam com os muçulmanos eram responsáveis pela perseguição aos cristãos na Terra Santa, pela destruição do Santo Sepulcro e pela decapitação do patriarca de Jerusalém.

Mas tudo isso foram interlúdios esporádicos de curta duração. Somente com a Primeira Cruzada, em 1096, ocorreu uma rápida e dramática deterioração. O papa Urbano II convocou, em novembro de 1095, uma cruzada militar religiosa para libertar os lugares mais sagrados da cristandade, que haviam sido conquistados e profanados pelos muçulmanos. Esse apelo teve um enorme eco; massas de pessoas gritavam "*Dieu le veut*" ("Deus o quer"). Mas a cruzada não prosseguiu exatamente como o papa previra. Em vez de um exército ordenado sob o comando papal, todos os tipos de milícias privadas reuniram-se. Agentes provocadores obscuros como Pedro, o Eremita, pregavam para as massas na Alemanha e recrutavam pessoas totalmente inadequadas para qualquer expedição militar. Assim que se enfrentaram com as forças regulares islâmicas, foram derrotados em pouco tempo. Posteriormente, houve uma cruzada de crianças ainda mais mal-recrutada, e uma cruzada dos pastores franceses.

Quando os cruzados partiram da França para a Terra Santa, passando por Alemanha, Áustria e Bizâncio, mataram milhares de judeus. Parte da motivação era teológica, pois haviam sido informados de que qualquer pessoa que matasse um único judeu teria todos os seus pecados absolvidos. Mas havia também um elemento de chantagem e pilhagem. As comunidades judaicas francesas pagaram dinheiro de proteção a Pedro, o Eremita, e foram deixadas em paz. Na Renânia, os judeus tiveram menos sorte; comunidades judaicas inteiras, como as de Colônia, Mainz e Worms, foram destruídas e 3 mil pessoas foram mortas. Muitos judeus cometeram suicídio em vez de cair nas mãos dos bandos assassinos. Algumas das autoridades

– os bispos e cidadãos locais (burgueses) – tentaram dar alguma proteção, mas muitas vezes sem entusiasmo nem eficácia. Para os judeus da Europa Central e Ocidental, esses ataques tornaram-se um grande trauma, talvez por terem sido tão repentinos e inesperados, ou talvez porque a perseguição anterior tivesse sido principalmente na forma de proibições e restrições impostas de cima. Os massacres de 1096 foram aparentemente espontâneos, não instigados pelas autoridades, mas realizados pela turba.

Qual é o lugar desses ataques na história das perseguições antijudaicas? Apenas uma pequena parte do povo judeu vivia no norte da Europa na época, e as comunidades destruídas foram restabelecidas nos anos seguintes. O papa certamente não pretendia iniciar pogroms em massa na época, e a figura-chave na Segunda Cruzada, Bernardo de Claraval, denunciou a violência antijudaica. Se foi assim, o que causou esses ataques antijudaicos?

Alguns historiadores cristãos enfatizaram que a Idade Média era uma época violenta, e que o assassinato em massa (por exemplo, de hereges cristãos como os valdenses) não era raro. No curso das cruzadas, não apenas judeus, mas muitos outros, incluindo cristãos, foram mortos. Tudo isso é verdade e é lógico que os judeus, sendo pessoas marginais na sociedade, eram um alvo óbvio. Também é verdade que o final da Idade Média foi uma época de grandes tensões políticas e sociais, de luta pelo poder entre o papado e os governantes seculares, entre o poder central e as cidades. Era uma era de calamidades naturais, como a peste negra, a migração em massa, o fanatismo religioso e a superstição, e de todo tipo de crenças estranhas e pseudorreligiosas.

Mas o clima geral criado pela Igreja também desempenhou um papel importante. Segundo o dogma da Igreja, com seu conceito de servidão judaica causada pelos pecados, os judeus eram escravos dos cristãos. Os imperadores geralmente interpretavam essa prescrição ao considerar os judeus "servos de nossa Câmara" (ou, como na Espanha, a propriedade do tesouro real), o que significava que eles tinham que pagar taxa de proteção e impostos especiais. Ainda assim, essa atitude pode ser considerada generosa demais para a Igreja. Os papas não eram a favor do assassinato de judeus, e de vez em quando se pronunciavam contra isso. Do ponto de vista teológico, a sobrevivência dos judeus era necessária – como prova da veracidade essencial do cristianismo, pois a miséria deles colaborava para que a glória de Cristo brilhasse ainda mais. No entanto, entre o clero, havia muitos que achavam que os judeus remanescentes eram numerosos demais.

De tempos em tempos, os papas declaravam que alguns dos maiores libelos contra os judeus – como o ritual de assassinato de crianças cristãs e o envenenamento de poços – eram falsos. Mas a Igreja também acreditava que o amor pela Igreja tinha que se manifestar em ódio aos judeus. Por uma variedade de razões, a Igreja pressionou por uma discriminação mais estrita e mais rigorosa contra os judeus, o que ficou evidente na imposição de leis que visavam a intensificar seu isolamento. O Quarto Concílio de Latrão, em 1215, decidiu que os judeus e os muçulmanos deveriam usar roupas especiais – distintivos amarelos em alguns lugares e chapéus em outros. O papa Inocêncio III, em 1205, escreveu que os judeus, por culpa própria, foram consignados à perpétua servidão, e o papa Gregório IX, em 1236, ordenou o confisco de livros em hebraico.

Por outro lado, vários papas insistiram que os judeus não eram sem lei, mas deveriam ser tratados de acordo com a lei romana. Os judeus eram subservientes e não deveriam ser atacados, ao contrário dos sarracenos, segundo Alexandre II no início do século XI. Nicolau IV, no final do século XIII, exigiu punição severa para judeus que apoiassem a conversão ao judaísmo, mas ao mesmo tempo denunciou os ataques cristãos contra eles quando os judeus aderiam às regras, ou seja, quando aceitavam viver em um estado de servidão, usar as marcas distintivas que lhes eram impostas e não comer em uma mesa comum. O papa Clemente VI chegou a publicar uma bula pontifícia em 1348 contra a perseguição aos judeus que dizia que a peste negra não era culpa dos judeus, mas punição divina da humanidade pecadora.

Havia certa inconsistência em questões de detalhe: alguns teólogos católicos eram a favor da conversão forçada de crianças judias; outros eram contra isso. Alguns eclesiásticos favoreceram a expulsão de judeus da Bélgica (1261), Inglaterra (1290), França (1306 e 1394), Espanha e Portugal (1492 e 1507); outros não se posicionaram sobre essa questão. Alguns radicais (Capistrano, por exemplo) exigiram a abolição de todos os direitos dos judeus ou fomentaram e realizaram pogroms (os Flagelantes); outros se distanciaram da violenta perseguição aos judeus.

Alguns escolásticos cristãos engajavam-se em querelas muito específicas, por exemplo, se Deus, sendo todo-poderoso, era responsável pelas ações do diabo; se Lúcifer era um anjo caído; se Lúcifer tinha sido mau desde a criação; se a Paixão de Cristo quebrou o poder de Satanás, etc. Mas esses debates eram muito abstratos para as pessoas comuns que aprenderam do

Novo Testamento que os judeus eram filhos de Satanás (mas, se o próprio Anticristo era judeu ou não, era uma questão deixada em aberto).

Os judeus não foram os únicos a serem demonizados pela Igreja: bruxos, feiticeiros e vários hereges também estavam inclusos, mas os judeus geralmente ocupavam o lugar principal. O diabo tinha uma posição muito mais central na religião cristã do que na maioria das outras, e sua história constava em inúmeros sermões, livros, peças de teatro e obras de arte medievais em todos os níveis de sofisticação. Era natural que aqueles que recebessem essa mensagem chegassem à conclusão de que, se o diabo fosse o criador e a encarnação do mal, ele teria que ser combatido permanentemente. Se Satanás tinha que ser expulso, seus filhos, os judeus, também teriam.

A Igreja, em resumo, criou uma certa imagem dos judeus que dominou a Idade Média e que levou a perseguição, assassinato e expulsão. O diabo foi tomado por alguns como uma metáfora, por outros – incluindo Lutero – como um demônio pessoal, assim como havia um Deus pessoal. Outras características dessa imagem do judeu na religião popular, que veremos a seguir, incluem o libelo de sangue e o envenenamento de poços.

O libelo de sangue era a acusação de que, de acordo com a religião judaica, bebês ou crianças pequenas cristãs tinham de ser sequestrados, abusados, torturados, abatidos e seu sangue consumido (especialmente por ocasião da Pessach) para fins religiosos. Um dos primeiros casos registrados dessa calúnia foi o de São Guilherme de Norwich (Inglaterra) em 1144. De acordo com Teobaldo, um ex-judeu que se tornara monge, os líderes judeus (os antecessores dos Sábios de Sião, talvez?) se reuniam a cada ano em Narbona, na França, para decidir qual criança matar. No caso de Norwich, vários líderes judeus locais foram presos e executados. Ainda mais famoso foi o caso do pequeno Hugo de Lincoln (Inglaterra) em 1255. O corpo de um menino fora encontrado em uma fossa perto da casa de um judeu, que foi preso, torturado e confessou. Como resultado, cerca de cem judeus na cidade foram presos; alguns foram mortos de imediato, alguns foram mortos depois de um julgamento, outros pagaram um resgate e foram libertados.

Ao todo, foram registrados cerca de 150 casos de libelo de sangue (para não mencionar milhares de rumores) que resultaram na prisão e assassinato de judeus ao longo da história, a maioria deles na Idade Média. Inicialmente, a maioria dos casos ocorreu na Inglaterra (Bury, Bristol, Winchester); posteriormente, houve relatos similares também na França, Espanha, Alemanha e em outros países. Em quase todos os casos, os judeus foram assassinados, às vezes por uma turba, às vezes após tortura e julgamento. A história do assassinato de crianças cristãs entrou no folclore (aparece nos Contos de Fadas de Grimm) e foi exportada para países fora da Europa; no famoso julgamento de Damasco, em 1840, a suposta vítima não era uma criança, mas um idoso monge italiano. Mais adiante, retornaremos aos casos de libelo de sangue ocorridos no século XIX.

O papa Inocêncio IV nomeou uma comissão para estudar a questão dos libelos de sangue em 1247, e ficou estabelecido que não havia verdade nessas alegações – e não apenas porque a lei judaica proíbe estritamente o consumo de sangue. Gregório X, em 1275, publicou uma carta ordenando que nenhum judeu fosse preso sob tais pretextos tolos. Ele ainda afirmou que nenhum cristão deveria "tramar contra os judeus". Observou também que muitos casos envolviam chantagem – que os pais dessas crianças ou outros inimigos cristãos desses judeus escondiam os filhos a fim de atingir os judeus e extorquir dinheiro deles.

O papa Nicolau IV, em 1291, publicou uma bula intitulada *Ora Mater Ecclesia*, anunciando que a Igreja não toleraria a agressão cristã aos judeus. Quatro outros papas denunciaram o libelo de sangue, mas outros enxergaram com mais leniência pregadores fanáticos, como Capistrano, que continuavam a espalhar a história maliciosa. Nesta época, a Igreja era muito poderosa, e, se os papas tivessem ameaçado os malfeitores cristãos com punições draconianas, poderiam ter detido o libelo de sangue. Mas eles não queriam ir tão longe. Durante os séculos que se seguiram, algumas das supostas crianças vítimas dos judeus foram beatificadas e canonizadas.

Em 1881, a La Civiltà Cattolica, o órgão jesuíta de Roma, tentou demonstrar que o assassinato ritual era, afinal, parte integrante da religião judaica; a principal inovação nesse caso foi dizer que o assassinato ocorria no Purim e não na Pessach. Algumas das acusações de libelo de sangue continuaram até o século XX. Tal foi o caso com o martírio de Andreas Oxner, supostamente morto em 1462, perto de Innsbruck. No século XVII, essa lenda tornou-se objeto de culto; imagens na igreja local mostravam como a garganta da criança fora cortada e o sangue coletado em uma tigela. Essas imagens foram finalmente removidas cinco séculos depois, nos anos 1990, seguindo as instruções do bispo local. Um caso semelhante, ainda mais conhecido, foi o de São Simão de Trento, na Itália, onde um médico judeu teria matado um menino de dois anos e meio de idade. O culto que cresceu em torno desse conto foi suprimido pelas autoridades clericais em 1965.

Outra razão frequente para os ataques contra os judeus foi a suposta profanação da Hóstia, o pão ou disco de massa usado na missa. O Quarto Concílio de Latrão, em 1215, adotou a doutrina da transubstanciação, ou seja, o pão e o vinho usados no ritual da missa realmente se convertem no corpo e sangue de Cristo. Grupos de judeus em vários países europeus, como Alemanha, Polônia, França e Bélgica, foram acusados de esfaquear a hóstia, enfiar-lhe um prego ou vilipendiá-la de outras maneiras. Presos e torturados, confessavam e às vezes eram queimados. As perseguições baseadas nessa acusação, no entanto, foram menos comuns do que os casos de libelo de sangue e ocorreram com pouca frequência após a Idade Média.

Muito mais importante para a história do antissemitismo é o desenvolvimento gradual do conceito do "judeu do Talmude", que remonta, em termos gerais, ao século XIII. Após a denúncia de um judeu convertido chamado Nicolas Donin de La Rochelle, o papa Gregório IX foi informado em 1239 de que os judeus eram guiados em suas práticas não pelos preceitos e tabus bíblicos transmitidos por Moisés no Sinai, mas por uma coleção monstruosa de livros intitulada Talmude. Criaram-se várias comissões sobre o tema, principalmente na França; diversos rabinos foram convidados a explicar as acusações contra si. Por fim, os teólogos e juristas de Paris decidiram que as acusações eram verdadeiras, e o Talmude foi cerimonialmente queimado em 1242. Partes do Talmude foram traduzidas para o latim e reeditadas, reimpressas e traduzidas muitas vezes; todas essas publicações eram aproximadas e incompletas simplesmente porque havia poucos especialistas na época capazes de lidar com textos em hebraico, muito menos em aramaico — a língua na qual o Talmude babilônico havia sido escrito.

Mais de quatro séculos depois, no ano de 1700, um professor chamado Eisenmenger, da Universidade de Bonn na Alemanha), publicou uma obra imensa (2.120 páginas) em que afirmava ter desmascarado as monstruosidades dos judeus do Talmude. Eisenmenger conhecia as línguas em questão, e seu livro tornou-se a bíblia do antissemitismo religioso e pós-religioso por dois séculos ou mais.

Quais foram as acusações específicas? Principalmente, alegava-se que o Talmude estava cheio de blasfêmias sobre Deus, Jesus, a Santa Virgem e o cristianismo em geral. Ele substituía a Bíblia e afirmava que os rabinos-intérpretes eram mais sábios e inteligentes do que Deus. Além disso, afirmava-se que o Talmude justificava qualquer crime cometido por judeus contra não judeus. Os judeus não só tinham permissão para defraudar, trair e mesmo matar os gentios, como esse era seu dever sagrado. E abster-se de ajudar não judeus em uma emergência não era suficiente; era necessário empenhar-se ativamente na sua perdição. Tudo deveria ser feito para enganar os gentios tolos que estavam fora da proteção da lei talmúdica. Supostamente estava escrito no Talmude que Adão teve relações sexuais com todos os animais do Jardim do Éden e que os judeus deveriam comer excremento como remédio contra a pleurisia. Até os melhores dos gentios deveriam ser mortos – aquele que observava o sabá merecia a morte, assim como aquele que estudava a Bíblia (isso, apesar de Eisenmenger ter recebido enorme ajuda de uma série de rabinos, que não estavam cientes de suas intenções, em seu trabalho de estudar a Bíblia). Todos os estrangeiros eram amalequitas, os inimigos mais amargos dos judeus. Em resumo, de acordo com Eisenmenger, os judeus estavam autorizados a mentir, jurar em falso, ser desleais para com todos que não fossem judeus, enganar as autoridades, roubar, assaltar, cometer todos os crimes possíveis, defraudar outros e causar o maior dano possível aos não judeus.

Era óbvio que um livro contendo tais ensinamentos monstruosos deveria ser destruído e que a perseguição às pessoas que haviam aceitado tais diretrizes criminosas deveria ser intensificada. Os judeus eram inimigos de Deus e da humanidade. A Igreja não havia iniciado o conceito do "judeu do Talmude", mas o aceitou porque confirmava todas as suspeitas sobre os judeus. O baixo clero engajou-se em particular na tarefa de espalhar a mensagem supostamente descoberta sobre os inimigos de Cristo e dos cristãos.

No contexto atual, tudo o que precisa ser dito sobre o Talmude, escrito entre os séculos IV e VI, é que ele contém muitas declarações que parecem ultrajantes ou ridículas da perspectiva de hoje, mas não mais do que outras obras teológicas desse período. Declarações igualmente ultrajantes podem ser encontradas nas obras dos padres da Igreja e nos hádices, as interpretações do Alcorão. De qualquer forma, o Talmude nunca foi um documento secreto; embora tenha sido banido e queimado em várias ocasiões pela Igreja, foi publicado em 1520 por Daniel Bomberg em Veneza sob a proteção do privilégio papal. O Talmude também foi publicado na Suíça em 1578 e 1581, bem como em Vilna, Lublin e em outras cidades europeias. Algumas dessas edições do final da Idade Média foram expurgadas, omitindo, por exemplo, ataques contra o cristianismo – mas foram expurgadas também por causa da extensão do Talmude; edições modernas, como a da Soncino Press, chegam a mais de 12 mil páginas e ocupam vários CD-ROMs. Quaisquer que sejam os pecados de comissão ou omissão do Talmude, o sigilo não estava entre eles.

Essa imagem do judeu criada (ou melhor, recondicionada) no final da Idade Média fornece o pano de fundo geral da perseguição particularmente violenta que ocorreu durante o período da peste negra (1347-1361), que dizimou cerca de um terço da população da Europa e praticamente destruiu o judaísmo alemão. A peste era endêmica em várias partes do mundo, como o Extremo Oriente, e acredita-se que tenha sido trazida para a Europa por navios genoveses que navegavam do Extremo Oriente a Messina. Em 1348, chegou à França por Marselha e, nos meses de verão daquele ano, espalhou-se até Londres, Alemanha, Hungria e outros países. O efeito foi desastroso, matando cerca de 25 milhões de pessoas na Europa. Nas cidades maiores, estima-se que a taxa de mortalidade tenha sido entre 30 e 60%; em outros lugares, as estimativas da taxa de mortalidade variam entre 20 e 100%.

Ninguém tinha a menor ideia do que causara a epidemia e como ela havia se espalhado, e, obviamente, não havia drogas para prevenir ou detê-la (o bacilo da peste não seria descoberto até meados do século XIX). Foi um trauma sem precedentes – os médicos se recusavam a atender os doentes, os padres se recusavam a dar os últimos ritos aos moribundos. Houve fugas em massa de áreas infectadas, muitas vezes em vão. Os judeus eram suspeitos de ter causado a doença, embora eles sofressem tanto quanto o resto da população – e a pandemia continuou mesmo depois da destruição de comunidades judaicas. Judeus foram presos e torturados e admitiram tudo o que as autoridades quiseram ouvir.

Um incidente bem conhecido foi a evidência de Agimet, um judeu de Genebra, que confessou ter sido enviado a Veneza pelo rabino Peyret de Chambray, que lhe dera uma porção de veneno para jogar em poços, cisternas e nascentes de Veneza e arredores. De Veneza, ele foi para a Calábria e Puglia para causar mais danos. Também disse que havia jogado veneno nos poços de Toulouse e em outros lugares no sul da França.

Houve acusações anteriores de "envenenamento de poços" durante a era das cruzadas, mas, como não havia epidemias na época, esses casos foram considerados isolados. E os judeus não foram torturados e forçados a confessar que cometeram esses atos por ódio contra o cristianismo e os cristãos. Não houve confissões de que todos os judeus sabiam sobre a conspiração e que ela fora planejada e administrada pela comissão dos doze. Em partes do mundo onde nenhum judeu vivia, outras minorias foram acusadas de espalhar a doença, incluindo muçulmanos e cristãos, e em alguns casos padres e monges. Mas os judeus eram sem dúvida os acusados mais frequentes. De acordo com uma versão mais sofisticada das acusações, os judeus talvez não tivessem causado a eclosão da doença, mas certamente estavam envolvidos na sua disseminação. Esse período ficou conhecido na história judaica como *emek habacha* (o vale de lágrimas).

O número de mortes de judeus é desconhecido, mas provavelmente a maioria dos judeus da Europa Central, incluindo comunidades inteiras, pereceu. Sucumbiram não apenas à doença, mas às perseguições que se seguiram. Alguns milhares de judeus foram mortos em Mainz, cerca de 2 mil em Estrasburgo. Sessenta grandes comunidades judaicas foram destruídas; no total, contabilizaram-se 350 massacres. Essa onda de assassinatos em massa causou as migrações da Europa Ocidental e Central para o leste, onde antes havia poucas comunidades judaicas.

A Igreja como tal não teve participação nessas perseguições. Nas regiões onde a autoridade papal era forte (Avignon e Itália), os judeus não eram atacados e, em muitas cidades, as autoridades locais também tentavam defendê-los, embora muitas vezes de maneira ineficaz. O papa Clemente VI falou várias vezes contra a crença popular de que os judeus eram culpados pela peste, que chamou de punição divina.

Os responsáveis pelos ataques eram o que os cronistas contemporâneos chamavam de "pessoas comuns", isto é, os pobres e os desordeiros; incitados pelos flagelantes itinerantes, que se chicoteavam e torturavam a própria carne em um frenesi de fanatismo e histeria. Os flagelantes não eram apenas fanáticos religiosos radicais, mas desprezavam os sacerdotes que, acreditavam eles, viviam uma vida de pecado. Inicialmente, o papa adotou uma visão benevolente desse movimento, mas mais tarde o declarou herético porque seus membros se posicionavam fora do controle da Igreja e rejeitavam partes do ritual da Igreja, como a Eucaristia.

Há muitas evidências de que aqueles que atacavam os judeus foram motivados, como na Primeira Cruzada, não apenas por medo e fervor religioso, mas por ganância e inveja; houve incontáveis casos de roubo e estragos. Como escreveu um cronista contemporâneo, o dinheiro na mão dos judeus também foi o veneno que os matou. Se fossem pobres, não teriam sido queimados.

Não houve ataques em massa contra "envenenadores judeus" após o período da peste negra , mas a acusação tornou-se parte integrante do dogma e da linguagem antissemitas. Ela surgiu novamente no início de 1953, na forma do "complô dos médicos" nos últimos dias de Stalin, quando centenas de médicos judeus na União Soviética foram presos e alguns deles mortos sob a acusação de terem causado a morte de proeminentes líderes comunistas. Apenas a morte de Stalin pôs fim a essa campanha. Acusações semelhantes foram feitas nas décadas de 1980 e 1990 na propaganda fundamentalista árabe e muçulmana radical que acusou os judeus de espalhar a aids e outras doenças infecciosas.

Depois que as tribulações da Idade Média passaram, houve pouca mudança no status dos judeus, certamente nada para melhor. Houve menos ataques esporádicos da população geral do que nos séculos anteriores, mas mais repressão das poderosas autoridades. Em 1394, os judeus foram exilados pela segunda vez da França. E 100 mil judeus foram expulsos da Espanha em 1492, após a reconquista cristã da Península Ibérica, e depois também de Portugal.

Este período marcou o estabelecimento de guetos, distritos fechados aos quais os judeus foram confinados, começando por Veneza em 1516. A Igreja Católica teve um papel importante no estabelecimento desses guetos. Era a época da Inquisição, criada para determinar, entre outras coisas, se as conversões ao cristianismo eram genuínas. Os judeus eram ainda mais restritos em seu trabalho e nas profissões que lhes era permitido exercer — eram proibidos de comerciar produtos agrícolas e de serem mascates —, e talvez não seja um acaso o fato de o gueto de Roma ter sido o último na Europa a ser abolido, em 1870.

No início do século XVI, um judeu batizado chamado Johannes Pfefferkorn apelou às autoridades clericais e seculares para proibir e destruir o Talmude, que, segundo ele, era a fonte de todo o mal que motivava o comportamento judeu. Negou, no entanto, que os judeus tivessem se envolvido em assassinatos rituais e protestou contra outras formas de perseguição aos judeus. A publicação de Pfefferkorn — "O Espelho dos Judeus" (1508) — e suas atividades encontraram a oposição de alguns humanistas da Renascença, como Johann Reuchlin e Erasmo, que defendiam uma maior tolerância religiosa. Mas o debate que durou mais de uma década não fez diferença no que diz respeito à situação legal e social dos judeus. Nem o advento do protestantismo teve um impacto positivo.

Martinho Lutero, no começo da carreira, nutria esperanças de que os judeus fossem convertidos ao seu novo credo e enfatizou em particular que Jesus havia nascido judeu – um fato frequentemente ignorado no discurso da Igreja. Mas não conquistou conversos entre os judeus e nos últimos anos se voltou contra eles. Seus pontos de vista são de considerável importância porque ajudaram a moldar a perspectiva das igrejas protestantes até o século XX, e seu panfleto intitulado *Os Judeus e Suas Mentiras* (1543) foi reimpresso muitas vezes durante a era nazista.

Lutero era um homem temperamental que se sentiu perseguido durante toda a vida por vários tipos de demônios; acreditava no poder da oração para fazer Satanás desaparecer. Mas, para garantir, também jogava tinteiros nas aparições satânicas que o visitavam. Não é de admirar, portanto, que Lutero se voltasse contra os filhos do diabo, os judeus.

O que faremos, perguntou, com essa raça maldita, rejeitada, blasfema, amaldiçoada, maligna e venenosa? Ele observou que os judeus haviam sido punidos "mil vezes mais do que poderíamos desejar", mas que tudo isso parecia insuficiente, de modo que fez várias sugestões práticas sobre como lidar com eles em seu panfleto de 1543. Suas sinagogas deveriam ser queimadas e o que não queimasse deveria ser soterrado. Suas casas também deveriam ser destruídas e todos os moradores, colocados sob o mesmo teto ou em um estábulo para "perceberem que não são mestres em nossa terra, como se orgulham, mas miseráveis cativos". Os judeus deveriam ser privados de seus livros de oração e do Talmude, e seus rabinos, proibidos de continuar ensinando sob ameaça de morte. Não deveriam ter permissão de viajar porque não têm assuntos para tratar no campo. Todas as estradas deveriam ser fechadas a eles, que deveriam ser forçados a ficar em casa. Os judeus não deveriam ser protegidos pelas autoridades e tudo deveria ser feito para libertar o mundo desse fardo insuportável e diabólico – "nossa praga, pestilência e infelicidade".

Lutero mencionou que tinha ouvido falar do envenenamento de poços e do sequestro e assassinato de crianças, e disse que tendia a acreditar nas alegações, mesmo que estivesse bem ciente de que os judeus as negavam. Por isso, para concluir, propôs que os judeus fossem enviados para partes do mundo onde não havia cristãos, porque "os turcos e outros pagãos não toleram o que nós cristãos suportamos dessas serpentes venenosas".

A atitude de outros reformadores protestantes para com os judeus foi mais positiva. Para os calvinistas, a semente de Abraão fazia parte do corpo de Cristo. Os judeus eram os primogênitos de Deus e a graça do chamado divino não podia ser anulada. Na ocasião, Calvino até expressou "grande afeição pelos judeus" e disse que "nossas diferenças com eles eram puramente teológicas" (João Calvino, *Comentários*, vol. 19).

Não foi por acaso que, sob Oliver Cromwell, os judeus puderam novamente estabelecer-se na Grã-Bretanha – embora contra a resistência do clero e dos mercadores – e encontraram abrigo na Holanda após sua expulsão da Espanha.

Nenhuma mudança importante ocorreu na vida dos judeus da Europa Central entre o século XVI e a emancipação no século XIX. Embora os judeus tivessem sido originalmente mercadores e banqueiros, foram expulsos dessas áreas e envolveram-se em negócios marginais, como vender suas mercadorias em aldeias, empréstimos em dinheiro de pequena escala e câmbio de moedas. Alguns judeus ascenderam à riqueza e à proeminência como judeus da corte (*Hofjuden*), ajudando reis e duques a aumentar sua renda – o que não lhes ganhava o favor da população em geral. Não podiam possuir terras, e a maioria das profissões era-lhes proibida pelas corporações das cidades.

As expulsões continuaram de tempos em tempos – por exemplo, a imperatriz Maria Teresa, que suspeitava que fossem agentes inimigos da Prússia, expulsou os judeus da Boêmia no século XVIII. Embora o número de judeus na Alemanha fosse pequeno e ainda menor na França e na Grã-Bretanha, as atitudes para com eles não mudaram e a literatura antissemítica continuou surgindo. Se no início da Idade Média tinha havido relações sociais entre judeus e não judeus na Europa (daí as injunções papais contra elas), havia pouca ou nenhuma relação após o século XIV.

A situação era diferente na Polônia, onde muitos judeus da Europa Central haviam se refugiado após as perseguições. Até cerca do século XVIII, a situação dos judeus na Polônia era consideravelmente melhor do que em outros países europeus, apesar das tentativas de radicais religiosos (como Capistrano) de persuadir os reis da Polônia a abolir os direitos e privilégios dos judeus. Em grande parte, os judeus na Polônia constituíam a classe média urbana e dedicavam-se a todos os tipos de profissões além do comércio, incluindo o artesanato e até a agricultura. Segundo um ditado popular, a Polônia nos séculos XVI e XVII era um paraíso para os judeus, um paraíso para os nobres e um inferno para os servos. Em meados do século XVII, cerca de meio milhão de judeus viviam na Polônia, mais talvez do que no resto da Europa como um todo.

Os judeus serviam à nobreza polonesa, atuando como seus agentes de negócios e conselheiros. Isso os tornou vulneráveis; no levante cossaco ucraniano contra os senhores poloneses (1648) liderado por Bogdan Jmelnitski, dezenas de milhares de judeus foram mortos porque, como colaboradores próximos dos poloneses, também se tornaram objeto de ódio.

A situação dos judeus na Polônia começou a piorar na segunda metade do século XVIII, resultando em seu empobrecimento gradual. Foram gradualmente expulsos do sistema bancário e das principais atividades comerciais da crescente classe média urbana polonesa. As frequentes guerras que ocorreram na Polônia no século XVIII também desempenharam um papel negativo, obrigando-os a viver em comunidades menores e a dedicarem-se a profissões mais marginais. No fim, isso levou à emigração em massa para a Europa Ocidental e, principalmente, para o exterior no século XIX. Acusações de libelo de sangue e profanação, antes raras, começaram a ressurgir.

De modo geral, parece ser verdade que – como diz Léon Poliakov, o historiador do antissemitismo – havia uma diferença considerável entre o antissemitismo na Europa Ocidental e Oriental. Enquanto o antissemitismo em países como a Alemanha era de caráter essencialmente teológico, suas raízes na Polônia eram em grande medida sociais. Isso tem a ver com os altos números. Mesmo antes das perseguições e expulsões, o número de judeus na Alemanha (e *a fortiori* na França, Inglaterra e Itália) era bem pequeno; os judeus haviam sido bodes expiatórios em vez de concorrentes. Na Polônia, na Ucrânia e na Rússia Ocidental, por outro lado, o número de judeus era considerável. Em outras palavras, enquanto o antissemitismo na Europa Ocidental era uma questão ideológica, no Leste Europeu era ou se tornava um problema objetivo em vista dos números. Não é preciso dizer que a Igreja (católica na Polônia, uniata na Ucrânia, ortodoxa russa na Rússia) não estava encantada com os judeus, mas o fator decisivo era o número deles – os judeus na Europa Ocidental e Central eram contados aos milhares, enquanto no Leste Europeu, eles somavam centenas de milhares e depois milhões.

A pesquisa das fontes do antissemitismo levou-nos ao início da história moderna. Até recentemente, muitos historiadores tendiam a desconsiderar o fato de que, durante a maior parte da Idade Média, a maioria dos judeus não vivia em sociedades cristãs europeias, mas sob o domínio do islã. Com a disseminação dessa nova religião nos séculos VII e VIII, o domínio muçulmano estendeu-se da Espanha à Índia e à Ásia Central e, por fim, incluiu os Bálcãs. Os historiadores judeus que tratavam do destino dos judeus orientais — as fontes não são abundantes — só o faziam para justapor as perseguições da Europa com a experiência mais afortunada dos judeus no Oriente. É verdade que, em sua maioria, os judeus sob o domínio muçulmano se saíram melhor do que na Europa; houve uma proliferação cultural na Espanha e em Bagdá, a situação social e econômica foi melhor, e não houve massacres na escala dos pogroms e da peste negra .

Mas isso não quer dizer que os judeus pudessem se sentir livres como cidadãos com direitos plenos, que os judeus não fossem perseguidos e que não houvesse sentimento antijudaico. Isso remete aos escritos básicos islâmicos, o Alcorão e os hádices. Os judeus não cometeram nenhum pecado básico como no cristianismo — o fundador da religião não havia sido morto pelos judeus (embora, segundo alguns intérpretes islâmicos, Maomé pensasse que ele poderia ter sido envenenado por uma mulher judia). Havia também a história dos Banu Qurayza, uma tribo judaica em Medina que se recusou a aceitar a mensagem de Maomé e se voltou contra ele, que acabou matando todos. Mas a maioria dos judeus desempenhou um papel bem menor no pensamento islâmico do que no cristianismo; tinham sido hostis ao profeta, segundo o Alcorão, mas não o haviam matado.

É impossível resumir a atitude do Alcorão em relação aos judeus simplesmente porque a evidência é contraditória. O Alcorão afirma repetidamente que Alá os amaldiçoou por causa de sua incredulidade, e que Alá é o inimigo dos incrédulos. Ele diz que os judeus de Medina, onde Maomé se refugiara, não só foram derrotados, mas humilhados, e que foram afligidos pela humilhação e pela pobreza e sentiram a ira de Deus. Os judeus eram fracos e eram obrigados a permanecer fracos: não havia motivo específico para se preocupar com eles. (O principal inimigo do islã ao longo dos séculos foi o cristianismo.) O Alcorão diz que os judeus (e os cristãos) falsificaram a mensagem que Deus lhes havia dado. Ele adverte que a maioria deles é de malfeitores e "você sempre descobrirá traição neles, exceto em alguns". O Alcorão diz "não considere judeus e cristãos como amigos" e menciona de passagem que Alá transformou alguns deles em macacos e porcos. O Alcorão pede a morte (decapitação) de judeus e cristãos (Sura 47,4-5). Há em um hádice a famosa e repetida história da luta final entre muçulmanos e incrédulos, quando um judeu estará escondido atrás de uma pedra e uma árvore e a pedra dirá "Ó muçulmano, há um judeu atrás de mim – venha, o mate".

Mas também é verdade que o islã aceitou grande parte do Antigo Testamento (da maneira como o interpretaram) e que havia menos amargura nas polêmicas muçulmanas contra os judeus do que contra os cristãos, talvez porque, como apontou Bernard Lewis, os judeus não eram tantos e por isso não eram concorrentes como os cristãos. Eram impotentes e não representavam ameaça. Judeus e cristãos na maior parte do tempo desfrutavam de um status protegido como Povo do Livro (a Bíblia); como *dhimmis*, tinham algo parecido com a cidadania de segunda classe. Precisavam pagar um imposto *per capita*, algo parecido com dinheiro de proteção. Mas os hádices também diziam que, de acordo com o profeta: "Aquele que rouba um *dhimmi* ou lhe impõe mais do que pode aguentar – terá a mim como seu oponente".

Os judeus não podiam, via de regra, obter cargo público (como de costume havia algumas exceções notáveis), e havia pogroms ocasionais, como em Granada em 1066. Eles tinham que se vestir de uma certa maneira para deixar clara sua diferença dos muçulmanos. Eles eram (em teoria, se não sempre na prática) proibidos de andar a cavalo e portar armas – mas isso também se aplicava aos cristãos. Eram, no entanto, autorizados a montar burros, desde que o fizessem de lado. Foram perseguidos sob os fatímidas no Egito e na Palestina, sob os almôadas no norte da África e temporariamente na Espanha. Houve expulsões da Península Árabe, mas menos do que em terras cristãs.

Não havia nada na Europa cristã comparável à Idade de Ouro na Espanha, com a proliferação das artes e das ciências, em que os judeus desempenharam um papel proeminente. Ou, para ser preciso, em que alguns judeus desempenharam um papel proeminente; o dourado da Idade de Ouro e o grau da simbiose árabe-judaica foram exagerados no século XIX e no início do século XX. As atitudes gerais em relação aos judeus mudaram pouco ao longo dos séculos, pelo menos no nível da doutrina. Os judeus tinham seu lugar legalmente definido e legítimo na sociedade; havia um grau de tolerância desde que os judeus não tentassem elevar-se acima de seu status inferior.

Na realidade, houve diferenças consideráveis no que diz respeito ao tratamento. Atitudes mais duras prevaleceram em tempos de crise e os judeus se saíram, no geral, pior entre os xiitas do que entre os sunitas. Tiveram mais sorte na Espanha e no Oriente Próximo do que no norte da África e na Ásia Central. Mas procurar as fontes do antissemitismo moderno no mundo islâmico medieval seria inútil. A perseguição aos judeus e os massacres tornaram-se mais frequentes nos tempos modernos – começando no final do século XVIII, do Marrocos à Pérsia. Isso teve a ver com o declínio do mundo muçulmano (o declínio também na autoconfiança e na tolerância), o que fortaleceu a xenofobia em geral. Teve a ver com explosões repentinas de fanatismo (das quais sempre houve uma corrente na tradição islâmica), mas também teve a ver com a importação de propaganda antissemita europeia às terras muçulmanas.

Em resumo, a perseguição aos judeus na Europa continuou por todo o final da Idade Média e além, porém, a situação dos judeus no Leste Europeu era melhor naquela época do que na Europa Ocidental, Central e Meridional. O Massacre de Chmielnicki, no qual morreram dezenas de milhares, não foi uma exceção; apenas não havia antissemitismo sistemático, supervisionado pelo estado, tanto na Europa Oriental, como na Espanha e em Portugal. As perseguições espanholas culminaram com a expulsão de 1492, quando cerca de 300 mil judeus foram forçados a deixar o país, a menos que estivessem dispostos a batizarem-se; Portugal seguiu o exemplo alguns anos depois. Os judeus desses países emigraram para a Turquia, o Oriente Próximo e também para os Países Baixos.

A conversão por si só, no entanto, não necessariamente resolveu o problema no sul da Europa. A Inquisição gastou muito tempo e energia – continuou ativa até o início do século XIX – investigando se as conversões eram sinceras e punindo os insinceros. Mas, mesmo se as conversões tivessem sido sinceras, os judeus e seus descendentes ainda continuavam proibidos de exercer muitas profissões, incluindo cargos públicos, e de frequentar universidades. Isso se baseava no princípio da pureza do sangue, precursor do antissemitismo racialista do final do século XIX. É verdade que a prática política e social da época nem sempre estava em conformidade com a doutrina. Inácio de Loyola nomeou um *converso* como seu sucessor, e não era muito difícil forjar genealogias. Em todo caso, somente aqueles de nascimento nobre eram registrados na Igreja e, mesmo entre a nobreza, houve um grande número de casamentos mistos ao longo dos tempos. O que importa na análise final é o fato de que o ódio aos judeus veio tanto de cima quanto de baixo e continuou por um longo tempo, mesmo depois de nenhum judeu permanecer na península Ibérica.

CAPÍTULO 4

O Iluminismo e Além

MUDANÇAS LENTAS, MAS importantes, ocorreram no status social dos judeus da Europa Central no final do século XVII e no século XVIII. Judeus ricos puderam sair dos guetos na Alemanha, e alguns deles se tornaram influentes, os chamados judeus da corte. No resto da Europa, havia apenas alguns guetos na França e nenhum na Grã-Bretanha. Durante a era do Iluminismo, ouviram-se vozes na Inglaterra, na França e na Alemanha, defendendo a emancipação dos judeus. A maioria dos judeus europeus havia se mudado do oeste para o leste na época das perseguições no final da Idade Média, e o seu destino seria determinado por diferentes forças.

Enquanto os principais pensadores do Iluminismo lutavam pela tolerância, sua atitude para com os judeus era, no mínimo, reservada. Voltaire não tinha nada além de desprezo pelos judeus, que, a seu ver, eram intolerantes e fanáticos. Em certa ocasião, ele declarou: "Eu não ficaria nem um pouco surpreso se um dia essas pessoas se tornassem perigosas para a raça humana". Fizeram-se tentativas para explicar o antissemitismo de Voltaire contra o pano de fundo de sua inimizade com toda religião estabelecida. O que ele escreveu sobre Maomé certamente seria interpretado nos dias de hoje como um caso extremo de islamofobia.

Alguns comentaristas argumentam que, quando Voltaire atacava os judeus, mirava na verdade a Igreja Católica – mas, por razões políticas, ele não poderia ser tão franco. Sua atitude geral para com o *establishment* da Igreja – *écrasez l'infame* – é bem conhecida. Mas isso não explica a animosidade adicional contra os judeus, incluindo o total desprezo pelo Antigo Testamento. Outras figuras importantes do Iluminismo estavam dispostas a abrir uma exceção para os judeus instruídos, mas não para os barbados. Não havia, no entanto, muitos judeus que tivessem uma boa educação secular na época.

Em geral, havia um limite implícito no antissemitismo dos filósofos franceses, pois, já que pregavam a tolerância e o humanismo, não podiam excluir totalmente os judeus. Mas os incluíram com um sentimento de grande desdém; como escreveu Paul-Henri Baron d'Holbach, o caráter judaico havia sido moldado por certas condições históricas, pelo clima e meio ambiente, e, na maior parte do tempo, essas pessoas eram irremediavelmente estranhas à Europa. Ele claramente subestimou a ansiedade e a capacidade dos judeus europeus de assimilarem-se. O antissemitismo de Voltaire – e de outros filósofos – foi em alguns aspectos influenciado por sua atitude com relação aos gregos e romanos, a quem admirava e que não gostavam dessa estranha e zelosa tribo que se fechava em si e sempre enfatizava sua exclusividade. Os judeus haviam permanecido, apontava-se sempre, um estado dentro de um estado, uma nação dentro de uma nação. O antijudaísmo de Voltaire também se baseou na crítica de Spinoza à religião judaica. Spinoza e os racionalistas posteriores defenderam (para simplificar) que as histórias bíblicas não eram confiáveis e que a religião judaica, em particular, havia se tornado ossificada.

Visto em perspectiva histórica, as ideias do Iluminismo levaram à emancipação dos judeus, mas também contribuíram para o surgimento do antissemitismo moderno, particularmente na França. O conde Clermont-Tonnerre em um famoso discurso declarou que os judeus como indivíduos mereciam tudo, judeus como nação, nada. Tratou-se em parte de uma concessão para os membros da Assembleia da Alsácia-Lorena, onde a maioria dos judeus asquenazes vivia. A Assembleia argumentou que os direitos plenos deveriam ser concedidos aos judeus somente depois de eles terem se adaptado às normas da sociedade em que viviam.

Muitas vezes os ataques contra os judeus eram combinados com uma campanha contra os maçons. Assim nasceu uma nova ideologia: a de uma conspiração do mal levada a cabo por judeus e maçons em estreita colaboração. Essa doutrina encontrou adeptos não apenas na França, mas também no Leste Europeu, embora houvesse pouco em comum entre esses dois grupos. Os maçons não tinham nenhuma predileção especial pelos judeus, e, para os judeus ortodoxos, a adesão a uma loja maçônica era uma abominação.

Se havia resistência à emancipação dos judeus na França, havia consideravelmente mais na Alemanha e nas terras da monarquia austro-húngara. As guerras napoleônicas e a era do romantismo geraram o nacionalismo moderno na Europa. Embora houvesse vozes na Alemanha durante o século XVIII advogando a emancipação dos judeus – Gotthold Lessing era o mais conhecido –, havia ainda mais oposição. Alguns inspiravam-se sobretudo na teologia; outros expressaram o medo de que o caráter dos judeus fosse tão negativo a ponto de torná-los virtualmente irreformáveis. No entanto, outros aduziram argumentos socioeconômicos – os judeus eram incapazes de se ocupar em trabalho produtivo e seriam um fardo para a sociedade. Tampouco os mercadores cristãos seriam capazes de competir com os judeus em vista dos laços estreitos destes com outros judeus dentro e fora do país. Na visão desses críticos, o judaísmo não era tanto um grupo religioso, mas uma empresa excludente que, alheia à sociedade e ao estado, não desejava abandonar seu caráter específico.

Essas visões negativas sobre os judeus eram compartilhadas tanto pelos panfletistas populistas como pelos principais filósofos alemães da época. Eles não se opunham, em princípio, a dar direitos aos judeus, mas duvidavam de que os judeus fossem capazes (como disse Johann Fichte) de mudar sua natureza, formada por sua religião e seu passado, para alcançar o amor à justiça, o amor ao homem e o amor à verdade. Achavam que a única maneira de conseguir isso seria arrancando suas cabeças e dando-lhes cabeças que não contivessem ideias judaicas. Fichte alegou que os judeus eram um estado dentro de um estado, e muito poderoso em si.

Kant era um homem mais brando e menos influenciado pela religião cristã (embora a defendesse e a considerasse superior a todas as outras). Ainda assim, achava que o judaísmo antigo não era compatível com a moral da sociedade civilizada. Ele considerava o judaísmo basicamente amoral: "Os palestinos que vivem entre nós", escreveu ele, "adquiriram não sem razão a reputação de trapaceiros". No entanto, não excluiu a possibilidade de que os judeus se tornassem cidadãos de pleno direito se passassem por uma reforma básica, em massa; em outras palavras, se abandonassem o judaísmo tradicional e adotassem o cristianismo na prática, se não na doutrina.

Ao mesmo tempo, outros grandes filósofos alemães tinham suas dúvidas sobre as consequências da conversão e assimilação – o judaísmo, em sua visão, era tanto menos como mais que uma religião.

Hegel, o terceiro dos grandes filósofos daquela época, também considerava os judeus desprezíveis, começando com Abraão, o primeiro dos patriarcas. O judaísmo, de acordo com Hegel, não era apenas antinatural e desumano, mas resultara em um sistema social petrificado. Mesmo Jesus falhou em libertar os judeus de suas limitações autoimpostas por meio de seu amor. O fato de os judeus terem permanecido párias era apenas consequência de sua origem enquanto grupo e de seus conceitos religiosos básicos.

Embora em seus escritos posteriores Hegel não se opusesse à inclusão dos judeus na sociedade com base em direitos iguais, fazia-no por conta de sua crença no estado prussiano, que tinha de tratar todos os seus súditos mais ou menos igualmente. Nem Hegel nem Kant propuseram que os judeus fossem mandados de volta ao gueto para sempre, e estimavam alguns judeus emancipados. No entanto, no nível filosófico, sua atitude permaneceu hostil – os judeus eram, como disse Johann Herder, um elemento asiático estranho na Europa. Herder os chamou de corruptos, parasitas e sem honra. Por essa razão, mesmo se os judeus tivessem direitos iguais, provavelmente não deveriam se tornar oficiais do estado ou exercer qualquer tipo de autoridade sobre os não judeus. O dia poderia chegar, escreveu Herder, quando ninguém na Europa perguntaria mais se uma pessoa era cristã ou judia – mas esse dia estava obviamente num futuro muito distante.

O antijudaísmo dos grandes filósofos alemães foi restringido pelo impacto das principais ideias do Iluminismo – direitos humanos e tolerância. Tais restrições se aplicavam em bem menor grau (se tanto) à geração de pensadores românticos que os seguiam; sua ideologia era germano-cristã e, embora os judeus, em sua visão, pudessem mudar sua religião, não tinham como se converter em alemães.

Entre os filósofos franceses e os pensadores alemães da época havia alguns que adotavam uma atitude menos hostil – Rousseau entre os franceses, Schelling entre os alemães –, mas eram a exceção. Até que ponto esse juízo negativo dos judeus era explicável e justificado? A condição dos judeus, depois de séculos de perseguições e vida no gueto, era miserável e sua contribuição para a civilização europeia era inexistente. As acusações da petrificação da religião judaica, do ritual imutável tendo praticamente eliminado a religião verdadeira e o impulso religioso, não eram injustificadas; nem a observação de que os judeus se fechavam em si e tendiam a ajudar-se e a defender-se mutuamente. Mas sem essa solidariedade, sem esse sentimento de responsabilidade um pelo outro, eles não teriam sobrevivido.

Para a maioria desses pensadores — talvez com a exceção de Voltaire e Fichte — o judaísmo não era uma questão importante. O que surpreende é a ausência de caridade cristã para com uma minoria perseguida por parte de pessoas que, deístas ou cristãos verdadeiros, se orgulhavam não apenas de ter uma abordagem racional, em contraste com a sombria Idade Média, mas também da sua humanidade e do seu amor pelos outros. No entanto, a questão da responsabilidade pela miséria dos judeus não lhes ocorreu.

Com todo esse ceticismo, a emancipação teve início mesmo nos últimos dias do governo absolutista. O exemplo mais proeminente foi a Áustria, onde o imperador José II decretou seu edito à tolerância em 1781. Este deu aos judeus todos os deveres e alguns dos direitos como dos outros cidadãos. Após a morte de José II, muitas dessas leis foram revogadas e os judeus receberam status de igualdade apenas após as revoluções de 1848. Na Holanda e na Inglaterra, a emancipação prosseguiu sem muito alarde, embora na Inglaterra os judeus não pudessem entrar no Serviço Nacional ou no Parlamento antes da abolição do "juramento judaico" em 1832, e na Holanda as guildas se recusaram a dar-lhes adesão por um longo tempo. Nos Estados Unidos, a Constituição declarou que nenhum teste religioso jamais seria exigido como qualificação para qualquer cargo ou confiança pública.

Na Alemanha, a emancipação dos judeus decretada por Napoleão sofreu sérios reveses durante a era de reação após o Congresso de Viena de 1814 — em algumas cidades, como Frankfurt, os judeus tiveram que voltar ao gueto; de outras cidades, foram expulsos. Panfletos antijudaicos se multiplicaram. Houve tumultos de pequena escala (os distúrbios de *Hep-Hep* de 1819 — as origens e o significado do slogan antissemita de *Hep-Hep* permanecem incertos até hoje); a oposição da Igreja, das várias associações profissionais e dos ideólogos manifestou-se de muitas maneiras. Foi somente após as revoluções de 1848 que ocorreu uma mudança decisiva no status legal dos judeus.

Havia oposição à emancipação também na Eslováquia e na Hungria, onde comparativamente muitos judeus viviam, e mesmo os liberais pensavam que a emancipação era prematura. A Suíça proibiu a presença de judeus no país (exceto no cantão de Argóvia, mas também lá os judeus não tinham direitos civis), e um plebiscito em 1862 rejeitou de forma geral a concessão de direitos de cidadania aos judeus; estes acabaram por ser concedidos em 1874, depois que uma nova Constituição foi adotada. É difícil pensar em um único país europeu com uma presença judaica significativa em que a emancipação tenha ocorrido sem resistência.

Quais foram as razões subjacentes aos ataques físicos contra os judeus na primeira metade do século XIX? Os ataques não eram difundidos e não poderiam ser comparados com os pogroms na Rússia nos anos posteriores. Houve ataques locais contra judeus na Itália (na Toscana e em Livorno em 1799-1800); na França em 1848 e 1898; em Odessa em 1821, 1849 e 1871; em Gales do Sul em 1911. O clima predominante era nacionalista-patriótico, e os judeus eram considerados estrangeiros, até mais do que na era do absolutismo, quando todos eram súditos de um monarca ou governante. Ao mesmo tempo, com a queda dos muros do gueto, os judeus entraram em vários ofícios e profissões que antes estiveram fechados para eles. Como resultado, o judeu era considerado um concorrente – ainda mais porque alguns haviam ficado bastante ricos depois de deixar o gueto.

Em algumas universidades alemãs, os estudantes protestaram contra escritores judeus que mostravam um espírito antipatriótico em seus livros; em outros lugares, os estudantes ajudavam a proteger os judeus que haviam sido atacados nos tumultos. Foi durante esse período, particularmente durante as revoluções de 1848, que os judeus entraram ativamente na política europeia, mas as revoluções muitas vezes também testemunharam manifestações antijudaicas e o nascimento do antissemitismo político. Os judeus se tornaram um alvo em alguns casos por causa de seu papel no movimento revolucionário (foram atacados como "elementos destrutivos"), mas em outros casos, pelo contrário, eram considerados inimigos do povo por causa da proteção que tinham anteriormente das autoridades odiadas.

Generalizações são difíceis. As tentativas de explicar esses tumultos, especialmente contra o pano de fundo das tensões sociais (como um "deslocamento do protesto social"), em geral não foram muito convincentes por uma série de razões. Houve ataques também contra outras minorias; além disso, é difícil pensar em períodos do século XIX em que a Europa estivesse inteiramente livre de conflitos sociais. O ano de 1819 não foi um ano de crise econômica na Alemanha – nem 1881 na Rússia. Se estes tivessem sido anos de crise, não se poderia de modo algum ignorar que a tensão econômica teria levado ao medo e à agressão, e que essa agressão, por causa da estupidez das massas (sua "falsa consciência"), teria sido dirigida contra o inimigo aparente (os judeus), que não era realmente responsável pela crise. Os tumultos de *Hep-Hep* de 1819 começaram em Würzburg, na

Francônia, mas não havia razões óbvias que predestinassem Würzburg. Eles poderiam ter se originado igualmente nas proximidades de Bamberg ou em qualquer outro lugar.

Houve um surto considerável de antissemitismo na Áustria nos anos 1880 e um declínio na influência dos partidos antissemitas depois da virada do século. Como a década de 1880 testemunhou uma depressão econômica, e como a situação econômica melhorou mais tarde, seria tentador ver uma correlação nesses processos, mas isso não é de modo algum correto. O surgimento do antissemitismo provavelmente teve mais a ver com a mudança demográfica, com o fato de os judeus assumirem posições de influência em vários campos na Áustria e, por último mas não menos importante, com a presença de um líder antissemita carismático em Karl Lueger.

A incitação política local foi um fator de importância consideravelmente maior em pogroms posteriores no Leste Europeu, como o pogrom de Kishinev em 1903. Se as autoridades tivessem reprimido os distúrbios desde o início, empregando força e medidas rígidas, os distúrbios não teriam se espalhado; se não o fizessem, havia uma boa chance de se repetirem em outros lugares. (Há um paralelo interessante com a disseminação do islamismo militante nos dias de hoje; seus ensinamentos levam a atividades terroristas, não em regiões particularmente afetadas por conflitos sociais, mas em distritos onde pregadores radicais divulgam sua mensagem sem obstáculos.)

A primeira metade do século XIX também testemunhou o surgimento do movimento socialista na Europa Ocidental, enquanto o catolicismo continuava a se opor à libertação dos judeus das algemas de eras anteriores, e a ala direita era contra os judeus porque eles não pertenciam verdadeiramente à nação, e os primeiros socialistas – como Charles Fourier e Pierre Proudhon – eram hostis aos judeus porque os consideravam agentes do capitalismo, do comércio, da especulação e da exploração. O fato de que o mesmo período testemunhou o surgimento da proeminência e riqueza de algumas famílias judias, como os Rothschild, apenas fortaleceu essas convicções. Os sentimentos antijudaicos do jovem Marx já foram mencionados. O fato de que os judeus assumiram um papel de liderança entre os são-simonianos, em parte do movimento socialista, e também estavam incluídos entre os social-democratas marxistas, pouco importava neste contexto.

Se as razões socioeconômicas desempenharam um papel limitado no antissemitismo da Europa Ocidental e Central, a situação era bem diferente no Leste Europeu, onde eram de maior importância. O número de judeus na Rússia foi mínimo até o século XVIII; além disso, todos os judeus foram expulsos da Rússia e da Ucrânia após os decretos imperiais em 1727 e 1747. Quando a imperatriz Catarina II convidou novos imigrantes ao país em 1762, dirigiu-se a todos, menos aos judeus. O sentimento antijudaico inicial era quase exclusivamente de inspiração teológico-religiosa – os judeus eram temidos por causa de seus ensinamentos falsos que poderiam corromper os cristãos tementes a Deus.

A situação mudou radicalmente como resultado da primeira divisão da Polônia em 1772, quando a população judaica da Rússia de repente cresceu para 200 mil, o que a tornou a maior concentração de judeus na Europa. Muitos outros judeus tornaram-se parte do Império Russo após as divisões posteriores da Polônia. Os judeus haviam migrado do oeste para o leste durante a Idade Média, apesar da resistência da Igreja Católica na Polônia, e encontraram ali um refúgio seguro. Eles tinham utilidade considerável tanto para a monarquia como para a nobreza como comerciantes e representantes de proprietários de terras ausentes, gerenciando fazendas feudais como arrendatários. Isso estava fadado a colocá-los em conflito com os camponeses e outras partes da população. Eles precisavam maximizar os lucros para cumprir suas obrigações com os latifundiários, expondo-se assim às acusações de exploração e "parasitismo". Os camponeses se sentiam explorados não pelos donos das propriedades, senhorios ausentes que nunca viram, mas pelos judeus, a quem responsabilizavam por seus infortúnios.

Nas cidades, os artesãos judeus competiam com artesãos e mercadores cristãos, o que também resultava em muita tensão. Os judeus assumiram um papel de liderança na produção e venda a varejo de álcool à base de trigo, e a maioria das pousadas estava nas mãos dos judeus; isso também teve um papel central nas acusações contra os judeus na Polônia e na Rússia. Houve até acusações de que os judeus adicionaram ervas venenosas ao álcool.

Uma concatenação de circunstâncias contribuiu para a disseminação do antissemitismo. A Polônia, outrora uma grande potência, estava ficando atrás da Europa Ocidental econômica e politicamente; a modernização e reforma não geraram muito progresso. Os judeus, carentes de educação secular, não puderam se adaptar às mudanças nas circunstâncias e desempenhar um papel significativo no desenvolvimento da indústria e outros ramos da economia. Ao mesmo tempo, o número de judeus localizados na Polônia e na Lituânia aumentou consideravelmente – havia mais e mais pessoas e menos oportunidades de trabalho. A Igreja Católica, nunca particularmente bem-disposta para com os judeus, intensificou seus ataques; numa época em que os libelos de sangue na Europa Ocidental e Central se tornavam raros, começaram a surgir na Polônia e na Ucrânia. Como era de esperar, militantes católicos (e também a Igreja Ortodoxa Russa) encontraram alguns judeus convertidos que confirmaram suas suspeitas de que os judeus precisavam do sangue de crianças cristãs para fins religiosos.

Houve também críticas aos judeus por parte do Iluminismo polonês e seus pensadores mais progressistas quando a questão da igualdade de direitos para os judeus foi discutida. Os judeus, argumentava-se, mostravam ociosidade e hipocrisia; tornaram-se em sua maioria atrasados e inúteis; ao contrário de seus correligionários na Europa Ocidental, não tinham alcançado os padrões morais da sociedade em que viviam. Não fizeram nenhum esforço para aprender a língua de seus vizinhos e se ativeram às suas roupas antiquadas e suas barbas conspícuas. Enquanto nos tempos antigos os judeus na Europa Central tinham sido obrigados a usar seu próprio traje especificamente marcado, na Polônia, pelo contrário, eles deveriam se conformar ao resto da sociedade.

As disputas sobre a concessão de direitos civis ocorreram por vários anos, começando em 1789, e terminaram inconclusas. A liberdade de culto foi dada, mas pouco mais; os judeus eram legalmente não pessoas, excluídos do direito público, e não podiam possuir terras, apenas arrendá-las. Foram considerados em geral um elemento improdutivo e atrasado, e foram, pelo menos em parte, culpados pelo declínio geral do país. De sua parte, a maioria dos judeus, imersos nos problemas internos de sua comunidade e vivendo no mundo religioso da Idade Média, fazia pouco esforço para se adaptar à modernidade. A absorção do Iluminismo pela comunidade judaica foi lenta e encontrou muita resistência. A Polônia tinha estagnado, e os judeus foram responsabilizados por essa estagnação.

A situação na Rússia também era diferente uma vez que, antes das divisões da Polônia, os judeus tinham permissão para fazer pequenas viagens de negócios para certos lugares como Riga e Rússia Branca. A atitude dos czares e da classe dominante para com os judeus era de suspeita e hostilidade, embora poucos deles tivessem encontrado um judeu em carne e osso. Essa situação persistiu até o século XIX. O governo russo havia decidido, no início, confinar os judeus à Zona de Assentamento, que consistia na Polônia, Lituânia, em partes da Rússia Branca e da Ucrânia (mas não Kiev), mas excluía a própria Rússia. Apenas uns poucos judeus tinham permissão de viver fora da Zona, como mercadores de primeira classe e aqueles que serviram no exército por quase uma vida inteira. Em 1827, o czar Nicolau I, na tentativa de forçar os judeus a se converterem, introduziu o alistamento militar a partir dos doze anos de idade. Isso não levou a muitas conversões, mas a muito sofrimento. Dado o clima geral de corrupção, as comunidades judaicas conseguiram, em muitos casos, contornar esse requisito.

A situação socioeconômica dos judeus na Zona de Assentamento era tão ruim e degradante que os indivíduos mais esclarecidos entre as autoridades russas desenvolveram vários esquemas para resolver o problema judaico, principalmente através da educação (ensinando matérias seculares), mas também pela reorganização da economia e vida social das comunidades judaicas. Fizeram-se ainda tentativas de induzir os judeus a trabalhar na agricultura, mas, dadas as condições miseráveis dos camponeses, isso não foi muito bem-sucedido.

Sob o comando do czar Alexandre II, que subiu ao trono em 1855, várias reformas liberais, como a abolição da servidão, foram realizadas e os judeus também se beneficiaram até certo ponto. O recrutamento juvenil foi abolido. Como resultado dessas medidas um pouco mais suaves, o Iluminismo Judeu (o *Haskalah*) teve algum progresso. Em geral, no entanto, as esperanças inicialmente nutridas entre os judeus russos foram frustradas: a Zona de Assentamento não foi abolida e os direitos civis não foram estendidos aos judeus. De fato, o clima geral em relação aos judeus mudou para pior, mesmo entre os intelectuais, após a revolta polonesa de 1863, porque havia crescente desconfiança e hostilidade em relação a todas as nacionalidades não russas no império.

A década de 1860 testemunhou a disseminação do antissemitismo ideológico, e o livro de Iakov Brafman, *Kniga Kahala*, tornou-se a bíblia dessa nova onda de judeofobia. Brafman, um convertido, era professor em um seminário ortodoxo russo em Minsk. Seu livro desempenhou o papel que o livro de Eisenmenger desempenhara na Alemanha em um período anterior e que *Os Protocolos* desempenharia em uma data posterior. Ele alegou que havia uma conspiração judaica abrangente, que os judeus eram um estado dentro do estado, e que em cada cidade havia um comitê executivo judaico que, com base nas prescrições do Talmude, tentava escravizar e explorar os não judeus.

As autoridades que originalmente pressionavam pela russificação dos judeus russos começaram a mudar suas políticas e introduziram cotas

– um *numerus clausus* – para judeus em escolas e universidades. Isso, por sua vez, induziu jovens judeus – que tinham virado as costas à ortodoxia religiosa e ao modo de vida tradicional, pois estavam ansiosos demais para mergulhar em uma cultura secular – a se voltar para o movimento revolucionário como a única saída do gueto. Pois foi apenas entre esses grupos de oposicionistas frequentemente violentos que viram um caminho para a emancipação e a assimilação. Embora os judeus não estivessem entre os fundadores dos grupos *narodnik* nem entre seus principais ideólogos, figuravam com destaque entre seus militantes. Estavam ainda mais fortemente representados entre os social-democratas (mencheviques e bolcheviques) e os social-revolucionários das últimas décadas do período czarista.

A presença de judeus entre os revolucionários alimentou o antissemitismo entre os nacionalistas e os direitistas, mas não desempenhou um papel primordial no que diz respeito aos pogroms de 1882; havia apenas uma pessoa de origem judaica entre o grupo revolucionário que havia assassinado Alexandre II. Ela tinha sido uma figura menor e a imprensa antissemita mal a mencionara.

De modo geral, os pogroms não foram incitados ou organizados pelas autoridades, como se acreditava frequentemente na época. A maioria dos líderes (e o novo czar) não gostava dos judeus e mesmo os odiava; contudo, acreditava que a questão judaica deveria ser resolvida pela imposição de leis a partir de cima e não por tumultos populares – que poderiam sair do controle e se voltar contra outros alvos. As autoridades temiam a violência popular e os pogroms eram um constrangimento, pois apresentavam a Rússia de forma negativa no exterior. Durante a segunda metade do século XIX, acreditava-se amplamente na Europa que um espírito mais civilizado havia prevalecido nas relações humanas e que os pogroms eram um retrocesso de eras passadas.

As forças de segurança foram insuficientes quando os tumultos eclodiram, e os ativistas do pogrom que foram presos receberam apenas uma punição leve. Mas, se o governo não desempenhou um papel ativo no fomento dos tumultos, quem o fez? Isso não é fácil de responder, pois frequentemente várias circunstâncias aparecem mescladas. Os pogroms dos anos 1880 eram em geral limitados a certas cidades do sul da Ucrânia (com algumas exceções notáveis – como Varsóvia, Homel e Nizhni Novgorod); eles raramente se espalharam para o campo. Começaram, como tantas vezes na história da Rússia, na Páscoa, uma época de procissões e outras atividades da Igreja em que pregadores militantes enfatizavam o papel dos judeus em matar Jesus. Embora a maioria dos judeus ainda vivesse em extrema pobreza, alguns tornaram-se relativamente ricos nos anos 1860 e 1870 e se tornaram objeto de inveja. Muitas vezes ouvia-se que os judeus não eram mais humildes, mas haviam se tornado "impertinentes"; embora fossem pessoas inferiores, queriam ser tratados como iguais. No entanto, as vítimas judias dos ataques, tanto quanto podem ser estabelecidas, eram pessoas pobres, não os ricos. Ao mesmo tempo, houve um influxo para as cidades de trabalhadores ocasionais da Rússia e do interior da Ucrânia, que constituíam um elemento de instabilidade e fermentação. Com frequência, envolviam-se em brigas que facilmente se transformavam em pogroms.

Ao todo, a onda de pogroms da década de 1880 foi muito menor que as ondas de 1904-1906 e 1918-1919, e seu impacto principal foi político e psicológico. Foi um revés fatal para os russificadores dentre a comunidade judaica, que acreditaram numa aproximação gradual com o povo e a sociedade russos. Essa onda também ajudou muito a desencadear a emigração de judeus da Rússia, em pequena escala para a Palestina e em uma escala muito maior para a América e a África do Sul.

Durante as duas décadas após os pogroms de 1881, a política antissemita do governo czarista tornou-se mais intensa; as "Regras Temporárias" de 1882, que haviam restringido severamente os direitos e movimentos dos judeus, tornaram-se permanentes e a propaganda antissemita, oficial e não oficial, aumentou muito. Se o governo tinha um conceito de como resolver a questão judaica, foi a fórmula apresentada por Pobedonostsev, o procurador do Santo Sínodo: um terço morreria, outro terço emigraria, o restante desapareceria sem deixar vestígios, isto é, esses judeus se tornariam cristãos. Este foi o período em que os Centenas Negras surgiram, um movimento político populista de direita radical, amplamente inspirado e financiado pelo governo. Este grupo desempenhou um papel de liderança nos pogroms de 1904-1906 e sob um nome ou outro continuou a exercer influência política nos anos seguintes. Esse período deve ser considerado, em muitos aspectos, um estágio de transição entre o antissemitismo tradicional, antiquado, e o antissemitismo moderno, nazista, embora o papel da Igreja ainda fosse bastante proeminente e apoiasse com fervor a monarquia.

Este foi também o período em que *Os Protocolos dos Sábios de Sião* foi composto, a bíblia do antissemitismo moderno, que ainda é vendido em milhões de exemplares em muitos países. Mas também se deve mencionar que

Os Protocolos, fabricado aparentemente na década de 1890 tanto na Rússia como na França, não teve impacto político significativo na época, nem na Rússia, nem em qualquer outro país. Seu impacto político só veio depois das revoluções de 1917, a guerra civil e a emigração de milhões de russos. Apesar da grande quantidade de pesquisa sobre a origem de *Os Protocolos*, não há certeza absoluta quanto a seus autores e origens até os dias atuais.

Uma série de grandes pogroms começou com o massacre em Kishinev, capital da Moldávia, no início de 1903. Durou dois dias e deixou mais de quarenta judeus mortos. Embora as acusações contra V. K. Plehve, o ministro russo do Interior, de ter instigado e organizado o pogrom fossem injustificadas, as forças de segurança locais certamente não reagiram, em parte porque estavam em menor número (entre 1.500 e 2.000 desordeiros confrontaram 350 policiais), mas sobretudo porque seus comandantes não tinham nenhum desejo particular de proteger os judeus. O pogrom de Kishinev causou um escândalo mundial; também criou muita preocupação na comunidade judaica: por que não houve resistência em uma cidade em que um terço de seus habitantes era composto de judeus? ("Os filhos dos macabeus estavam se escondendo como camundongos", escreveu Haim Nahman Bialik em um poema famoso.) As razões para Kishinev foram a incitação antijudaica sustentada pelo *Besarabets*, o único jornal diário local; os rumores sobre assassinato ritual; e as acusações contra os judeus de que eles tinham um papel proeminente no movimento revolucionário e, ao mesmo tempo, exploravam a população nativa, que era moldava e não russa em sua maioria.

O pogrom de Gomel ocorreu em setembro de 1903; começou com uma briga entre um peixeiro e um camponês na praça do mercado da cidade. A diferença entre Kishinev e Gomel foi de que houve resistência firme por parte dos judeus locais e, como resultado, o número de vítimas foi aproximadamente igual. Mas o fato de os judeus se defenderem permitiu que as autoridades afirmassem mais tarde que Gomel havia sido um pogrom judeu contra os russos como uma ação de vingança por Kishinev. No início, os trabalhadores ferroviários assumiram um papel de liderança nos conflitos de Gomel; mais tarde, os camponeses do bairro juntaram-se e houve uma grande quantidade de roubos e saques. As razões dadas pelas autoridades czaristas foram as habituais: a conduta dos judeus provocara a população nativa.

Mas a grande onda de pogroms russos só veio na sequência da guerra contra o Japão em 1904 e 1905, que pegou de surpresa um governo russo despreparado. Essa onda pode ser dividida em outras ondas menores – a menor delas começou no outono de 1904 e gerou cerca de quarenta tumultos, principalmente no interior da Zona de Assentamento. Como de costume, não é fácil estabelecer um padrão claro dos pogroms durante a fase inicial, exceto que eles não duraram muito e foram limitados em escopo onde a autodefesa judaica era forte e/ou as autoridades tinham determinação e eram capazes de conter os tumultos. Parece haver pouca dúvida de que havia uma conexão entre esses distúrbios e a política de recrutamento indiscriminada do governo. Mas, posteriormente, a política de recrutamento tornou-se mais sensata, e os pogroms, no entanto, continuaram.

Uma conexão com a sorte russa na guerra tornou-se ainda mais óbvia. Depois de alguns meses, mesmo antes da rendição da guarnição russa em Port Arthur, em dezembro de 1904, ficou claro que a guerra não estava indo bem e que a liderança militar e política era ineficaz. Isso causou distúrbios políticos e sociais e a habitual polarização. Enquanto os liberais e os esquerdistas culpavam a incapacidade do governo e a falta geral de liberdade e atraso do país, os direitistas e as forças reacionárias encontraram o culpado nas forças sediciosas e antipatrióticas, e os judeus se tornaram alvos óbvios.

Havia a habitual propaganda antissemita, reforçada por rumores de que o capital financeiro internacional judaico estava conspirando para derrubar o governo russo. Em 1904-1905, contrapondo o que ocorreu em 1882, o movimento dos Centenas Negras, política e materialmente apoiado pelo governo, serviu como a força organizadora por trás de muitos – provavelmente a maioria – dos pogroms e também forneceu os soldados de infantaria.

Como as autoridades perderam o controle em uma situação caótica, porém, os Centenas Negras ganharam uma força própria e até independente. George Louis, o embaixador francês, escreveu na época: "Os Centenas Negras estão governando o país e o governo lhes obedece porque sabe que o imperador está inclinado a simpatizar com eles". (Isso era um eufemismo – o czar os chamara de "um exemplo brilhante de ordem e justiça para todos os homens".) Alexander Dubrovin, seu líder, mobilizou apoio de massas por meio de simpatizantes do clero e de organizações patrióticas, bem como da polícia e da administração local.

A base social dos Centenas Negras era frequentemente chamada *Okhotny Ryad* – uma pequena estrada no centro de Moscou que na época abrigava o mercado de carne e caça de Moscou e outras pequenas lojas de propriedade de moscovitas de primeira geração. Eram pessoas com pouca instrução, perplexas pelo ritmo da mudança social e pelos rápidos altos e baixos da economia, fiéis convictos da monarquia e da Igreja, inimigos da inteligência e das nacionalidades não russas.

A comparação entre os Centenas Negras com a Ação Francesa, o principal pilar do antissemitismo na França na época, revela diferenças marcantes. A Ação Francesa era predominantemente de classe média ou classe média alta e incluía a baixa nobreza, com considerável influência no meio acadêmico. Os Centenas Negras tinham alguns aristocratas e acadêmicos entre seus partidários, mas consideravelmente mais arruaceiros e simples ladrões, para citar o conde Witte, um ex-primeiro-ministro. Eles se envolviam em tumultos, mas também atos individuais de terrorismo.

Os Centenas Negras eram populistas e nisso se assemelhavam ao Partido Nazista; defendiam limitar a semana de trabalho e elevar o padrão de vida dos camponeses. Essas exigências e o caráter indisciplinado do movimento tornaram-se um constrangimento para seus apoiadores no governo, e o apoio oficial a eles diminuiu quando o perigo de uma revolução passou. As disputas internas na liderança dos Centenas Negras, assim como a estabilização política temporária no país, enfraqueceram o movimento e, em 1908, eles se dividiram e perderam muito de seu ímpeto. Mas a tradição dos Centenas Negras sobreviveu, e seus grupos sucessores voltaram a ser uma força política na guerra civil após as revoluções de 1917 e na emigração russa.

Por último, deve-se lembrar que todo o clima daqueles anos foi de protesto político, greves de massa, manifestações e confrontos como o massacre do Domingo Sangrento em São Petersburgo, em 1905. A primeira fase desses pogroms, em que cem judeus foram mortos, fazia parte de um desenvolvimento histórico muito maior — a revolução de 1905.

Sob considerável pressão popular e após o impacto da greve geral de outubro de 1905, o czar foi obrigado a anunciar reformas políticas de grande alcance em seu manifesto de outubro de 1905. Mas o clima político não melhorou imediatamente. Pelo contrário, durante os três meses seguintes à publicação do manifesto houve uma onda de pogroms sem precedentes (entre seiscentos e setecentos), que resultou no assassinato de cerca de 3 mil judeus; muitos mais ficaram feridos, e houve muitos casos de estupro e pilhagem, com quarteirões inteiros queimados. O pior pogrom foi em Odessa, onde cerca de oitocentos homens, mulheres e crianças foram mortos; houve duzentas vítimas em Bialystok, cem em Kiev, cem em Minsk e muitas mais em lugares menores.

O Manifesto de Outubro foi aclamado como uma vitória da esquerda e das forças liberais. Houve manifestações em massa dando-lhe as boas-vindas, e os pogroms fizeram parte da reação da extrema direita inconsolada. As autoridades não haviam organizado os pogroms, exceto em alguns casos em âmbito local, como em Odessa; não havia necessidade, porque os Centenas Negras cumpriram esse papel. Como o czar escreveu para sua mãe, "os revolucionários enfureceram o povo [...] e porque nove décimos dos encrenqueiros são judeus, toda a raiva do povo se voltou contra eles. Foi assim que os pogroms aconteceram...".

Nove décimos dos encrenqueiros não eram, de fato, judeus, mas os judeus eram, sem dúvida, os alvos mais fáceis para as forças contrarrevolucionárias. A reação foi dirigida, em princípio, não apenas contra eles, mas as forças democráticas e liberais eram mais difíceis de localizar e combater, enquanto os judeus estavam dispersos e indefesos. Os socialistas eram ainda mais difíceis de confrontar, apenas porque suas demandas políticas eram bastante populares, e os Centenas Negras tomavam muito emprestado deles.

Os pogroms foram precedidos por uma grande campanha de propaganda apoiada pelas forças monarquistas, incluindo a Igreja. Eles chegaram ao fim depois que o governo restabeleceu a ordem no país. O perigo imediato para o regime czarista havia passado. As forças antissemitas estavam representadas na Duma (a câmara baixa do Parlamento), mas não eram uma força significativa na vida política do país.

O principal caso antissemítico que ocorreu nos anos seguintes foi o julgamento de Beilis, em 1911, em Kiev. Um jovem alfaiate judeu havia sido acusado de matar um menino cristão para fins rituais. As autoridades locais sabiam que isso era uma invenção – até conheciam os verdadeiros assassinos –, mas achavam que estavam agindo de acordo com os desejos do governo central. Esta empreitada saiu pela culatra, no entanto; a opinião pública na Rússia era majoritariamente a favor do homem que havia sido falsamente acusado (menos na Polônia russa) e, no final, Beilis teve que ser absolvido. Beilis deixou a Rússia com sua família para a Palestina pouco antes do início da Primeira Guerra Mundial. Não encontrou trabalho lá e foi para os Estados Unidos. Morreu no Bronx, em Nova York, em 1934.

CAPÍTULO 5

O Racialismo e as Conspirações Judaicas

A RELIGIÃO TEVE UM declínio no século XIX, mas o antissemitismo, não. A doutrina do antissemitismo mudou gradualmente de caráter. Até então havia sido quase exclusivamente religiosa e isso se tornou cada vez mais insatisfatório para antissemitas convictos. Por que, perguntavam eles, deveria um judeu convertido ao cristianismo ser considerado igual? Essa questão surgiu na Espanha do século XVI, quando a doutrina da pureza do sangue (*limpieza de sangre*) se tornou um estatuto. Não se podia confiar nos judeus, mesmo que renunciassem à sua fé religiosa. Talvez a conversão deles fosse genuína, talvez não. E, mesmo que fosse genuína, os antissemitas radicais argumentavam que o caráter dos judeus era tal que não poderiam ser considerados iguais aos "velhos cristãos". Havia algo além de sua religião que dificultava sua assimilação e que talvez a impossibilitasse. Ironicamente, também argumentava-se que os judeus ou descendentes de judeus estavam por trás do sectarismo religioso que tinha sido tão influente na Alemanha e na França na época — em outras palavras, acreditava-se que os judeus estavam por trás do advento do protestantismo.

As leis de *limpieza de sangre* prevaleceram, embora muitos clérigos de alto escalão, incluindo os jesuítas, se opusessem a elas. Mas a doutrina da pureza do sangue era restrita na época à Península Ibérica, onde também se aplicava aos mouros. Além disso, foram gradualmente reduzidas ao longo dos anos e totalmente descartadas em meados do século XIX.

A teoria moderna da raça tem suas origens no trabalho de filólogos e etnógrafos do final do século XVIII em diante. Por algum tempo, acreditava-se que o berço da civilização e da religião ocidentais (como o zoroastrismo) tinha sido o Cáucaso, mas, posteriormente, prevaleceu a opinião de que seu início devia ter sido em algum lugar no norte da Índia, na Ásia Central ou na Pérsia.

Um dos principais protagonistas do conceito da importância da raça na história e da desigualdade das raças foi o conde Gobineau, um diplomata francês cuja obra influente sobre o assunto fora publicada em 1853. Joseph Gobineau também acreditava que a mistura de raças era fatal e que causou o declínio de nações e civilizações. Gobineau não era de grande utilidade para os antissemitas, no entanto, porque raramente se referia aos judeus e o que dizia sobre eles não era de maneira alguma sempre hostil.

Tampouco as descobertas de linguistas como Max Mueller, um professor alemão que lecionava sânscrito em Oxford, ou do historiador francês Ernest Renan ajudaram muito os antissemitas, porque esses precursores enfatizavam os conceitos culturais e não os biológicos. Mueller, que cunhou o termo "arianismo", declarou que não existia uma raça ariana. Tampouco era aceitável que os racialistas alemães adotassem uma teoria que afirmava que sua origem deveria ser de algum lugar da Ásia Central; a raça nórdica, que produziu tudo o que era nobre na civilização, incluindo a Renascença e a Revolução Francesa, certamente deveria ter se originado no norte da Europa.

A biologia humana e a genética não eram tão avançadas na época; isso só aconteceria mais tarde com o trabalho, na Grã-Bretanha, de Francis Galton e, acima de tudo, Karl Pearson. Quando a teoria da raça surgiu inicialmente, era amplamente baseada na especulação. Entre seus primeiros protagonistas na Alemanha, onde era mais popular, não estavam cientistas, mas economistas como Eugen Duehring, compositores como Richard Wagner, estudantes da Bíblia e línguas orientais como Paul Lagarde, historiadores amadores e filósofos como o inglês Houston Stewart Chamberlain. Eles estavam bem cientes das fundações incertas sobre as quais suas teorias repousavam, e Chamberlain escreveu que, embora não houvesse uma raça ariana no passado, a tarefa diante deles era criar uma. Alguns deles falavam vagamente sobre uma "religião do futuro", mas dificilmente alguém desejaria um confronto total com o cristianismo – como defendido por Nietzsche, que, no entanto, não tinha simpatia pelos antissemitas racialistas. A maioria deles considerava possível desjudaizar a Bíblia ignorando o Antigo Testamento e declarando Jesus Cristo um ariano em vez de judeu (pois o povo judeu não poderia ter produzido uma figura como ele). Outros ainda sonhavam com uma futura religião nacional alemã, mas mesmo os nazistas em um período posterior preferiram não insistir nesse assunto controverso.

O antissemitismo racialista inicial não tinha um programa claro sobre o tratamento dos judeus. Wilhelm Marr, que cunhara o termo "antissemitismo", achou que era tarde demais para fazer algo a respeito. Os judeus já estavam dominando a vida econômica e política do país (Alemanha), bem como a cena cultural, e concluiu seu livro com as palavras "*Finis Germaniae*", o fim da Alemanha. Não sabemos se esse pessimismo era genuíno ou simulado. Lagarde e, em particular, Duehring consideravam os judeus parasitas que tinham que ser exterminados de uma forma ou de outra. No mínimo, queriam um novo gueto, mas a deportação teria sido preferível na visão de muitos. Alguns sugeriram a Ilha de Madagascar como um possível refúgio para os judeus, uma ideia adotada por pouco tempo pelos nazistas antes de optarem pelo extermínio físico. O imperador Guilherme II, em seu exílio holandês, defendeu o assassinato dos judeus por meio de gás venenoso. Mas o kaiser não era um pensador estável e consistente; seu antissemitismo não impediu relações bastante próximas com os principais industriais e banqueiros judeus, como Albert Ballin e Max Warburg. Enquanto estava no cargo, sempre se opusera à legislação antijudaica.

A doutrina racial recebeu um novo ímpeto no final do século XIX, quando o darwinismo social e a eugenia se tornaram moda e o espectro da "degeneração" foi evocado. Essas ideias faziam parte do *Zeitgeist*. Os partidários de Houston Stewart Chamberlain incluíam o imperador alemão, bem como Teddy Roosevelt e George Bernard Shaw. Chamberlain, deve-se notar, viveu até 1927 e conseguiu se encontrar com Hitler no começo de sua carreira política. Em uma carta escrita após essa reunião, Chamberlain o saudou como salvador da Alemanha.

Mas a preocupação com a raça não levou necessariamente ao antissemitismo. Um proeminente ensaísta judeu, Max Nordau, escreveu o principal livro sobre "degeneração" e viu a raiz do mal não em fatores biológicos, mas em uma variedade de modismos e tendências do modernismo cultural. Nem toda a crítica do modernismo foi reacionária e injustificada; na época, a eugenia provavelmente tinha mais partidários entre os esquerdistas, incluindo os social-democratas, do que entre os conservadores, e entre seus proponentes também havia sociólogos e etnólogos judeus. Em outras palavras, embora esses conceitos biológicos e genéticos pudessem se tornar parte de uma nova "ideologia alemã" antissemita, essa não era de forma alguma a única consequência política possível.

Em geral, o antissemitismo racialista teve impacto político limitado durante esse período. Várias ligas e partidos antissemitas emergiram na Alemanha e, em menor grau, nos países vizinhos. Os líderes desses partidos passaram tanto tempo lutando entre si quanto lutando contra os judeus. Foram fundamentais na convocação de dois congressos antissemitas internacionais nos anos 1880, mas poucos participantes vieram de fora da Alemanha e essas reuniões foram amplamente ignoradas.

O antissemitismo alemão conseguiu eleger alguns dos seus para os parlamentos locais e até para o Reichstag, principalmente na Saxônia (onde poucos judeus viviam) e em Hesse (onde morava uma porcentagem um pouco maior de judeus, principalmente no campo). Eles tiveram seu maior sucesso nas eleições gerais de 1893, quando dezesseis deles foram eleitos para o Reichstag. Mas não havia unidade entre eles e, nas eleições posteriores, não alcançaram resultados nem remotamente semelhantes.

Os antissemitas racialistas continuaram ativos em vários campos, e criaram algo como uma subcultura política, com clubes sociais, grupos de jovens e estudantes, assim como jornais e literatura próprios. Eles exerceram alguma influência indireta, por exemplo nos conservadores, mas geralmente não foram levados a sério e simplesmente não foram considerados respeitáveis em uma sociedade como a Alemanha guilhermina. Concentravam sua propaganda em certas questões sociais, como o influxo de judeus do Leste Europeu após os pogroms. Mas a maioria desses emigrantes não desejava se estabelecer na Alemanha e estava apenas em trânsito para os Estados Unidos, a Grã-Bretanha ou a África do Sul. Outra questão foi o surgimento das lojas de departamentos por volta da virada do século; muitas delas estavam nas mãos dos judeus e constituíam uma séria competição e até uma ameaça à sobrevivência de pequenas lojas.

Mais importante talvez do que o impacto da doutrina racialista no desenvolvimento do antissemitismo moderno foi a ideia de uma conspiração mundial judaica. Esse conceito remonta a uma época distante, alguns o relacionam ao rei Salomão e aos tempos bíblicos. Na Idade Média, havia rumores de que um comitê dos principais rabinos se reunia uma vez por ano na França e decidia quais crimes deveria cometer para causar o máximo de dano aos odiados cristãos. Os judeus eram miseráveis, oprimidos e isolados, no entanto, e era difícil persuadir alguém de que constituíam um sério perigo. Foi somente na sequência da Revolução Francesa que alguns clérigos reacionários alegaram que a grande revolta fora resultado de uma conspiração dos franco-maçons e, acima de tudo, dos *Illuminati*. Os *Illuminati* eram um grupo maçônico bávaro fundado no século XVIII por Adam Weishaupt, sobre quem pouco se conhece. É duvidoso que ainda existissem no século XIX. No entanto, os judeus dificilmente poderiam ser responsabilizados pela Revolução Francesa, uma vez que não estavam envolvidos na vida política da França ou de qualquer outro país. Foi somente em meados do século seguinte que as teorias políticas da conspiração se tornaram verdadeiramente consistentes. Um exemplo típico foi o chamado discurso do rabino-chefe em um romance intitulado *Biarritz* (publicado em 1869) pelo jornalista alemão Hermann Goedsche, que escreveu sob o pseudônimo de Sir John Retcliffe. De acordo com o romance de Goedsche, o Sinédrio, o supremo corpo judeu formado por representantes das doze tribos de Israel, se encontra a cada cem anos perto de uma certa sepultura no cemitério judeu de Praga. Nessa reunião, discutem o planejamento de uma revolução mundial visando a criação de uma ditadura global. Esse plano seria alcançado por meio de intrigas financeiras internacionais, bem como revoluções para derrubar a religião, a monarquia e o exército, primeiro na Prússia e na Rússia. No entanto, dois observadores indesejados de alguma forma penetram na reunião, um alemão chamado Dr. Faustus e um judeu converso italiano chamado Lasali. Esse capítulo do romance foi reimpresso inúmeras vezes em vários países; os ideólogos antissemitas que o usaram não negaram que sua origem era um romance de horror inútil, mas argumentavam que deveria ter sido baseado em alguns eventos reais.

O papel histórico do *Biarritz* foi que, junto com um obscuro panfleto de Maurice Joly (publicado em Bruxelas em 1865), tornou-se uma das duas principais fontes de inspiração para *Os Protocolos dos Sábios de Sião*. *Os Protocolos* era o texto principal e a base da propaganda antissemita moderna, e permanece assim até hoje, apesar das inúmeras modificações. Embora suas origens ainda sejam obscuras, acredita-se que tenha sido criado por agentes da polícia secreta czarista (a Okhrana) na França antes da virada do século XX, mas isso nunca foi provado conclusivamente. Ele foi publicado pela primeira vez em um jornal de São Petersburgo em 1903 e subsequentemente reimpresso muitas vezes, pela gráfica do governo russo e sobretudo por um dos principais mosteiros da Rússia nos arredores de Moscou.

Existem muitas versões divergentes do *Protocolos*; às vezes, os jesuítas são incluídos; muitas vezes, também lojas maçônicas, bem como vários revolucionários e representantes do capitalismo financeiro, e uma série de sociedades secretas subversivas. Em contraste com o capítulo do *Biarritz*, o texto do *Protocolos* não é um discurso, mas o suposto registro textual de 24 seções de chefes de uma conspiração judaica mundial que descreve seus planos e suas intenções. Algumas vezes, essa entidade foi identificada como a Aliança Israelita Universal, uma organização judaica de defesa fundada em Paris em 1860; outras vezes, alegou-se que se refere ao movimento sionista, cujo primeiro congresso ocorreu em Basileia, em 1897. Outros comentaristas explicaram que nenhuma dessas entidades estava envolvida, mas que era uma organização tão secreta que a maioria dos judeus nem sequer sabia da sua existência. Seu objetivo declarado era derrubar todos os tronos, instituições e religiões existentes, destruir todos os estados, para construir em suas ruínas um império mundial judeu liderado por um imperador da descendência do rei Davi. A obra inclui uma seção que poderia ser intitulada "Maquiavel para alunos tolos", alegando que quem governar deve agir com astúcia, artimanha e hipocrisia, porque não há espaço para valores morais, honra e honestidade, muito menos abertura nesse campo. As massas são cegas, incapazes de entender o que é bom para elas.

Para alcançar seus objetivos, o documento alega, os judeus usam todos os tipos de organizações secretas, e suas principais ferramentas são a democracia, o liberalismo e o socialismo. Eles estiveram por trás de todos os transtornos da história, apoiando a demanda pela liberdade do indivíduo; também estavam por trás da luta de classes, de todos os assassinatos políticos e de todas as grandes greves. Os conspiradores induzem os trabalhadores a tornarem-se alcoólatras e tentam criar condições caóticas, elevando os preços dos alimentos e disseminando doenças infecciosas. Há também um golpe às nefastas "damas da sociedade".

Os judeus já constituem um governo mundial, afirma o documento, mas seu poder ainda é incompleto e incitam as nações umas contra as outras a desencadear uma guerra mundial. Há uma grande distância, no entanto, entre seus objetivos declarados e os reais. Esses líderes fictícios não são de forma alguma liberais e democratas. A verdadeira felicidade será realizada não pelos princípios democráticos, mas pela obediência cega à autoridade. Apenas uma pequena parte da população receberá educação, pois a disseminação da aprendizagem entre as classes mais baixas tem sido uma das principais causas da queda dos estados cristãos. Será dever honroso de todos os cidadãos espionarem-se e informar uns sobre os outros. Os governantes vão matar sem piedade quem se opuser a eles; outros grupos conspiratórios, como os maçons, serão liquidados, alguns mortos, outros exilados em assentamentos punitivos no exterior.

Mas e se os não judeus descobrirem essa conspiração diabólica a tempo? E se eles atacarem os judeus depois de compreenderem que todos os desastres e intrigas fazem parte de um gigantesco plano-mestre judeu? Contra esta última eventualidade, os Sábios têm uma arma horrível, revelada no nono protocolo. Uma rede de ferrovias subterrâneas minará todas as capitais. Em caso de perigo, os Sábios irão explodir as cidades usando túneis subterrâneos, e todos os escritórios do governo e todos os não judeus e suas propriedades serão destruídos.

Essa arma suprema era demais, mesmo para a credulidade dos editores russos do *Protocolos*, e depois dos alemães, também. Os editores russos acrescentaram uma nota de rodapé no sentido de que, embora no momento não houvesse túneis subterrâneos na Rússia, vários comitês estavam trabalhando para estabelecê-los. Os editores alemães (após a Primeira Guerra Mundial) disseram que o senso comum se revoltou contra essa ideia e que provavelmente era uma mera maneira de falar ou uma figura de linguagem usada para enfatizar que os conspiradores judeus não seriam dissuadidos, utilizando até as mais horríveis armas para atingir seus objetivos.

Os Protocolos foi amplamente distribuído na Rússia durante a década anterior à eclosão da Primeira Guerra Mundial, mas seu impacto político foi limitado. O governo russo, apesar de todo o seu sentimento antijudaico, rejeitou-o como impróprio para propósitos propagandísticos, e ele não foi inicialmente traduzido para outras línguas. A grande aceitação *Os Protocolos* começou somente após a Revolução Russa e o fim da Primeira Guerra Mundial.

O Império Russo, que muitos acreditavam que duraria para sempre, desapareceu sem deixar rastro depois das Revoluções Russas de 1917; os novos líderes eram pessoas de que poucos ouviram falar, e a nova hierarquia incluía muitos judeus, de Trotsky para baixo. Houve tentativas de golpes revolucionários em outras partes da Europa, como a Hungria e a Baviera, também chefiados por comunistas de origem judaica. O fato de esses revolucionários judeus terem lutado contra suas comunidades e se dissociado delas não interessava aos fornecedores do *Protocolos* – talvez fosse um mero estratagema.

Um oficial do exército chamado Shabelski-Bork provavelmente trouxe *Os Protocolos* para a Europa durante a emigração da Rússia Branca. Alfred Rosenberg, um alemão báltico e mais tarde o principal ideólogo do Partido Nazista, ficou conhecido como um dos principais comentaristas iniciais do *Protocolos*. Mas a influência do *Protocolos* não estava mais restrita a grupos periféricos; os principais jornais alemães e britânicos o publicaram em seções, e o ex-*kaiser* Guilherme II, então em seu exílio holandês, enviou cópias a todos os seus amigos. É verdade que os jornais de Londres também foram os primeiros a admitir que seus correspondentes haviam sido enganados, mas isso não afetou muito o sucesso triunfante do *Protocolos*. Em poucos anos, ele foi traduzido para a maioria dos idiomas, incluindo japonês e chinês. O patriarca latino de Jerusalém, Barsalina, pediu ao seu rebanho que comprasse a tradução árabe do panfleto. Henry Ford patrocinou a publicação nos Estados Unidos, onde o livro vendeu centenas de milhares de cópias.

Os Protocolos não foi o primeiro nem o último produto literário de seu tipo, mas certamente foi o mais bem-sucedido. Como explicar seu sucesso fenomenal? O ambiente pós-guerra foi de importância decisiva. Depois de anos de paz e prosperidade, o otimismo geral da Europa foi rudemente abalado. Para muitos, a guerra veio inesperada como um raio. Milhões de pessoas tinham morrido num massacre sem sentido, e houve uma destruição material sem precedentes. Milhões de pessoas que sobreviveram encontraram-se no final da guerra sem meios nem esperança. A guerra foi seguida em muitos países por mais desassossego e desastres econômicos, como inflação e desemprego. Nessas circunstâncias, muitos procuravam uma resposta, se possível, uma explicação clara e facilmente inteligível para suas perguntas sobre a causa desses desastres e a inquietação global em geral. E então um documento emergira do próprio país em que esses eventos apocalípticos aconteceram pela primeira vez – razão suficiente para muitos aceitarem essas explicações surpreendentes. Tantos desastres não poderiam ter sido desconectados e não planejados; certamente deveria ter havido uma mão oculta por trás de tudo isso.

Que as falsificações fossem primitivas e pouco convincentes, na verdade, não importava. Como um observador contemporâneo escreveu:

"Os ignorantes acreditaram nelas porque eles eram ignorantes e os semi-inteligentes porque era para o bem da causa reacionária".

Se *Os Protocolos* fosse amplamente lido e em parte aceito nos países que emergiram vitoriosos da guerra, seu sucesso no campo dos derrotados, desde os emigrados russos brancos à Alemanha de Weimar, seria ainda mais compreensível. Quem provocou a queda do Império Czarista? Quem havia apunhalado nas costas os exércitos alemães previamente invictos no campo de batalha? Era preciso encontrar um bode expiatório. Os direitistas russos e alemães descobriram que não tinham que culpar a si mesmos ou a seus próprios defeitos por essas derrotas traumáticas. A explicação a partir de um inimigo externo tinha muitos benefícios psicológicos.

Mas *Os Protocolos* oferecia mais do que uma explicação; também era um slogan político, um grito de guerra. Não se sabe ao certo se Hitler realmente acreditava no *Protocolos*, mas ele foi astuto o suficiente para perceber o enorme potencial propagandístico da ideia básica dele. Alguns observadores foram mais longe e argumentaram que a Alemanha nazista e a Rússia stalinista, com suas ditaduras, propaganda, terror e ideias de um estado de bem-estar totalitário, deviam mais do que um pouco ao *Protocolos*. Mas se Hitler foi de fato um aluno dos *Sábios de Sião* é um ponto discutível; ele não precisava do *Protocolos* em sua luta contra os judeus, nem para formar um projeto para o futuro da Europa.

Os Protocolos e a literatura correlata pertencem à classe das teorias de conspiração históricas, um gênero de filosofia política e literatura com enorme poder de atração desde tempos imemoriais. Que houve tramas e conspirações ao longo da história é óbvio, mas as teorias que atraíram tantas pessoas não pertencem a essa categoria. Essa espécie consiste em teorias da conspiração manifestamente absurdas, sem nada a ver com o mundo real, e que atraem não apenas indivíduos com tendências paranoicas, mas também um público muito mais amplo. Essas teorias podem ser encontradas em praticamente todas as partes do mundo, embora um mapa mundial das teorias da conspiração mostre que são mais difundidas e populares em alguns países e culturas do que em outros. Já se argumentou que a maré alta das teorias da conspiração foi a Idade Média, com seu obscurantismo e histerias em massa, mas isso é duvidoso em vista do enorme renascimento que tiveram nos tempos modernos, em especial no século passado. Esse renascimento está, evidentemente, ligado ao fato de o mundo se ter tornado infinitamente mais complexo e difícil de entender, e também está relacionado à revolta contra óbvias "explicações oficiais" na política, na ciência e em outros campos.

O enorme sucesso das teorias da conspiração na literatura e no cinema tende a mostrar que a crença em explicações abstratas deve fazer parte da condição humana e corresponder a uma necessidade humana. Algumas dessas teorias são divertidas e inofensivas (os UFOs ou o Triângulo das Bermudas); outras estão longe de serem inocentes porque são usadas como armas políticas contra grupos de pessoas consideradas hostis. Elas certamente se tornaram parte integrante do antissemitismo contemporâneo, adaptando-se a novos desenvolvimentos e circunstâncias, e teremos que lidar com elas mais adiante neste livro.

Antes da Primeira Guerra Mundial, as teorias da conspiração desempenhavam um papel menor na propaganda antissemita; existiam, mas seu apelo era limitado. É verdade que os judeus eram considerados desleais aos seus respectivos países pelo antissemitismo, mas isso não significava uma gigantesca conspiração global. Não é preciso repassar em detalhes o caso Dreyfus, por exemplo. Capitão do estado-maior francês, Alfred Dreyfus foi preso em outubro de 1893 e acusado de ter passado segredos militares aos alemães. Em dezembro daquele ano, um tribunal militar a portas fechadas condenou-o à prisão perpétua na Ilha do Diabo, onde passou quatro anos em confinamento solitário. No entanto, após algumas investigações de alguns escritores corajosos, primeiro Bernard Lazare e mais tarde Emile Zola, ficou aparente que dois colegas oficiais – um dos quais cometeu suicídio – haviam falsificado as provas contra Dreyfus – o outro colega fugiu para o exterior.

Esse deveria ter sido o fim do caso, mas o estado-maior tentou abafá-lo a todo custo e, em 1899, Dreyfus foi novamente considerado culpado por um tribunal militar. Alguns dias depois, o presidente francês o livrou condicionalmente. E demorou mais sete anos para Dreyfus ser restaurado ao Exército e ser agraciado com a Legião de Honra.

O caso dividiu o país e levou temporariamente a tumultos e rebeliões de antissemitismo. Não era tanto a questão de Dreyfus ser culpado que motivava os anti-*dreyfusards*, mas a convicção de que o bom nome do exército deveria ser protegido a qualquer custo. Judeus franceses foram acusados pelos antissemitas de tentar salvar um dos seus, mesmo sendo culpado. Na verdade, os judeus franceses não demonstraram grande coragem e hesitaram por muito tempo em se juntar aos defensores de Dreyfus, assim como os socialistas.

A Igreja Católica e a direita tradicional estavam fortemente envolvidas no caso e acabaram por sofrer quando a intriga contra Dreyfus desmoronou. Isso levou a uma divisão estrita entre Igreja e Estado. O antissemitismo na França enfraqueceu-se, mas continuou a existir. Édouard Drumont, o principal escritor antissemita do período, e seus discípulos continuaram a publicar livros e artigos segundo os quais o objetivo dos judeus era a queda da França. Mas o eco que tinham era limitado. Mesmo após a deportação de Dreyfus, os judeus continuaram a servir como oficiais superiores do exército francês — postos proibidos a eles na Alemanha.

Durante os primeiros anos do século XX, acreditava-se amplamente em círculos esclarecidos que o antissemitismo era uma coisa do passado. É verdade que, de vez em quando, rumores sobre assassinatos rituais ocorriam em lugares rurais distantes, como Tiszaeszlar, na Hungria, em Konitz e Xanten, no leste da Alemanha, bem como em algumas aldeias da Boêmia. Mas esses retrocessos à Idade Média rapidamente levaram a protestos e foram desmentidos. Havia antissemitismo social e cultural: Edward, o príncipe de Gales, era ridicularizado por parte da imprensa britânica porque se cercava de financistas judeus. Alguns empresários judeus da África do Sul foram acusados de terem provocado (ou pelo menos ajudado) a eclosão da Guerra dos Bôeres. Mas se tratava de eventos marginais. O antissemitismo como questão central existia apenas na Rússia czarista e em algumas outras regiões atrasadas do Leste Europeu e dos Bálcãs, como a Romênia.

Tudo isso mudou com a eclosão da Primeira Guerra Mundial. A guerra teve várias causas, mas era difícil atribuí-la às intrigas judaicas. Durante os primeiros meses, mesmo jornais antissemitas na Rússia, França e em outros países beligerantes se abstiveram de continuar sua propaganda porque a paz interna (*Burgfrieden*) havia sido declarada. Mas, uma vez que parecia que a guerra duraria anos, os ataques antissemíticos ressurgiram. Na Rússia, centenas de milhares de judeus foram expulsos das regiões próximas à linha de frente, especialmente na Lituânia e no norte da Polônia. Muitos milhares morreram durante e depois das deportações. Dezenas de milhares de judeus da Galícia austríaca fugiram para Viena para escapar do avanço dos exércitos russos; esse influxo súbito adicionou combustível às tensões em uma cidade na qual o antissemitismo estava profundamente enraizado havia muito tempo.

Na Alemanha, os antissemitas espalharam rumores de que, embora os judeus tivessem se alistado no exército como todos os demais, a maioria deles encontrara empregos seguros na retaguarda. As autoridades militares decidiram realizar um "censo judaico"; os resultados nunca foram publicados, em parte talvez por causa da pressão política ou porque não confirmaram as alegações. Tudo o que se sabe é que o número de judeus alemães mortos na Alemanha – 12 mil – era proporcionalmente o mesmo que o das vítimas não judias. No entanto, nem este fato nem as muitas Cruzes de Ferro de segunda e primeira classe concedidas aos soldados judeus foram de alguma ajuda para a comunidade judaica vinte anos depois, quando Hitler chegou ao poder.

A Revolução Russa de outubro de 1917 levou a uma sangrenta e prolongada guerra civil. Embora muitos judeus estivessem representados na liderança comunista, de Trotsky em diante, e embora esses judeus tivessem se dissociado enfaticamente de suas comunidades, os judeus ainda eram bastante equiparados ao bolchevismo na mente popular. Para os voluntários do Exército Branco, particularmente os cossacos, os judeus eram o inimigo por excelência. Em uma grande guerra civil, muitas pessoas tendem a ser mortas, mas os judeus sofreram mais do que todos os outros grupos neste conflito. Os pogroms eram realizados não apenas pelos Exércitos Brancos, mas também por grupos nacionalistas ucranianos, por semianarquistas, e também por bolcheviques, para quem os judeus eram capitalistas, os inimigos de classe. A maré alta dos pogroms veio durante a segunda metade de 1919. Estima-se que cerca de 10% dos judeus ucranianos, entre 150 mil e 200 mil pessoas, tenham morrido.

Enquanto as primeiras ondas de pogroms em 1881 e 1905 ocorreram predominantemente nas cidades, os pogroms de 1918-19 também ocorreram no campo. Um dos maiores massacres foi em Proskurov, uma pequena cidade na Ucrânia, na qual 1.700 judeus foram mortos e milhares feridos. Embora sempre houvesse uma grande pilhagem nos primeiros massacres, isso se tornou ainda mais pronunciado nos pogroms da guerra civil. Os Exércitos Brancos foram apoiados não só pela direita política, mas também pelos partidos centrista e liberal. Seus comandantes se recusaram a condenar a perseguição antijudaica, pois o antissemitismo parecia tão profundamente arraigado que pensavam que qualquer tentativa desse tipo seria infrutífera. A liderança ucraniana, especialmente Symon Petlyura, era em teoria mais liberal – defendiam a emancipação dos judeus e havia alguns conselheiros judeus entre eles. Mas não tinham controle sobre suas gangues armadas e o mesmo acontecia com grupos anarquistas, como o liderado por Nestor Makhno. A suprema liderança dos Exércitos Brancos não pedia especificamente pogroms nem se opunha a eles; como o general Anton Denikin disse uma vez, se tivesse feito isso, seria acusado de ter se vendido aos judeus.

O corpo de oficiais russos era tradicionalmente antissemita e a revolução reforçara esse sentimento – os judeus eram responsáveis pela tragédia russa; tinham que ser punidos e eliminados da vida pública russa. Os ramos políticos e de propaganda dos Exércitos Brancos eram particularmente ativos na disseminação do antissemitismo; trouxeram *Os Protocolos* para a Europa Central e Ocidental e continuaram sua luta contra os judeus de suas novas casas em Paris, Berlim e outros centros de emigração.

Originalmente, havia pouca ou nenhuma simpatia pelo bolchevismo na judiaria; a porcentagem de judeus entre os emigrados políticos da Rússia depois de 1917 excedia em muito seus números na população em geral. Mas, para aqueles que permaneceram, o poder soviético, por mais hostil que fosse a interesses judaicos específicos, constituía a melhor esperança em um mundo hostil – os bolcheviques reimpuseram a ordem e os pogroms chegaram ao fim.

Até que ponto a presença de muitos judeus entre os líderes comunistas contribuiu para o antissemitismo? Certamente desempenhou um papel importante na propaganda antissemita, e é certamente verdade que durante a década de 1920 os judeus estavam super-representados nas fileiras de oficiais do partido e do Estado. Com a ascensão de Stalin, os judeus foram removidos de posições-chave e muitas vezes "liquidados". O fato de outras minorias também serem desproporcionalmente representadas não importava muito – não havia uma tradição antiletã na Rússia, nem havia letões em posições muito superiores. Tampouco importava que os judeus também estivessem fortemente representados entre outros partidos anticomunistas de esquerda, como os mencheviques e os social-revolucionários, ou que a oposição antistalinista era, em grande parte, de origem judaica. Os judeus eram os destruidores da Santa Rússia.

Os jovens judeus eram atraídos pelos grupos mais radicais da Rússia por causa da tradicional opressão russa aos judeus. Os liberais atraíam a classe média judaica, mas esta era fraca, pois a maioria dos judeus do Império Czarista era pobre. E, para os jovens de tal origem, o partido revolucionário que prometia total libertação nacional e social, e oportunidades iguais para todos, tendia a ser muito atraente. Este, em resumo, era o pano de fundo do "bolchevismo judaico" que desempenhou um papel crucial na propaganda antissemita nos anos 1920 e posteriores, apesar do fato de os judeus terem se tornado um proeminente bode expiatório do regime comunista.

CAPÍTULO 6

A Caminho do Holocausto

A **PRINCIPAL CENA DO** antissemitismo entre as duas guerras mundiais foi o Leste Europeu, embora a situação na Alemanha tenha se tornado cada vez mais crítica com a ascensão do Partido Nazista durante o final da década de 1920. A presença judaica no Leste Europeu era muito mais forte do que na Europa Ocidental e Central — 12% da população da Polônia era judia, 6% da Hungria e cerca de 5 a 6% da Romênia. Além disso, a Polônia e a Romênia eram países em que as minorias constituíam grandes setores da população, e os governos de Varsóvia e Bucareste, sentindo-se inseguros, exerciam forte pressão sobre as minorias e, em particular, sobre a comunidade judaica.

Nos três países, o antissemitismo era religioso-nacionalista e não racialista, com a Igreja assumindo uma posição fortemente antijudaica na Polônia. É verdade que, nos três países, os partidos de extrema direita para os quais o antissemitismo era uma questão central passaram a tender cada vez mais em direção ao fascismo e ao racialismo, e, no caso da Romênia e da Hungria, em direção a uma forma extrema de fascismo como representado pela Guarda de Ferro romena e pelo Partido da Cruz Flechada Húngaro. No rescaldo da Primeira Guerra Mundial, alguns distúrbios ocorreram em Vilna e Lvov em 1919, e houve distúrbios antijudaicos na Hungria após a derrubada do governo comunista de Bela Kun, durante o qual centenas de judeus foram mortos.

Durante os primeiros anos da existência da república polonesa com Joseph Pilsudski como líder, o antissemitismo desempenhara um papel menor. O antissemitismo na Polônia aumentou em parte como resultado da crise econômica mundial e, em particular, após a morte de Pilsudski, quando uma nova geração veio à tona. O "antissemitismo de rua" era mais forte em certas partes da Polônia do que em outras; notou-se que na Polônia ocidental, onde menos judeus viviam, havia no geral mais antissemitismo do que na parte oriental, que tinha maiores concentrações de comunidades judaicas.

O antissemitismo da Igreja persistiu — os judeus eram uma comunidade de moral e valores estranhos, hostis ao cristianismo, e, embora a Igreja não advogasse a violência física, favorecia medidas legais, bem como boicote econômico. Alguns clérigos argumentaram que o batismo não era uma solução: havia muitos judeus, e a "alma talmúdica" era muito resistente. O batismo na maioria dos casos era visto apenas como uma tentativa de invadir a sociedade polonesa.

Havia antissemitismo econômico: os judeus foram responsabilizados pelo colapso do *zloty* e por explorar o campesinato, como intermediários, pagando os camponeses pelos seus produtos e cobrando demais do público, inflacionando assim o já alto custo de vida.

Enquanto os judeus na Polônia estavam certamente super-representados no comércio do país (daí a chamada para a polonização do comércio da Polônia), não predominavam. Havia uma "questão judaica objetiva" na Polônia, como os sionistas sustentavam, em vista da composição social dos judeus poloneses, mas esse fato foi mais responsável pela pauperização dos judeus poloneses do que pelo crescimento do antissemitismo. O antissemitismo entre os partidos camponeses poloneses não era mais pronunciado do que entre outros partidos políticos. O antissemitismo na Polônia tornou-se mais violento no final dos anos 1930 do que nos anos anteriores, em grande parte devido a causas não econômicas.

Os principais partidos políticos, incluindo Sanacja, de Pilsudski, desenvolveram-se sob o domínio dos coronéis em direção a uma forte orientação antissemita. O outro grande partido, o Nacional-Democrata, de Roman Dmowski, originalmente pró-russo e depois pró-Mussolini, sempre foi fortemente antissemita. Sob o domínio dos coronéis no final da década de 1930, a situação econômica e política dos judeus tornou-se crítica. Aprovaram-se leis com o objetivo de tirar os judeus da economia e da vida pública.

Durante os primeiros anos da república polonesa, as antigas leis antijudaicas russas (antiminoritárias) ainda estavam em vigor. Os judeus tinham que pagar impostos duplos para certas atividades, e o uso de hebraico e iídiche em público era proibido. Essas leis foram finalmente abolidas, embora com considerável atraso, mas novas foram introduzidas na década de 1930, as quais, embora não citassem especificamente os judeus, eram dirigidas contra eles. Essas leis visavam remover os judeus de muitos ofícios, profissões e locais de trabalho. Boicotes em massa de lojas judaicas aconteceram na Polônia de 1936 a 1939. Embora a propaganda antissemita de estudantes não conseguisse manter judeus completamente fora das universidades, ela conseguiu que os judeus fossem ensinados em salas de aula separadas. A entrada nos parques da cidade deveria ser proibida aos judeus em alguns lugares, e preparavam-se manobras para despojar a maioria deles da nacionalidade polonesa.

Para os antissemitas, os judeus eram um corpo estranho que não podia ser assimilado; eles eram considerados radicais de esquerda essencialmente antipoloneses, pró-soviéticos. Sucessivos governos poloneses, não apenas os antissemitas, defendiam a emigração de 1,5 milhão de judeus para Madagascar, Palestina ou qualquer país que estivesse disposto a recebê-los. Isaac Gruenbaum, um proeminente líder sionista, disse na época que havia o excesso de um milhão de judeus na Polônia. Essa declaração causou grande ressentimento em certos círculos judaicos (afinal, ele não estaria tomando partido dos antissemitas?), mas talvez estivesse próxima da verdade.

A Hungria tinha uma tradição de antissemitismo moderno que remonta à segunda metade do século XIX. A princípio, a principal queixa era a de que os judeus húngaros não estavam fazendo nenhum esforço para serem "magiarizados", e que seu conhecimento da língua e da cultura era imperfeito. De fato, a maioria dos judeus húngaros se esforçava muito para ser assimilada, e eram inigualáveis patriotas húngaros. Houve também um número significativo de conversões, em particular durante o final da década de 1930. Mas os judeus também estiveram proeminentemente envolvidos na Revolução de Bela Kun e na ditadura comunista de 1919, e isso levou a uma enorme reação antijudaica sob o almirante Miklós Horthy, que, embora não fosse antissemita fanático, não estava disposto a se opor a um sentimento muito popular.

O número de judeus na Hungria cresceu com rapidez entre 1850 e a Primeira Guerra Mundial, principalmente como resultado da imigração do Leste; na virada do século, um quarto dos habitantes de Budapeste eram judeus. Ao mesmo tempo, os judeus haviam feito rápido progresso social e econômico — cerca de metade dos advogados e médicos da Hungria eram judeus, e mais da metade dos principais bancos e indústrias estavam nas mãos dos judeus. A classe média húngara era em grande parte judia ou alemã. Esses desenvolvimentos demográficos e sociais (muito em contraste com a Polônia, onde a maioria dos judeus era bastante pobre) desempenharam um papel significativo na disseminação do antissemitismo.

O antissemitismo na Hungria cresceu na década de 1930, parcialmente sob o impacto da depressão econômica mundial, e, assim como na Polônia, os judeus foram responsabilizados pelas misérias econômicas que atingiram o país. A ascensão do nazismo na Europa Central também desempenhou um papel importante.

O ano de 1933 constituiu um divisor de águas na política europeia. Até aquela época, a França e a Grã-Bretanha tinham sido as potências supremas, e até a Liga das Nações importava politicamente. A legislação abertamente antissemítica não foi aprovada pela Grã-Bretanha, França e Estados Unidos. Além disso, os tratados de paz após a Primeira Guerra Mundial forneceram salvaguardas especiais para as minorias na Europa Oriental (porque não havia confiança de que esses países tratariam suas minorias de forma justa). Mas Hitler estava mostrando que as nações ocidentais poderiam ser desafiadas com impunidade; o equilíbrio de poder europeu estava mudando, e os nazistas acabaram com a proteção das minorias. De fato, os judeus poloneses, para dar apenas um exemplo, haviam sido atacados por nacionalistas poloneses por terem pressionado por essas leis que limitavam a soberania do Estado polonês. Em última análise, essas salvaguardas foram de pouca ajuda para as minorias.

Houve outras repercussões indiretas como resultado da ascensão dos nazistas ao poder. Grupos na extrema direita polonesa se tornaram abertamente racistas, e alguns deles até declararam que o principal inimigo de uma Polônia independente não era nem a Alemanha nazista nem a União Soviética, mas o inimigo interno, os judeus.

A situação na Hungria foi semelhante. Quando Julius Gombos, um líder antissemita radical, chegou ao poder em 1935, várias leis antijudaicas foram promulgadas. Um *numerus clausus* de 20% foi estabelecido para confinar a representação judaica em vários campos. Isso ficou ainda mais restrito nos anos subsequentes sob os sucessores de Gombos, uma vez que não satisfez os antissemitas mais radicais. Ironicamente, foi revelado que um desses radicais, o primeiro-ministro Bela Imredy, era de origem judaica; isso levou à sua renúncia, mas não a uma mudança na política.

O antissemitismo romeno, talvez o mais virulento da Europa durante o século XIX, tinha certas características comuns com o antissemitismo na Polônia e na Hungria. As universidades desempenharam um papel central em sua militância e disseminação. A Guarda de Ferro, responsável por muitos pogroms nos anos anteriores, surgiu como uma associação de estudantes; muitos dos principais intelectuais da Romênia pertenciam a ela originalmente. Também como no Leste Europeu, a crise agrária e a depressão econômica global do início da década de 1930 tiveram um impacto considerável no crescimento das tensões sociais e nacionais. Diferentemente da Polônia, a maioria dos judeus romenos não estava concentrada na capital e em outras grandes cidades; metade deles vivia em províncias afastadas, como a Transilvânia de língua húngara, a Bukovina de língua alemã e a Bessarábia de língua russa.

O rei Carlos II forneceu alguma proteção para os judeus, como Pilsudski fez na Polônia e Horthy na Hungria, mas não estava em posição de se opor à radicalização da política interna. Em Vaida Voevod, a Romênia tinha um político no poder que abertamente chamava os judeus de parasitas e invocava os velhos libelos de sangue. Octavio Goga, que se tornou primeiro-ministro em 1938, foi uma figura importante em uma tradição de antissemitismo intelectual romeno que remontava ao século anterior. Embora a Polônia nunca tenha produzido um partido abertamente fascista influente, a Hungria o fez sob a forma do Cruz Flechada, que em 1940 era o segundo partido mais forte do país. Mas o partido mais radical foi o Guarda de Ferro romeno, originalmente chamado de Legião do Arcanjo Miguel. Esse grupo extremamente antissemita foi banido várias vezes pelas autoridades por seu radicalismo social e pelo comportamento indisciplinado (assassinaram quatro primeiros-ministros romenos), e não por seu antissemitismo. Embora seu apoio também viesse do campo – camponeses que enfrentaram a falência como resultado da crise agrária –, sua liderança estava nas mãos de jovens intelectuais. Entre eles estavam várias figuras que mais tarde alcançaram fama mundial, como Mircea Eliade e Emil Cioran. Ao mesmo tempo, o antissemitismo se tornou política oficial do estado, que introduziu uma legislação antissemita severa, eliminando os judeus não apenas da vida pública, mas de várias profissões, uma política que foi de certa forma mitigada apenas pela corrupção prevalente no país.

Todas as principais concentrações judaicas no Leste Europeu estavam sujeitas ao crescente antissemitismo, que se manifestava não apenas no clima intelectual geral, mas, via de regra, nas tentativas de se livrar dos judeus por meios legais ou não.

Mais do que qualquer outro movimento político, o fascismo moldou a vida política europeia durante as décadas de 1920 e 1930. A Grã-Bretanha, a França e os países escandinavos foram as únicas grandes exceções. O antissemitismo era um ingrediente crucial da teoria e da prática fascista, embora certamente não fosse o único, e, no período inicial de alguns partidos fascistas, ele praticamente não existia. Isto é verdade especialmente em relação ao local de nascimento do fascismo, a Itália. Enquanto os judeus eram muito proeminentes na resistência antifascista italiana desde o seu início, havia também não poucos membros judeus do Partido Fascista, embora não em posições de liderança. A situação na Itália só mudaria em 1938, principalmente como resultado da ascendência da Alemanha nazista na Europa, quando a Itália também introduziu sua legislação racial antissemita.

Em outros lugares não havia um padrão uniforme entre grupos fascistas ou pró-fascistas; em países com comunidades judaicas muito pequenas, como a Dinamarca, o antissemitismo não chegou a ser uma questão importante, ao passo que na Suíça foi por algum tempo um fator de alguma importância. Judeus individuais pertenciam ao movimento Mussert na Holanda. Na Espanha, um país praticamente sem judeus, a extrema direita (o antigo Partido Carlista) e os círculos pró-fascistas frequentemente invocavam *Os Protocolos dos Sábios de Sião* e, mesmo antes da eclosão de sua Guerra Civil, enfatizavam uma conspiração de judeus e maçons contra a Espanha. Mas também é verdade que esse antissemitismo permaneceu, em geral, como um fenômeno marginal, assim como o fascismo, de estilo alemão ou italiano, nunca se tornou uma força decisiva sob o governo do general Franco.

Quão importante era o antissemitismo na doutrina nazista; até que ponto foi esse o motivo decisivo que fez com que milhares e mais tarde milhões de alemães se juntassem ao Partido Nazista? O antissemitismo desempenhou um papel muito importante na propaganda de Hitler desde o início, nos dias de Hitler em Munique, e aqueles que o seguiam não gostavam dos judeus e mesmo os odiavam. Mas seus seguidores tinham muitas outras motivações: nacionalismo extremo, revanchismo após a derrota na guerra e a imposição do Tratado de Versalhes, o medo do bolchevismo, a crença mística na unidade do povo (*Volksgemeinschaft*) e, por último mas não menos importante, o culto a Hitler. É quase impossível estabelecer com qualquer tipo de exatidão o peso específico do antissemitismo, por mais alto que seja, nessa mistura de motivos. Sabe-se que, entre os primeiros seguidores de Hitler em Munique, apenas cerca de um quinto disse que o antissemitismo foi o fator mais importante na decisão de aderir ao movimento. Há muita razão para supor que, quando o Partido Nazista teve seu grande aumento no final dos anos 1920 e início da década de 1930, outras considerações além do antissemitismo – como o impacto da crise econômica mundial e o fracasso da República de Weimar – desempenharam um papel crucial. Mas a propaganda antissemita contínua, implacável e eficaz de Hitler caiu em terreno fértil.

Hitler tinha se tornado antissemita durante seus primeiros anos em Viena, onde o antissemitismo era excessivo na época, tanto no *mainstream* da política austríaca como na ideologia de uma variedade de seitas racialistas. Hitler estava familiarizado com as ideias dos sectários antissemitas e em grande parte partilhava delas; ele também entendia que, embora o antissemitismo fosse de grande importância potencial na mobilização das massas, as teorias abstrusas tradicionais que conhecera em Viena seriam de pouca utilidade na luta política.

Já que a personalidade de Hitler era crucial para a ascensão de seu partido, bem como para a política do Terceiro Reich, seria de grande importância saber quando ele realmente se tornou um antissemita rematado. Mas não se consegue estabelecer isso com alguma certeza; durante seus anos na Viena pré-guerra, alguns de seus colaboradores próximos eram judeus ou de origem judaica, e não há indicações de que ele fosse antijudaico na época. Em *Mein Kampf*, ele escreve que se tornou um antissemita como resultado de uma crise espiritual, mas se trata de uma referência oculta e nada se conhece sobre as razões e circunstâncias específicas desta crise. Tudo o que sabemos é que em anos posteriores seu antissemitismo se tornou mais e mais radical. No final, Albert Speer, que serviu como seu conselheiro e ministro, escreveu que o ódio aos judeus era a principal força motriz de Hitler, talvez até o único elemento que o movia.

Uma variedade de fatores tornou o antissemitismo politicamente muito atraente na Alemanha quando Hitler apareceu na cena política de Munique após o fim da guerra. A reviravolta geral após a Primeira Guerra Mundial abriu as portas para todos os tipos de movimentos extremos à esquerda e à direita, a crise econômica culminou na hiperinflação e os judeus tiveram papéis de liderança nos partidos revolucionários comunistas. Isso tornou possível atacar os judeus como exploradores capitalistas e aproveitadores da guerra, bem como agentes dos inimigos da Alemanha e um perigo mortal para todos os valores estabelecidos – família, pátria e cultura tradicional. O parágrafo 4 do programa do Partido Nazista de 1920 afirmou que um judeu não poderia ser membro da comunidade do povo alemão (*Volksgenosse*). O programa também mencionava a remoção de estrangeiros da Alemanha, embora os detalhes fossem vagos.

Durante a luta pelo poder na Alemanha, as tropas de choque nazistas atacaram judeus nas ruas, mas em geral os ataques físicos eram raros e a propaganda era limitada a ameaças de que o dia do acerto de contas com "Judá" estava próximo. Isso mudou rapidamente depois que Hitler tomou o poder em janeiro de 1933. Em 1º de abril, foi declarado um boicote geral de um dia às lojas judias, acompanhado pela violência na rua. Durante os meses que se seguiram a uma série de leis, os advogados judeus ficaram impossibilitados de atuar e os médicos judeus de tratar pacientes cobertos pelo seguro estatal.

De acordo com uma lei de abril de 1933, os judeus foram removidos das administrações estaduais e locais. Inicialmente, houve algumas exceções, como os veteranos da Primeira Guerra Mundial, mas elas foram rapidamente eliminadas. No entanto, outra lei removeu a maioria dos estudantes judeus das universidades e outras escolas. Em nível local, aldeias e pequenas cidades foram declaradas livres de judeus (*judenrein*) ou, pelo menos, o acesso a lugares públicos foi negado aos judeus. Entre os detidos e enviados para campos de concentração durante o primeiro ano de governo nazista havia uma alta porcentagem de judeus, e havia uma corrente constante de propaganda antijudaica na mídia, toda controlada pelo Estado.

A segregação dos judeus foi codificada nas Leis de Nuremberg de 1935 (as leis de proteção do sangue e da honra alemãs e a lei de cidadania do Reich), que tentaram pela primeira vez estabelecer quem seria considerado um judeu, embora essa questão tenha permanecido aberta a interpretação por anos. Casamentos entre judeus e não judeus foram proibidos, e relações sexuais extraconjugais entre judeus e não judeus tornaram-se um crime punível com pesadas penas de prisão. Durante os anos que se seguiram, exerceu-se pressão – muitas vezes física – para forçar os judeus a sair da economia alemã. Muitas empresas pertencentes a judeus haviam sido "arianizadas" durante o primeiro ano do governo nazista; seus proprietários eram geralmente forçados a vender seus negócios por uma fração do valor real.

Se durante os primeiros dois anos de governo nazista houve certa restrição com relação à política antijudaica em vista de considerações políticas estrangeiras – o regime ainda não se sentia suficientemente seguro –, tal restrição desapareceu quando a Alemanha reafirmou sua posição na Europa, se rearmando em contraposição ao Tratado de Paz de Versalhes, e deixando a Liga das Nações. A única interrupção neste processo de radicalização foram os primeiros meses de 1936, quando, em preparação para os Jogos Olímpicos de Berlim, a Alemanha nazista tentou apresentar ao mundo exterior e aos muitos visitantes uma face de normalidade. Quase imediatamente após os jogos, porém, começou a discussão sobre formas e meios para intensificar a pressão sobre os judeus e forçar a emigração judaica, que, na opinião dos nazistas, não avançara rápido o suficiente. O fato de os emigrantes da Alemanha, em geral, poderem levar consigo apenas uma quantia insignificante de dinheiro, não ajudava; mas os nazistas não estavam dispostos a fazer concessões a esse respeito e, ao contrário, os emigrantes tinham que pagar um imposto especial muito alto (*Reichsfluchtsteuer*). Em 1938, todo judeu homem recebeu o primeiro nome adicional de Israel e toda mulher judia, Sarah. Esses nomes apareceram nos passaportes juntamente com a letra maiúscula "J"; a medida tornou mais difícil para os judeus obterem vistos para países estrangeiros. De acordo com estimativas aproximadas, os ativos judaicos na Alemanha caíram pela metade entre 1933 e o início de 1938 – de 12 bilhões para 6 bilhões de *reichmarks*.

De modo geral, as medidas antijudaicas na Alemanha foram graduais – mesmo no início de 1938 ainda havia alguns estudantes judeus em escolas alemãs e médicos judeus tratando de pacientes não judeus, práticas que foram totalmente encerradas apenas em julho de 1938. Mas, na Áustria ocupada pelos nazistas no início de 1938, as medidas antijudaicas foram realizadas de maneira muito mais rápida (e brutal), com o resultado de que a emigração de judeus austríacos nos dezoito meses que permaneceram até a eclosão da Segunda Guerra Mundial foi muito mais rápida do que na Alemanha.

A perseguição antijudaica se acelerou e se tornou mais intensa com o pogrom da Noite dos Cristais (*Kristallnacht*) em 10-11 de novembro de 1938. Um jovem diplomata alemão foi morto por um jovem judeu na embaixada alemã em Paris; os pais do assassino haviam sido expulsos da Alemanha algumas semanas antes, junto com milhares de outros judeus de nacionalidade polonesa. Como os poloneses não estavam dispostos a recebê-los, foram deixados nas condições mais primitivas na terra de ninguém da fronteira em Neu Bentschen.

O pogrom de retaliação na Alemanha foi levado a cabo pelas tropas de choque em coordenação com a polícia e os bombeiros, que cuidaram para que os incêndios em sinagogas, escolas, lojas e escritórios judaicos não se espalhassem para propriedades não judaicas. Cerca de 7.500 empresas judias foram saqueadas ou destruídas e 30 mil judeus do sexo masculino foram presos e enviados para campos de concentração. Em uma série de novas leis punitivas após a *Kristallnacht*, uma multa coletiva de 1 bilhão de marcos foi imposta aos judeus alemães (isso foi posteriormente aumentado para 1,7 bilhão); todas as atividades comerciais judaicas foram proibidas. Instituições culturais judaicas, editoras e jornais comunitários foram fechados. Juntas, essas medidas significaram a desapropriação dos judeus alemães e o fim da vida comunitária e cultural.

Em um discurso no Reichstag em 30 de janeiro de 1939, no aniversário de sua tomada do poder, Hitler disse que, no caso de outra guerra, a raça judaica na Europa seria exterminada. A guerra desencadeada por Hitler ainda estava a oito meses de distância.

A história da exterminação sistemática do judaísmo europeu foi bem documentada e analisada e, para os propósitos deste estudo, é recontada apenas num breve resumo. Que Hitler queria a remoção física dos judeus da Alemanha e da Europa nunca foi segredo, apesar de não haver planos detalhados até a eclosão da guerra. A emigração forçada não forneceu uma solução satisfatória na visão de Hitler e, com a conquista da Polônia e a adição de mais 2 milhões de judeus, vários planos foram discutidos e rejeitados – a deportação de judeus alemães para a Polônia e, após o ataque contra a Rússia em junho de 1941, de judeus poloneses para a União Soviética. Por um curto período, debateu-se a deportação de judeus para Madagascar, assim como a criação de uma reserva judaica em Lublin, no sul da Polônia. As primeiras deportações de judeus alemães e tchecos para o leste ocorreram em 1940, mas foram em pequena escala.

Como a Alemanha expandiu seu território durante a guerra, muitos outros judeus passaram a ser dominados pelos nazistas. Vários passos foram dados para preparar e facilitar uma "solução final" da questão judaica. Aparentemente, foi Reinhard Heydrich, vice de Heinrich Himmler, que usou pela primeira vez a expressão, em março de 1941, em um memorando. Entre esses passos estavam forçar os judeus da Europa Central e do Leste a entrar em guetos e ordenar a todos os judeus que usassem uma estrela amarela. Enquanto centenas, talvez milhares, de judeus foram mortos antes da invasão da União Soviética, e mais pessoas morreram como resultado de doenças e fome, a aniquilação sistemática começou com as atividades das unidades especiais (*Einsatzgruppen*) despachadas para a Rússia e a Ucrânia para se engajar no assassinato sistemático, geralmente por tiros, de judeus na retaguarda da frente alemã. Mas estes métodos não bastavam, porque as unidades não conseguiam matar um número adequado de judeus com rapidez suficiente. O assassinato em massa foi estendido a territórios fora da Rússia em agosto e setembro de 1941. Em uma conferência em Wannsee, subúrbio de Berlim, em janeiro de 1942, autoridades alemãs de vários ministérios discutiram os problemas logísticos e administrativos relacionados à "solução final".

Quem deu a ordem para realizar o assassinato em massa de milhões de judeus? Nenhuma ordem escrita jamais foi encontrada, e isso levou alguns historiadores a acreditar que não houve tal ordem, mas que havia um automatismo, que deportações e execuções em massa eram realizadas seguindo iniciativas locais, e que uma coisa levava a outra – uma vez que um certo número de judeus foi morto, a aniquilação do resto parecia apenas uma questão de tempo. Mas isso contradiz as evidências não escritas – um discurso de Himmler em 4 de outubro de 1943, na cidade de Poznan, no qual ele falou sobre o extermínio dos judeus, e as numerosas confissões, ao final da guerra, de líderes responsáveis pela execução da solução final. As ordens eram dadas oralmente e muitas vezes com eufemismos ("solução final" e "transporte" em vez de aniquilamentos ou assassinatos foram dois dos vários eufemismos empregados).

Há muita especulação sobre o fato de Hitler ter dado uma ordem oral no final do verão de 1941 ou apenas dois ou três meses depois, mas o momento não é de suma importância, e pode muito bem ser que nunca vá existir uma resposta conclusiva. Evidências confirmam, no entanto, que em novembro de 1941 uma grande onda de deportações de judeus da Europa Central e Ocidental estava em andamento, concentrando os judeus em grandes guetos, como Varsóvia, Lodz, Riga e Minsk. O número de judeus que morreram durante estes transportes, realizado nas condições mais primitivas no inverno, com quase nenhum alimento e água, foi considerável. Alguns dos deportados foram empregados por algum tempo no esforço militar alemão e nas indústrias relacionadas à guerra em campos de trabalho, mas a maioria dos deportados acabou transferida para os campos de extermínio, operacionais já no primeiro semestre de 1942. Transportes posteriores foram enviados diretamente para essas fábricas de morte. Chelmno, perto de Lodz, foi o primeiro desses centros, mas também um dos menores. As grandes fábricas de morte eram Majdanek, Sobibor, Belzec, Treblinka e, mais importante, Auschwitz-Birkenau, onde as câmaras usavam gás venenoso Zyklon B e os cadáveres eram queimados em crematórios gigantes. Na maioria das fábricas de morte, aqueles que chegaram nos transportes foram mortos imediatamente; em Auschwitz, que também abrigava várias fábricas e tinha mais de trinta campos de trabalho forçado menores nas proximidades, havia uma seleção na chegada: os muito jovens, os velhos e os enfermos eram imediatamente enviados para a câmara de gás; os outros eram enviados para o trabalho. Mas as condições de vida e de trabalho eram tais que as chances de sobreviver mais que alguns meses eram muito pequenas; aqueles que não conseguiam mais trabalhar eram despachados para as câmaras de gás.

Centenas de milhares de judeus alemães e poloneses morreram durante o segundo semestre de 1942; os últimos grandes guetos poloneses foram destruídos em 1943 e apenas Lodz sobreviveu por mais um ano. Havia alguma resistência armada em Varsóvia, Bialystok e alguns outros lugares, mas, como o arsenal dos resistentes consistia apenas de explosivos improvisados e armas leves, os alemães venceram a resistência do gueto sem dificuldades.

Cerca de um terço dos judeus que viviam na França na época da invasão alemã foram deportados e mortos, enquanto os outros conseguiram se esconder; quase dois terços da população judaica da Bélgica foi morta. Na Holanda e na Grécia, a porcentagem dos judeus que pereceram foi muito maior, de 75 a 85%. Na maioria dos países, os alemães podiam contar com a colaboração da administração local para reunir judeus e deportá-los. A Dinamarca e a Bulgária foram as duas principais exceções. A maioria dos judeus dinamarqueses foi salva na fuga em massa para a Suécia em novembro de 1943. No caso da Bulgária, o governo estava disposto a sacrificar os judeus que viviam na Trácia ocupada (anteriormente parte da Grécia), mas não os que eram cidadãos búlgaros. Na Romênia, que tinha uma importante comunidade judaica, também era diferente. Milhares foram mortos em pogroms dentro da Romênia (como em Jassy, em 1941) e mais de 200 mil foram deportados para a Transnístria, mantidos em acampamentos e guetos, onde aproximadamente dois terços deles morreram de fome e doenças epidêmicas.

Os judeus que viviam na Itália ou nos territórios ocupados pelos italianos estavam, em geral, seguros (com exceção da Croácia, onde a maioria dos judeus foi morta por fascistas locais), até a queda de Mussolini e a ocupação alemã da Itália em 1943. Dada a data tardia e o número relativamente pequeno de judeus italianos que permaneceram na Itália (mais de 7 mil haviam emigrado em 1941), as possibilidades de se esconder com sucesso eram melhores do que na maioria dos outros países europeus.

Muitos judeus russos tinham fugido com o Exército Vermelho em retirada, em 1941-1942. Quando o exército alemão avançou para a Rússia, as centenas de milhares de pessoas que ficaram para trás, incapazes de fugir ou bater em retirada, foram assassinadas em execuções em massa (como em Babi Yar), ou reunidas em guetos que foram posteriormente massacrados.

De acordo com os dados publicados por Richard Korherr, a principal estatística da polícia nazista, a maioria dos judeus europeus havia sido liquidada em 1943. A única grande comunidade judaica remanescente era a húngara, e sua vez veio com a invasão alemã da Hungria no verão de 1944. Centenas de milhares foram transportados para Auschwitz e mortos na câmara de gás; um número muito menor foi enviado para trabalhos forçados em vários campos alemães.

A deportação de comunidades judaicas pequenas e muito distantes continuou até o fim (por exemplo, os judeus de Rodes e Cós no Mediterrâneo Oriental em julho e agosto de 1944). Entre os empregados na execução da solução final estavam habitantes locais e também alemães; o partido húngaro Cruz Flechada, legionários romenos e pessoal ucraniano atuaram algumas vezes em coordenação com os nazistas, às vezes por iniciativa própria.

Quando a ofensiva soviética chegou à Polônia e ao leste da Alemanha, as fábricas de morte foram rapidamente desmanteladas e os nazistas tentaram destruir os vestígios do assassinato em massa. Milhares de sobreviventes foram mortos ou morreram durante a evacuação em "marchas da morte" de campos de concentração como Auschwitz para o oeste. Como resultado da fome e das epidemias em Bergen-Belsen, que se tornou o principal campo de absorção durante os últimos meses da guerra, apenas alguns milhares de pessoas, obrigadas a caminhar por todo o caminho desde o leste, sobreviveram à experiência.

No total, entre 5 e 6 milhões de judeus foram mortos, a grande maioria dos judeus europeus continentais. Apenas um minúsculo remanescente dos judeus que viviam antes da guerra na Europa Central e do Leste permaneceu. O fato de não existirem números totalmente exatos não surpreende, dada a natureza da guerra e o sigilo imposto às operações nazistas das SS e da *Einsatzgruppen*. No entanto, estimativas confiáveis foram reunidas a partir de números do censo anteriores à guerra, documentos nazistas e análises estatísticas.

Segundo estimativas confiáveis, o número de judeus assassinados ou que pereceram por outros motivos no Holocausto foi de 2,7 milhões na Polônia, 2,1 milhões nos territórios da União Soviética; 559 mil judeus húngaros, 192 mil judeus alemães e austríacos, 143 mil da Tchecoslováquia, 120 mil da Romênia, 102 mil da Holanda, 58 mil da Grécia, 51 mil da Iugoslávia, 29 mil da Bélgica, e 5.500 da Itália (Wolfgang Benz na *Holocaust Encyclopedia*, 2002).

Quando a guerra terminou, os judeus europeus tinham efetivamente deixado de existir. Foi a única das promessas que Hitler conseguiu cumprir.

O que se sabia sobre o assassinato em massa enquanto ele acontecia e qual foi a reação do mundo exterior? Embora tenham sido feitas tentativas de manter a matança em segredo, muitas pessoas estavam envolvidas nela de uma maneira ou de outra, portanto as notícias chegaram ao mundo exterior por meio de muitos canais em pouco tempo, embora os detalhes só fossem conhecidos mais tarde. Não apenas organizações judaicas, mas o governo polonês no exílio informaram os governos aliados durante todo o ano de 1942, e houve protestos em discursos públicos, declarações oficiais solenes e transmissões de rádio.

Dentro da Alemanha e de outros países europeus, o desaparecimento de centenas de milhares de pessoas era, é claro, amplamente conhecido. Não era de conhecimento geral que a maioria das vítimas sofria asfixia por gás, mas em geral se supunha que os judeus pereceriam e nunca retornariam. Dos que estavam prestes a ser deportados, muitos cometeram suicídio ou tentaram se esconder, apesar das grandes chances de não sobreviver em circunstâncias ilegais. Isso era de conhecimento comum mesmo em cidades pequenas e isoladas na Alemanha, e demonstra que havia poucas ilusões sobre o destino dos deportados. Inicialmente, poderia ter havido tais ilusões, mas as notícias sobre o assassinato daqueles que saíram nos primeiros transportes as dispersaram.

Se a maioria dos judeus não oferecia resistência, as razões são óbvias. A maioria dos deportados e executados eram idosos, mulheres e criancinhas; estavam enfraquecidos e famintos e não havia esperança de resgate. Se milhões de prisioneiros de guerra soviéticos foram mortos sem resistência, não foi surpresa que civis judeus, com poucas exceções, não oferecessem resistência.

Os países neutros na Europa, temerosos das ameaças nazistas, recusaram-se a ajudar e a dar abrigo àqueles poucos capazes de cruzar suas fronteiras – até que a maré da guerra virasse. Os aliados não estavam em posição de estender ajuda aos judeus durante a fase inicial da guerra, quando Hitler foi vitorioso em todas as frentes. A situação mudou após o cerco de Stalingrado, a vitória aliada no norte da África e o desembarque na Itália. Ainda assim, a princípio houve alguma descrença, porque a extensão do assassinato em massa muitas vezes excedia a imaginação das pessoas que viviam em democracias, que tinham apenas uma vaga compreensão do nazismo e dos movimentos afins. Com frequência, não havia grande simpatia pelos judeus, de modo que se chegou a afirmar que os judeus eram alarmistas, que exageravam e se ocupavam em espalhar histórias de atrocidades.

A partir de 1943, teria sido possível fazer muito mais, não apenas publicando as notícias sobre o Holocausto e ameaçando os perpetradores com o fato de que os responsáveis receberiam tratamento de criminosos de guerra após o conflito, mas também interferindo na logística do assassinato em massa. Vale recordar que o assassinato de judeus húngaros e muitos milhares de outros ocorreu em 1944. A suposição geral, tanto no Ocidente como nos países do Leste Europeu, era que a prioridade geral era ganhar a guerra e que nenhum recurso deveria ser desperdiçado para outros fins, como ajudar a salvar civis. Com a vitória sobre Hitler, argumentavam, os judeus europeus também seriam salvos. O fato de que a essa altura dificilmente restaria alguém para ser salvo foi ignorado.

Em resumo, o destino dos judeus, embora não totalmente negligenciado, tinha baixa prioridade. É bem possível que, com um esforço mínimo, dezenas de milhares de pessoas, se não mais, poderiam ter sido salvas durante os últimos dois anos da guerra.

Por último, há a questão da singularidade do Holocausto, que continua a preocupar especialistas e o público em geral até os dias atuais. Os anais da história estão cheios de incidentes de genocídio do Antigo Testamento e do Alcorão até o massacre em Ruanda em nossos dias. Tribos e cidades sitiadas foram aniquiladas; houve assassinatos em massa de hereges, como os albigenses no sul da França no século XIII. Na história moderna, tais abominações tornaram-se muito raras na Europa e menos frequentes em outros lugares. O comportamento dos nazistas e seguidores do nazismo na Segunda Guerra Mundial foi uma recaída à barbárie, e é verdade que, entre os muitos civis mortos, os judeus eram uma minoria.

No entanto, houve diferenças significativas entre o tratamento dado, por exemplo, aos armênios na Primeira Guerra Mundial ou aos Romas e Sinti ou homossexuais na Segunda Guerra Mundial. O massacre de centenas de milhares de armênios limitou-se às partes orientais do Império Otomano, enquanto os que viviam em Constantinopla e outros centros urbanos não foram afetados. Os nazistas não limitaram a solução final à Polônia e à Lituânia, deixando os judeus de Paris, Berlim e Viena em paz. Milhares de ciganos foram mortos, pois a política nazista os considerava uma raça inferior, mas novamente o tratamento era seletivo. (Django Reinhardt, o famoso guitarrista de jazz e *manouche* ou cigano de origem, foi convidado para entreter oficiais e soldados do exército alemão; é impensável que Yehudi Menuhin fosse convidado.) Alguns países foram pouco afetados ou não tiveram perseguição de ciganos. Os homossexuais foram detidos e mantidos em campos de concentração, mas apenas alguns foram mortos.

O assassinato nazista dos judeus foi total – não seletivo – e realizado sistematicamente, seguindo organização e técnicas industriais. Não foi uma série de pogroms e massacres quase espontâneos, nem houve possibilidade de fuga para os judeus. Testemunhas de Jeová ou comunistas poderiam ganhar a liberdade dos campos de concentração se renunciassem à sua fé e prometessem colaborar com os nazistas. No que dizia respeito aos judeus, suas crenças religiosas ou políticas eram totalmente sem importância para os nazistas. Os judeus foram mortos não por causa do que fizeram ou pensaram, mas porque eram judeus. A esse respeito, o Holocausto foi único.

CAPÍTULO 7

O Antissemitismo Contemporâneo

ATÉ O FINAL da Segunda Guerra Mundial, os movimentos nazistas, fascistas e de extrema direita eram os principais patrocinadores e portadores do antissemitismo. Havia pouco ou nenhum antissemitismo declarado à esquerda. O antissemitismo muçulmano era de caráter tradicional e não desempenhava nenhum papel importante, exceto esporadicamente e em nível local. Isso mudou no final do século XX, com movimentos políticos na tradição nazista e fascista bastante enfraquecidos com a derrota da Alemanha nazista e da Itália fascista. De fato, em muitos países esses movimentos foram banidos e, com pouquíssimas exceções, não tiveram papel importante, mesmo quando foram oposição. Além disso, após o assassinato de milhões de judeus, poucos deles foram deixados na Europa para serem alvos, exceto as comunidades da França e da Grã-Bretanha.

O antissemitismo não desapareceu, mas a bestialidade particular do assassinato em massa tornou difícil mesmo para admiradores de Hitler mais recentes explicar e justificar esse aspecto particular do nazismo. Eles não podiam argumentar que o assassinato em massa tinha sido justificado e, portanto, a linha adotada pela maioria deles era a negação – diziam que o Holocausto nunca havia ocorrido e que o que se falava sobre ele era muito exagerado.

Havia outras razões para o declínio da importância do antissemitismo na doutrina neofascista. Um já foi mencionado – o pequeno número de judeus que sobreviveram tornou virtualmente impossível transformar o antissemitismo na principal base de um movimento político na Europa. Por outro lado, houve novas tensões sociais causadas pela imigração do pós-guerra na Europa – a chegada de milhões de "trabalhadores convidados", muitos dos quais originários do Oriente Médio, da Ásia e da África. Seus números excederam em muito os das comunidades judaicas pré-guerra; em contraste com os judeus, muitos deles não tinham desejo de assimilar nem de aceitar a cultura e o modo de vida do país anfitrião. Em vista de suas altas taxas de natalidade, sua presença ao longo dos anos causou grandes mudanças demográficas – algo que a presença judaica nunca havia feito, pois a taxa de natalidade judaica havia sido baixa e decrescente.

É verdade que não se poderia argumentar, em relação a esses recém-chegados (como havia sido dito dos judeus durante um período anterior), que eles dominavam a vida econômica e cultural de seus países de acolhimento. Esses recém-chegados dominaram a rua, as moradias populares, os transportes públicos e os serviços públicos; alguns deles mostraram hostilidade aberta para com o modo de vida do país anfitrião e, em alguns casos, recorreram ao terrorismo. Embora a xenofobia não tenha desaparecido, seus defensores foram obrigados a buscar alvos diferentes se quisessem ter impacto político. Um exemplo: 10% dos franceses expressaram fortes sentimentos antijudaicos em uma pesquisa de opinião pública em 2002, mas o antagonismo para com os muçulmanos foi consideravelmente mais forte, quase três vezes mais expresso. Na Grã-Bretanha, Alemanha, Rússia e outros países europeus, opiniões desfavoráveis em relação aos muçulmanos foram duas vezes mais expressas do que visões negativas sobre os judeus. Os acontecimentos no Oriente Médio certamente afetaram a imagem de Israel na mídia, mas isso não se refletiu nas atitudes populares para com os judeus. De fato, tais atitudes eram ligeiramente mais favoráveis em 2002 do que em 1991.

A imigração descontrolada, e não a presença judaica, forneceu a base para o neofascismo a partir da década de 1970. Embora o neofascismo ainda fosse fortemente nacionalista e xenófobo na sua visão geral, havia um novo elemento, uma orientação para a Europa ou, talvez mais precisamente, para uma fortaleza Europa, simplesmente porque o peso político dos vários países que haviam sido grandes potências havia diminuído largamente ao longo dos anos. Não é exagero definir o neofascismo como um movimento de natureza defensiva – não por vontade própria, mas por causa de sua fraqueza, em contraste com o caráter agressivo do fascismo tradicional.

Em alguns casos, houve até um recuo genuíno do antissemitismo, como na Itália, onde o neofascismo tinha sido uma força considerável após o fim da Segunda Guerra Mundial. Gianfranco Fini, chefe da Aliança Nacional e mais tarde ministro do governo de Silvio Berlusconi, dissociou a si e seu partido do racismo e do antissemitismo, como fez o outro grande partido de direita, a Liga do Norte. Se existiam publicações ou atividades antissemitas na Itália, elas provinham de segmentos muito pequenos da extrema direita que consistiam apenas de algumas centenas de membros da ala ultraconservadora da Igreja Católica e da extrema esquerda — cujos ideólogos escreveram que os judeus eram "germes praticamente não assimiláveis", uma afirmação defendida pelo grupo radical Manifesto.

A comunidade judaica italiana consiste em 30 mil, a francesa de, em 600 mil, a maioria é composta de refugiados ou descendentes de refugiados do norte da África. Os judeus são muito mais proeminentes na vida econômica, cultural e política da França do que da Itália. O antissemitismo tem sido generalizado na França desde os anos 1970, e a Frente Nacional de extrema-direita de Jean-Marie Le Pen conquistou cerca de 20% em algumas eleições. Sua base de votos é principalmente a velha classe trabalhadora operária, e seus líderes nunca fizeram segredo de seus sentimentos antijudaicos. Le Pen declarou mais de uma vez que o Holocausto não passava de uma nota de rodapé da história do século XX, e não muito importante. Nas atividades políticas e na propaganda de seu partido, no entanto, a questão principal tem sido a imigração da África (5 milhões de muçulmanos agora vivem na França). Houve um aumento acentuado de incidentes antissemitas na França, a partir dos anos 1990, que se manifestaram em pichações, ameaças, incêndios criminosos e ataques físicos, mas, na medida em que os criminosos puderam ser identificados, relativamente poucos vieram de grupos como a Frente Nacional; muitos incidentes foram atribuídos a jovens muçulmanos.

As atividades antissemitas na Grã-Bretanha e na Alemanha foram patrocinadas por grupos de direita menores e mais radicais, e nesses países também o influxo de milhões de estrangeiros tornou-se a principal questão política, em vez das conspirações judaicas. As pesquisas de opinião pública mostraram que atitudes não muito amigáveis para com os judeus se estendiam muito além desses grupos extremistas; partes substanciais da população na maioria dos países europeus expressaram a opinião de que os judeus tinham muita influência, que sua lealdade ao país de residência não podia ser tida como garantida, e que estavam insistindo muito e por muito tempo no assassinato em massa de seus correligionários durante a Segunda Guerra Mundial.

Na Alemanha, uma parte substancial da população criticava a restituição financeira que foi feita aos judeus por bens roubados pelos nazistas e por outros danos sofridos. Pesquisas de opinião na Alemanha em 2004 mostraram que apenas cerca de um terço da população se opunha ao antissemitismo; entre 6 e 8% acreditava firmemente no antissemitismo; e a maioria da população mantinha pontos de vista entre os dois. Pesquisas semelhantes na Rússia mostraram que 42% acreditavam que os judeus tinham muita influência e 28% sugeriam a restauração de uma Zona de Assentamento (tal como existira nos tempos czaristas) à qual os judeus deveriam ser confinados. Esses sentimentos, no entanto, não se traduziram necessariamente em ação política.

Parece não ter havido qualquer correlação óbvia (ou pelo menos não consistente) entre o antissemitismo na Europa do pós-guerra e o tamanho das comunidades judaicas. A Hungria é o único país do Leste Europeu com uma considerável comunidade judaica, enquanto a Romênia tem apenas cerca de 1.500 judeus. No que diz respeito à extensão e intensidade do antissemitismo, quase não há diferença entre os dois países. O número de judeus na Espanha e na Grécia é agora minúsculo (20 mil e 1.500, respectivamente), no entanto, a pesquisa de opinião pública mostrou um grau mais elevado de sentimentos antijudaicos do que, por exemplo, na França e na Grã-Bretanha, que têm comunidades judaicas muito maiores. Mas tal antissemitismo era latente, subagudo em vez de manifesto. Mostrou-se na aversão popular aos judeus e não em qualquer atividade política ou social específica.

O caso da Grécia é de interesse porque o país já teve uma considerável comunidade judaica, em sua maioria deportada e assassinada durante a guerra. O antissemitismo hoje é encontrado principalmente entre alguns círculos de igrejas radicais e entre a esquerda – incluindo os intelectuais de esquerda (mesmo Mikis Theodorakis) e grupos terroristas –, mas dificilmente entre partidos conservadores e de centro. Grupos que pertencem à extrema direita na Bélgica e na Holanda, para dar outro exemplo, fizeram questão de enfatizar que não tinham nada a ver com o fascismo, antigo ou novo. Nem os ideólogos da Nova Direita (ou neofascismo) – como o italiano Julius Evola, o francês Alain de Benoist ou o belga Jean François Thiriart – mostram qualquer interesse pronunciado pelo antissemitismo.

Estavam preocupados com o estabelecimento de uma frente europeia, tanto política como cultural, que se opusesse aos Estados Unidos. Alguns expressaram preocupações ecológicas, outros favoreceram uma terceira via, combinando elementos ideológicos da extrema direita com os da extrema esquerda, algo como o nacional-bolchevismo da década de 1920 atualizado. O antiglobalismo e o antiamericanismo formam o principal cimento doutrinário. De acordo com De Benoist, "a América é o estado mais malvado e, portanto, nosso maior inimigo". Esse antiamericanismo apaixonado está apenas a um passo da alegação de que tudo na América pertence aos judeus e que eles têm um impacto decisivo sobre sua política. De Benoist talvez tenha muito cuidado para não dar esse passo, mas sectários alemães proeminentes, como Florst Mahler, antes um dos principais terroristas de esquerda, não teve tais hesitações.

Se os grupos de extrema direita tiveram sucessos eleitorais, isso se baseou quase inteiramente no medo do aumento do número de imigrantes, na aparente impotência do *establishment* político em limitar a imigração e no surgimento de guetos locais em expansão. Contudo, nos anos 1990, e especialmente depois de 11 de setembro de 2001, tais preocupações não estavam mais limitadas à extrema direita; foram expressas igualmente no centro e na esquerda. Por outro lado, a oposição violenta contra os imigrantes do Oriente Médio e da África seria acompanhada de simpatias por figuras como Saddam Hussein (por exemplo, no caso de Le Pen, na França, ou Jörg Haider, na Áustria) e, em alguns casos, mesmo por Osama bin Laden e a al-Qaeda.

Se no arsenal político e ideológico do neofascismo e da extrema direita na Europa o antissemitismo sofre um declínio constante, surge a pergunta: quem estava por trás das contínuas ameaças e ataques antijudaicos? Devem-se mencionar certas seitas e indivíduos radicais, que devido a técnicas recentes no campo da comunicação (internet e blogs) descobriram ser mais fácil do que nunca espalhar seu evangelho. Tais seitas continuam a existir em praticamente todos os países, e há indivíduos que contam seus seguidores entre elas. Dois nomes devem ser mencionados aqui. Elorst Mahler, um dos cofundadores da quadrilha terrorista Baader-Meinhof, ao longo dos anos tornou-se um dos principais ideólogos dos neonazistas alemães e seus simpatizantes. Segundo Mahler, o ódio aos judeus é natural, e a mentira de Auschwitz foi inventada pelos judeus para manter o povo alemão em perpétua servidão. Na França, Roger Garaudy, ex-membro do

Politburo do Partido Comunista, passou por uma mudança semelhante, da extrema esquerda para a extrema direita. Para esses dois homens – e eles não são os únicos –, o antissemitismo foi certamente um ingrediente básico de sua nova ideologia. Jacques Vergès, um advogado famoso, havia sido um destacado simpatizante maoista, mas passou a defender Klaus Barbie, uma das principais figuras na execução da solução final na França em tempos de guerra. "Carlos, o Chacal", infame terrorista dos anos 1970 e 1980 e o mais radical de todos, converteu-se ao islamismo e suas opiniões políticas se desenvolveram de acordo com ele.

Além dessas figuras, surgiram grupos de jovens como os *skinheads*. Alguns são bem organizados em âmbito nacional e até internacional; outros desenvolveram suas próprias subculturas e surgem esporadicamente. Alguns têm motivações ideológicas, pelo menos em parte; outros são criminosos ou semicriminosos. Com seus próprios uniformes, estilos musicais, violência no futebol e sua sede de ação militante, certamente foram fortemente afetados pelo antissemitismo, embora seus alvos imediatos sejam em geral outros grupos considerados hostis, simplesmente porque são mais fáceis de identificar.

A legislação antirracialista a respeito tanto da incitação como da discriminação na França, na Alemanha e em outros países europeus obrigou os antissemitas a usarem circunlóquios para descrever seus propósitos. As leis não são muito difíceis de contornar com termos codificados para o povo judeu ("Costa Leste" ou "Nova York"), assim como os comunistas soviéticos fizeram durante os últimos anos de Stalin. Além disso, tal legislação teve repercussões inesperadas: as estatísticas sobre atividades antissemitas na Europa Ocidental mostravam que muitas foram realizadas não pelos soldados de infantaria da extrema direita ou da extrema esquerda, mas por jovens muçulmanos. Porém, afirmar isso abertamente poderia ser interpretado como "islamofobia", pois, mesmo que seja verdade, aponta um grupo étnico específico como particularmente propenso a se engajar em atividades antijudaicas. Pode-se argumentar que mesmo a publicação de estatísticas sobre antissemitismo é de caráter racialista e deve ser abandonada. Como há muito mais muçulmanos do que judeus na Europa do pós-guerra, as sensibilidades deles tiveram que ser levadas em conta para não envenenar as relações entre as comunidades. Assim, não é de surpreender que um importante estudo sobre o tema, *Manifestações de Antissemitismo na UE 2002-2003*, realizado pelas comunidades da União Europeia através do Observatório Europeu do Racismo e da Xenofobia, teve de ser substancialmente reescrito porque chamou pão de pão e queijo de queijo.

O que foi dito a respeito da Europa Ocidental e do papel proeminente dos jovens muçulmanos radicais em atividades antissemitas certamente não vale para o Leste Europeu e a Rússia, que tiveram um aumento considerável de antissemitismo após o colapso do Império Soviético. Esse aumento não foi uma surpresa completa; em toda parte do mundo, as tensões étnicas suprimidas sob as ditaduras vieram à tona quando a pressão de cima desapareceu.

O antissemitismo na Rússia tinha raízes profundas; até certo ponto, ele havia sido uma política oficial do Estado, particularmente durante os últimos anos de Stalin e, em menor medida, sob seus sucessores. A discriminação não oficial contra os judeus continuou em muitos campos. Embora os judeus pudessem ser frequentemente encontrados entre os deputados, em muitas organizações, na indústria ou na academia, os principais cargos eram virtualmente proibidos para eles. Eles não podiam servir no exército, exceto, talvez, no corpo médico ou em alguma capacidade científica; não podiam ingressar no Ministério das Relações Exteriores ou nos Serviços de Segurança. Um pouco de literatura antissemita, tanto de ficção como de não ficção, continuou a aparecer. Durante os últimos anos do domínio soviético, grupos antissemitas não oficiais (como o *Pamyat*) surgiram. Os judeus foram atacados pelos nacionalistas por serem responsáveis pelo bolchevismo e pelos comunistas por terem minado o Estado e a sociedade soviéticos e causado sua queda; havia, afinal, um número bem grande de judeus entre os dissidentes.

Essas acusações encontraram muitos adeptos entre tantos que sofreram com o regime comunista e com as consequências de seu colapso. Antigos temas e slogans antissemitas reapareceram: aqueles de *Os Protocolos*; os judeus sempre quiseram prejudicar a mãe Rússia; um dos avós de Lênin era um judeu que havia sido batizado. Círculos influentes dentro da Igreja Ortodoxa contribuíram para a campanha. O fato de os judeus terem estado entre as principais vítimas do regime soviético, especialmente durante as últimas décadas de sua existência, não ajudou muito, nem o fato de a maioria dos judeus russos e ucranianos ter deixado o país após o colapso da União Soviética. Sempre se poderia argumentar que os judeus individuais estavam entre os principais beneficiados pela *perestroika* e pela privatização da economia. Em poucos anos, muitos dos oligarcas que acumularam bilhões se viram exilados ou presos e, embora isso possa ter ajudado os políticos responsáveis pela sua expulsão, não suavizou as opiniões sobre os judeus.

Como explicar a sobrevivência do antissemitismo na Rússia? Os fatos de esses sentimentos estarem profundamente enraizados no país e de um número considerável de judeus ter sido fundamental para apoiar e representar um regime impopular não ajudaram. Ainda assim, essa explicação não é totalmente satisfatória: a Rússia stalinista, em seu tempo, desfrutou de uma quantidade razoável de apoio popular de seus cidadãos, e o antissemitismo era violento na Rússia bem antes de 1917. Além disso, os judeus praticamente desapareceram da liderança após a Segunda Guerra Mundial. Mas os sentimentos antijudaicos, mesmo que suprimidos, sobreviveram e, assim que puderam ser expressos mais livremente do que antes, reapareceram.

A Rússia após o colapso do comunismo foi um país em crise econômica e social e cheio de ressentimento nacional, não muito diferente da Alemanha após a Primeira Guerra Mundial; semelhante também foi a busca resultante pelos responsáveis pela queda do poderoso império. É verdade que não foi fácil atribuir toda a culpa aos judeus, porque nos últimos anos aqueles que desafiaram o poder soviético não foram os judeus, mas as nacionalidades não russas ingratas no Báltico, na Ucrânia, no Cáucaso e na Ásia Central. Os judeus também não explodiram teatros, escolas e complexos habitacionais russos. Isso dificultou, se não impossibilitou, que nacionalistas e ex-comunistas elevassem o antissemitismo à principal plataforma de seu programa político; mesmo os mais simplórios não podiam ser persuadidos de que terroristas judeus estavam emboscando soldados russos na Chechênia. No entanto, ainda que não fosse a questão mais importante dos programas dos nacionalistas e dos comunistas, o problema judaico sobreviveu como um fator na vida política da Rússia.

Os judeus em todo o Leste Europeu hoje em dia provavelmente não chegam a mais de 100 mil, e cerca de três quartos deles vivem na Hungria. Os partidos neofascistas surgiram depois de 1989 em todos esses países; o ímpeto para o seu surgimento foi, na maioria dos casos, social, como o desemprego, mas o nacionalismo extremo tradicional desempenhou um papel na Romênia e na Hungria. Esses movimentos neofascistas diferem consideravelmente de seus predecessores anteriores à guerra — não há organização rígida, nem culto ao líder; os partidos são predominantemente de orientação populista, visando a representação no Parlamento (como na Polônia, Hungria e Romênia) em vez de dominar a rua.

Que papel o antissemitismo desempenha atualmente na vida política desses países? Um papel relativamente pequeno, tendo em vista o pequeno número de judeus sobreviventes, que, além disso, está diminuindo rapidamente com a emigração, o casamento misto e a baixa taxa de natalidade. A propaganda antissemita é muitas vezes virulenta, mas a questão judaica simplesmente não é importante o suficiente para servir à causa desses partidos. Para os partidos e governos do Leste Europeu, o antissemitismo desse tipo é um constrangimento em vista de seu desejo de se integrar em uma Europa unida.

Há uma inclinação (por exemplo, na Romênia e nos países bálticos) de minimizar o envolvimento desses países no massacre dos judeus durante a Segunda Guerra Mundial. O fato de que os judeus estavam proeminentemente representados na liderança comunista pós-1945 é levado em consideração; o fato de que os judeus foram expurgados do partido – por exemplo, no julgamento de Slansky de 1952 em Praga – raramente é mencionado, nem as ondas de expulsão de judeus da Polônia em 1958 e 1968.

Argumenta-se que mais poloneses do que judeus foram mortos pelos nazistas e comunistas, e, na Romênia, houve uma forte tendência a reabilitar o marechal Ion Antonescu e os outros líderes pró-nazistas da Segunda Guerra Mundial. Ao mesmo tempo, deve-se mencionar que indivíduos de origem judaica representaram seus países em posições de liderança – Bronislaw Geremek e depois dele Adam Rotfeld como ministro das Relações Exteriores polonês, e Petre Roman como primeiro-ministro romeno. O antissemitismo muçulmano que tem surgido na Chechênia e ocasionalmente nas repúblicas da Ásia Central é quase sempre de origem externa, mas tem pouca importância política, e em algumas repúblicas muçulmanas não surgiu de forma alguma.

As acusações tradicionais contra os judeus continuaram a ser parte integrante da doutrina antissemita depois de 1945, mas havia um novo elemento importante, a negação do Holocausto. Visto de um ponto de vista antissemita, o assassinato de milhões de judeus na Europa foi uma grande vergonha e um obstáculo político. A indescritível barbárie de Auschwitz e de outros campos de morte antagonizavam as pessoas decentes, independentemente de sua política, e ostracizavam os antissemitas: se essas eram as consequências do antissemitismo, quem desejaria fazer parte de um movimento desse tipo? Daí a necessidade de mostrar que não houve Auschwitz, ou que tudo havia sido muito exagerado, ou que a liderança nazista não sabia disso.

A liderança nazista havia tomado muito cuidado para eliminar todos os vestígios dos campos de extermínio. Deram-se ordens para destruir todas as câmaras de gás e que nenhum sobrevivente dos campos caísse vivo nas mãos dos russos e dos aliados ocidentais. No entanto, a liderança não conseguiu apagar seus pronunciamentos públicos anteriores sobre suas intenções. Hitler havia anunciado em seu discurso de 1939 no Reichstag, antes mesmo de desencadear a guerra, que a guerra não levaria à "bolchevização do mundo", mas à "aniquilação da raça judaica", e Heinrich Himmler, em um famoso discurso aos líderes das SS em Poznan, em outubro de 1943, havia mencionado "um assunto muito grave [...] sobre o qual nunca falaremos publicamente [...] falo do extermínio da raça judaica". Embora muitos alemães soubessem que os judeus tinham sido deportados e não retornariam, poucos tinham uma visão geral da extensão do assassinato em massa – os detalhes foram suprimidos na época –, da maneira como foi organizado e executado. Muitos soldados alemães depois da guerra disseram que nunca haviam testemunhado nada desse tipo, especialmente se tivessem servido na Marinha, na Força Aérea ou na África do Norte, e sem dúvida eram sinceros e verdadeiros.

O primeiro caso bem conhecido de negação do Holocausto ocorreu na França logo após a guerra. Um parlamentar socialista chamado Paul Rassinier argumentou que, como ele havia sido prisioneiro no campo nazista de Buchenwald em 1943 e nunca tinha visto uma câmara de gás, o Holocausto devia ter sido uma mentira. O assassinato de seis milhões de judeus era simplesmente um mito. Mas por que alguém desejaria lançar ou perpetrar uma mentira tão infame? De acordo com Rassinier e muitos que seguiram seus passos, devia ter sido uma intriga entre os aliados e os judeus, parte de um esquema para chantagear a Alemanha a fim de que indenizasse as chamadas vítimas, e talvez também para mobilizar apoio para a fundação do Estado de Israel.

Há poucas dúvidas de que Rassinier – cujas evidências influenciaram fortemente outros "revisionistas" antigos, como David Hoggan, que desenvolveu suas ideias sobre o assunto em uma dissertação de Harvard – estava sinceramente convencido da verdade essencial de seus argumentos.

Mas sua evidência baseou-se inteiramente em sua própria experiência, e ele foi detido em um campo de concentração alemão que abrigava principalmente prisioneiros políticos, criminosos comuns, homossexuais e pacifistas cristãos. Buchenwald e Dachau eram os mais notórios deles, mas nunca foram feitos para ser fábricas de morte com câmaras de gás para a aniquilação de judeus. Os campos de extermínio, incluindo Auschwitz, Majdanek e Sobibor, estavam todos localizados fora da Alemanha, nos territórios ocupados.

Seguindo o trabalho pioneiro de Rassinier, a negação do Holocausto (também chamada de revisionismo ou negacionismo) espalhou-se por muitos países. Entre os seus representantes mais proeminentes estavam Robert Faurisson, professor de Literatura na França; David Irving e "Richard Harwood" na Grã-Bretanha; Fred Leuchter e Ernst Zuendel no Canadá; Arthur R. Butz nos Estados Unidos. Fundaram-se instituições e periódicos com o único objetivo de refutar a "mentira de Auschwitz", como o *Journal of Historical Review* e o *Annales d'Histoire Revisioniste* nos Estados Unidos e na França, respectivamente. Nenhum desses comentaristas tinha qualquer conhecimento especializado sobre o assunto ou estava no Leste Europeu durante a guerra. O fato de suas descobertas terem sido consideradas falsas em vários processos (contra Irving, Zuendel e Faurisson) não fez diferença alguma; os revisionistas se consideravam soldados da verdade histórica contra as forças esmagadoras do judaísmo mundial.

Politicamente, os negacionistas do Holocausto vinham de uma variedade de campos. Embora a maioria pertencesse à extrema direita, também havia membros da extrema esquerda francesa (*La vieille taupe*) entre eles. Alguns eram negacionistas profissionais, do tipo que pode ser encontrado em todos os debates históricos: com Napoleão ainda em vida, publicaram-se livros demonstrando que ele nunca existiu. Uma geração subsequente de revisionistas, alguns deles de origem judaica e principalmente da extrema esquerda, não negavam que os judeus foram mortos nem argumentavam que o assassinato em massa fosse uma farsa. Em vez disso, alegavam que se baseava na colaboração entre nazistas e sionistas, e que o único propósito da grande publicidade dada ao Holocausto décadas após o evento era fornecer ajuda política ao Estado de Israel e às suas políticas de direita, semifascistas.

Alguns dos revisionistas argumentaram que nenhum judeu havia sido morto, apesar de algumas dezenas de milhares terem morrido como resultado de doenças ou das duras condições de vida na Europa Oriental durante a guerra. Outros afirmaram que os líderes nazistas estavam perfeitamente justificados em tomar medidas extremas contra os judeus desde que declararam guerra à Alemanha. Outros ainda apontaram para o fato de que jamais se encontrara qualquer ordem escrita de Hitler para que se levasse a cabo o extermínio; não lhes ocorreu a ideia de que ordens para realizar assassinatos em massa raramente são dadas por escrito.

E o que dizer da confissão dos nazistas que haviam assumido um papel de liderança na solução final e o admitiram abertamente, como Rudolf Höss, o primeiro comandante de Auschwitz? O que dizer de Adolf Eichmann, encarregado da "emigração e evacuação" (eufemismos nazistas para expulsão e deportação), que organizou e administrou o transporte de judeus para os campos de extermínio; ou de Kurt Gerstein, que tentou alertar os aliados para o uso de gás venenoso para matar os judeus? Não são provas sérias, dizem; essas pessoas obviamente foram torturadas.

Alguns revisionistas concentram-se em questões técnicas. Alegam que as câmaras de gás não haviam sido encontradas e, quando confrontados com evidências do contrário, afirmam que as estruturas haviam servido a outros propósitos, como a desinfecção. Argumentam que seria tecnicamente impossível matar tantas pessoas em tão pouco tempo. Ainda outros se concentram nas estatísticas; alegam que o número de judeus do Leste Europeu havia sido exagerado, e que o número de sobreviventes fora inflado artificialmente. Isso ainda deixa milhões desaparecidos: para onde foram? Talvez, os revisionistas especulam, tenham emigrado para a América ou tantos outros países durante a guerra.

Sim, é verdade que números populacionais absolutamente exatos não existiam (embora durante a guerra as SS produzissem relatórios estatísticos de progresso sobre o número de judeus liquidados). Para ser preciso, sabe-se quantos judeus sobreviveram e foram deportados de países como Alemanha, Tchecoslováquia e Polônia, mas não há números exatos sobre, por exemplo, a União Soviética. É verdade, além disso, que o número de judeus mortos em Auschwitz foi inicialmente exagerado, mas o número daqueles que morreram a caminho dos campos da morte tinha sido subestimado. Estimativas de historiadores sérios sobre o número total de mortos variam entre 5,1 e 5,9 milhões.

Essas discrepâncias não são algo extraordinário; não há números exatos sobre as perdas de outros povos – militares e civis – tanto na Primeira

Guerra Mundial como na Segunda Guerra Mundial, mesmo no que diz respeito à Alemanha, um país com uma tradição estatística quase perfeita. Isto é verdade especialmente em relação às fases posteriores da Segunda Guerra Mundial, quando a administração nazista havia quebrado, quando a confusão reinou e quando muitos foram enterrados sem o registro habitual. Houve também casos de exagero das perdas, como no bombardeio de Dresden já quase no final da guerra: muitos historiadores presumiram até bem recentemente entre 100 e 200 mil mortos, enquanto a investigação exata acabou por mostrar que o número de vítimas era cerca de 35 mil. Mas sobre a magnitude do desastre que se abateu sobre os judeus europeus não pode haver desentendimentos: antes da guerra havia grandes comunidades no continente; depois da guerra, elas não existiam mais.

Por fim, surgiu uma tendência mais moderada de revisionismo na forma de "relativistas". Os relativistas argumentam que, embora alguns milhões de judeus tenham sido provavelmente mortos, isso deve ser visto na perspectiva histórica. Um grande número de pessoas pereceu durante aquela guerra – e em outras ocasiões ao longo da história. Em outras palavras, enquanto o Holocausto foi triste e repreensível, não foi de forma alguma único nos anais da história. Essa era a linha oficial na União Soviética e nos países comunistas do Leste Europeu. Os judeus haviam sofrido, mas não mais do que outras pessoas, e é errado destacar seu sofrimento ou estabelecer memoriais especiais. Tampouco está claro que os nazistas sempre tivessem a intenção de matar os judeus da Europa, argumentam: não é verdade que até a eclosão da guerra sua política tinha sido forçar os judeus a emigrar? O que aconteceu depois de 1939 não é claro, dizem eles – talvez alguns líderes locais tivessem cometido excesso de zelo ao realizar o que achavam que era o desejo de Hitler; talvez tais iniciativas locais tenham desenvolvido uma energia própria, e uma coisa tenha levado a outra.

Muita energia foi investida por especialistas judeus e outros para refutar os argumentos revisionistas. Não tem sido muito difícil, porque as evidências relativas à organização e execução do assassinato em massa são esmagadoras. A refutação é um exercício necessário, mas nunca pode ser totalmente bem-sucedida porque o revisionismo do Holocausto tem, no mais das vezes, motivações políticas e, portanto, é impermeável à refutação racional. Assim que um conjunto de argumentos revisionistas é refutado além de qualquer sombra de dúvida, os negacionistas apresentarão outro conjunto de argumentos, por mais espúrios que sejam.

As atitudes árabes e muçulmanas para com o Holocausto são de particular interesse. Durante as duas primeiras décadas após o fim da Segunda Guerra Mundial, a questão não foi de grande interesse para os governos, a mídia, os intelectuais ou os homens e mulheres de rua árabes. Isso começou a mudar apenas nos anos 1970, e houve um aumento nos anos subsequentes com uma enxurrada de filmes, documentários de televisão, livros, artigos, conferências e outros eventos, discutindo ao mesmo tempo que o Holocausto havia sido justificado e que nunca aconteceu.

Os argumentos usados eram mais ou menos os mesmos que os usados pelo antissemitismo clássico europeu; mas, como não havia leis contra a incitação racialista como na Europa, a mídia árabe era muito mais sincera do que o antissemitismo europeu. Afirmava-se que os judeus eram inimigos de toda a humanidade, sanguessugas sediciosas, e que, se foram perseguidos em todos os momentos em todos os países, a culpa era simplesmente deles. Os judeus, dizia-se, eram essencialmente maus e queriam dominar não apenas a Alemanha, mas o mundo inteiro. Na maior parte, o campo de acusações contra os judeus havia sido exaurido pelo antissemitismo europeu e havia apenas algumas inovações vindas do Oriente Médio. O tradicional libelo de sangue (segundo o qual os judeus matavam crianças cristãs para fins rituais na Pessach) não fazia muito sentido no mundo muçulmano. Em vez disso, alegou-se que os judeus sequestravam e massacravam crianças árabes a fim de usar seus órgãos para transplante. Os judeus eram, um professor iraniano declarou na televisão de Teerã, a fonte de todos os traços corruptos da humanidade; Hitler, portanto, tinha sido perfeitamente justo em os matar na câmara de gás e cremar. Na verdade, deveria ser culpado por ter deixado alguns deles sobreviverem. Mas logo depois, o presidente do Irã declarou que o Holocausto nunca havia ocorrido. Mais uma vez, não ficou claro por que os judeus, ansiosos por dominar o mundo, haviam começado na Palestina; um pequeno país sem recursos naturais parecia ser a pior base possível para a expansão global.

Esse tipo de argumento é compartilhado pelos islamistas, pelos nacionalistas seculares e também por partes da esquerda árabe. Por mais popular que seja entre os setores menos instruídos da sociedade, esse argumento às vezes se tornou constrangedor para os governos e também para uma minoria de intelectuais, em grande parte por causa da impressão que criou no Ocidente, mas também por causa das afiliações intelectuais que tais declarações atraíram. Por último, houve alguns que não ficaram entusiasmados com essa linha de propaganda, porque sabiam-na em grande parte absurda.

A negação do Holocausto é uma política árabe oficial há muito tempo. No início dos anos 1950, Charles Malik, ministro das Relações Exteriores libanês e cristão, declarara que o assassinato dos judeus na Europa era mera propaganda sionista, e o egípcio Gamal Abdel Nasser, herói do nacionalismo pan-árabe nos anos 1960, disse mais fortemente: "Ninguém, nem mesmo a pessoa mais simples, leva a sério a mentira dos seis milhões de judeus que foram mortos.". Os islamistas e seus defensores intelectuais, que viam o Holocausto como o mito fundador do Estado de Israel, subsequentemente aceitaram essa tese. Os principais negacionistas ocidentais, como Roger Garaudy, percorreram o Oriente Médio e receberam enorme divulgação.

Quanto aos argumentos específicos sobre a "mentira de Auschwitz", todos foram promovidos por revisionistas europeus e americanos: não havia muitos judeus na Europa em primeiro lugar; eles não tinham sido deportados; os campos de extermínio não existiram; teria sido fisicamente impossível assassinar tantas pessoas em um período tão curto; as confissões dos principais executores, como Rudolf Höss e Adolf Eichmann, foram extraídas por meio de tortura. E se, de fato, alguns milhares de judeus tivessem perecido, isso aconteceu depois de um acordo entre sionistas e nazistas, segundo o qual os judeus assimilados deveriam ser liquidados, ao passo que os judeus sionistas deveriam ter permissão para sobreviver.

Em um nível um pouco mais sofisticado, argumentou-se que muitos judeus poderiam ter sido mortos durante a Segunda Guerra Mundial, mas isso não tinha nada a ver com palestinos ou árabes, então por que os palestinos deveriam sofrer e pagar o preço dos crimes cometidos na Europa? E, em todo caso, os crimes cometidos posteriormente pelos judeus na Palestina e em outros lugares eram infinitamente maiores do que os dos nazistas. Os árabes negacionistas enfrentaram certos obstáculos porque enquanto a acusação contra os sionistas de terem colaborado com os nazistas era muito séria (se verdadeira) e prejudicial na Europa, o mesmo não se aplicava ao Oriente Médio, onde Hitler e seu partido tinham grande apoio na época.

Esta, em resumo, foi a reação árabe e muçulmana ao Holocausto sessenta anos após o evento. Não há pesquisas confiáveis mostrando até que ponto essas versões foram realmente aceitas, mas, de acordo com todas as evidências, a maioria, provavelmente a grande maioria dos árabes, acreditou nelas e as declarou com intensidade emocional.

Nenhuma menção foi feita até agora sobre antissemitismo nos Estados Unidos. Poucos judeus viviam na América antes de meados do século XIX, embora os Estados Unidos fossem um país de vários grupos de imigrantes. Os Pais Fundadores dos Estados Unidos consideravam que a república tinha um caráter cristão protestante, mas também enfatizavam a liberdade religiosa. Houve desde o início preconceito e discriminação contra os judeus, mas não havia guetos na América, nem pogroms, nem perseguição sistemática. Como escreveu Leonard Dinerstein, historiador do antissemitismo na América, em 1994, "Eles não foram tão vitimados e explorados como os católicos irlandeses, não foram expulsos da sociedade como os índios e não foram escravizados como os africanos".

O antissemitismo, tal como se deu nos Estados Unidos, tinha motivações religiosas; saiu das igrejas protestantes e católicas. Em muitos lugares, os judeus não eram considerados socialmente aceitáveis, mesmo que fossem ricos e bem relacionados. Um importante banqueiro judeu foi impedido por um juiz de registrar-se em um hotel de Saratoga Springs em 1877. Se a alta sociedade e frequentadores da igreja rejeitavam os judeus, o mesmo acontecia com os populistas (e depois os progressistas) do final do século XIX. Para eles, os judeus eram parasitas; chegaram como vendedores ambulantes e, dentro de algumas décadas, tornaram-se grandes comerciantes e banqueiros. Muitos dos males dos fazendeiros e artesãos americanos foram atribuídos às maquinações do capital financeiro internacional judaico, encarnado pelos Rothschild. Mas os Rothschild não eram americanos, nem tinham uma presença importante nos Estados Unidos.

O antissemitismo manifestou-se em grande parte para manter os judeus fora de certas profissões, universidades de elite e clubes sociais e esportivos, mas não como uma questão política importante. Houve considerável oposição à imigração judaica durante as últimas décadas do século XIX e nos anos anteriores à Primeira Guerra Mundial, mas também houve oposição às imigrações irlandesa e chinesa. Ainda assim, os imigrantes eram necessários para o desenvolvimento econômico do país. Por fim, a imigração ilimitada foi interrompida e criaram-se cronogramas para reduzir o influxo de recém-chegados. O antissemitismo aumentou durante o período entreguerras, principalmente, sem dúvida, como resultado de tensões políticas e sociais e da grande depressão econômica. Os judeus americanos tiveram algumas restrições; geralmente não eram empregados pelas principais corporações; não poderiam viver em certas comunidades restritas; e estavam esparsamente representados nas profissões. Henry Ford, um dos americanos mais conhecidos e admirados, era também um antissemita fanático que se engajava em propaganda antijudaica, como a promoção e distribuição do *Protocolos* e outros conteúdos antissemitas. No entanto, ele mudou de ideia no final da vida.

As acusações antijudaicas feitas na América seguiam mais ou menos as mesmas linhas que na Europa. Acreditava-se que os judeus eram revolucionários que minavam os valores tradicionais cristãos e patrióticos; ao mesmo tempo, eram condenados por serem muito gananciosos e bem-sucedidos na busca de riquezas, de tornarem-se rapidamente os apóstolos e praticantes do capitalismo. Havia um temor de que os judeus obtivessem muito poder econômico e político, embora antes da Segunda Guerra Mundial houvesse poucos deles entre os principais banqueiros e nenhum entre os industrialistas. Quanto à influência política judaica, era quase inexistente ou, na melhor das hipóteses, insuficiente para ajudar a abrir um pouco mais os portões da América para os refugiados do nazismo nos anos 1930. Naquela época, os judeus alcançaram posições de liderança na mídia impressa, no mercado editorial e na indústria do entretenimento, especialmente em Hollywood, mas, por medo do antissemitismo, recuaram para não promover quaisquer preocupações específicas quanto aos judeus. Para dar apenas dois exemplos: o *The New York Times*, que estava nas mãos dos judeus, relatou muito pouco sobre o assassinato em massa dos judeus na Europa durante a Segunda Guerra Mundial, e os magnatas de Hollywood ficaram igualmente silenciosos.

Durante a década de 1930, na sequência da Grande Depressão, surgiram organizações antissemitas que tiveram um alcance considerável. Duas das mais influentes eram chefiadas por religiosos: o padre Coughlin, católico, e Gerald Smith, protestante. Ambos atacaram amargamente o New Deal de Roosevelt (e os judeus envolvidos em sua administração), alegando que os judeus eram belicistas. A maioria dos elementos de seus sermões vinha de fontes nazistas, embora, como cristãos fundamentalistas, não pudessem compartilhar as opiniões basicamente pagãs dos nazistas. Foi um azar para esses movimentos terem coincidido com os ataques nazistas contra a América, tanto no plano político como no militar, e que o apoio a Hitler e tudo o que ele representava tenha passado a ser considerado antipatriótico e mesmo traiçoeiro. O reverendo William Dudley Pelley, outro líder antissemita, foi acusado de sedição e condenado a quinze anos de prisão.

Essa tradição antissemita não desapareceu inteiramente no período pós-guerra, mas encontrou sucessores e imitadores em uma variedade de seitas e milícias numerosas demais para serem mencionadas. Algumas dedicavam-se à propaganda política; outras preparavam-se para ações terroristas como a de Oklahoma City em 1995. Todas pertenciam à extrema direita, acreditavam na existência de um Governo de Ocupação Sionista (GOS, que significa a atual administração de Washington) e em todos os tipos de teorias da conspiração estranhas sobre óvnis, judeus, organizações internacionais, e praticamente todas as minorias étnicas e raciais. Alguns grupos eram fanáticos religiosos; outros de orientação pagã. Defendiam a justiça social (como a entendiam), e os direitos dos estados, contra as finanças internacionais. Alguns dos mais sinceros deles acreditavam que os Estados Unidos poderiam ser salvos da desgraça certeira apenas com o extermínio físico de negros, latinos, judeus e praticamente todas as nacionalidades não nórdicas. O *Diário de Turner*, um relato fictício que glorifica a violência extrema em detalhes gráficos e é a fonte da expressão GOS, vendeu mais de 250 mil cópias, embora não tenha tido resenha na mídia nem sido vendido em livrarias comuns.

O próprio extremismo dessas seitas as colocava fora dos limites, e elas não tinham como impedir o avanço das minorias (incluindo os judeus) no período pós-guerra após a proibição de todos os tipos de discriminação. Se os judeus ainda eram excluídos, eram apenas de certos clubes ou profissões de menor importância; ser judeu ou de origem judaica não constituía mais um obstáculo em quase nenhum campo de atividade humana.

Se houve uma renovação do antissemitismo (ou pelo menos a sensação de uma segunda onda), ela veio de lugares completamente diferentes do que no passado. Militantes negros da Nação do Islã e outros grupos estavam na linha de frente dos ataques contra os judeus. Isso foi um choque para as comunidades judaicas; a maioria dos judeus americanos assumiu e assume uma posição progressista. Nenhum outro grupo tem sido tão ativo na luta pelos direitos civis dos negros, e alguns foram mortos em consequência disso. Embora nunca tivesse havido uma aliança formal entre judeus e negros, as relações no nível comunitário tinham sido aparentemente normais, às vezes até calorosas e cordiais. Martin Luther King, por exemplo, e Adam Clayton Powell, o principal político negro da era Roosevelt, manifestaram opiniões amigáveis em relação aos judeus. Como então explicar a mudança repentina?

Havia, de fato, um elemento antissemita razoavelmente forte na mentalidade negra desde cedo, provavelmente sob o impacto da influência cristã do sul ("os judeus mataram nosso salvador"). Mais tarde, os negros que migravam para o norte viam nas grandes cidades judeus latifundiários e donos de lojas e passaram a acreditar que eles os exploravam. Houve distúrbios antijudaicos em pequena escala no Harlem, em Nova York, e em Chicago nas décadas de 1920 e 1930. Enquanto a NAACP, uma das principais organizações negras, se opôs ao nazismo desde o início, havia considerável simpatia por Hitler entre os negros da época, por sua política em relação aos judeus. Esses simpatizantes estavam completamente alheios ao fato de que os nazistas consideravam os negros uma raça inferior; o sentimento nos bairros negros era de que, mesmo que a posição dos judeus na Alemanha nazista pudesse ser ruim, não era tão ruim quanto a dos negros nos Estados Unidos. Acima de tudo, havia o sentimento, nas palavras de Ralph Bunche (um dos primeiros negros a ocupar uma posição de destaque no Departamento de Estado e ex-cientista político na Universidade Howard), de que "era seguro desprezar o judeu", pois era menos seguro desprezar a maioria branca.

Ao longo dos anos, o ressentimento negro aos judeus pode ter crescido porque os judeus já foram uma minoria desprezada fora do *mainstream* da sociedade americana, uma minoria que gradualmente alcançou o sucesso, tornando-se mais rica, adquirindo uma boa educação e crescendo na escala social, enquanto a situação nos guetos negros permaneceu extremamente ruim por muito tempo. Visto dessa perspectiva, o fato de os judeus serem tão proeminentes na luta por direitos iguais era de pouca importância. Talvez a consciência pesada tenha impelido os judeus a fazer as pazes? Alguns historiadores descobriram que os judeus portugueses estavam envolvidos no tráfico de escravos. Essa alegação estava correta, mas era verdadeira principalmente com relação ao Brasil e a Curaçao, e o papel dos judeus nessas transações desagradáveis certamente tinha sido muito menos consequente do que o dos mercadores de escravos árabes, sem falar dos líderes tribais negros na África, que vendiam sem remorso seus concidadãos. Um historiador negro de renome calculou que os judeus envolvidos no tráfico de escravos americano tinham sido talvez 2%.

Tudo isso racionaliza até certo ponto os motivos pelos quais a onda antissemita dos anos 1980, e a de Louis Farrakhan e seus seguidores na década seguinte, não deveria ter sido surpreendente. Mas não oferece uma explicação completa, uma vez que a fonte de problemas e reclamações dos negros sobre os judeus (reais ou aparentes) havia desaparecido: os lojistas e senhorios judeus nos guetos tinham se mudado há muito tempo, e seu lugar foi ocupado por coreanos, latinos e negros. Não havia mais muitos lugares onde negros e judeus se confrontavam; na verdade, não havia muitos locais onde se encontrassem. Ainda era verdade que, como Bunche havia dito muitos anos antes, era mais seguro desprezar os judeus do que a maioria branca. Também era verdade que os judeus eram mais sensíveis e, em vez de ignorar os ataques, sentiam-se muito ofendidos e reagiam em quase todos os casos. No entanto, a importância do antissemitismo negro não deve ser superestimada; nunca foi uma questão de extrema importância política. Para certos líderes negros, a questão era conveniente para ganhar aplausos em comícios, mas não era de grande importância para as verdadeiras preocupações da comunidade negra. Tampouco estava no topo da lista de preocupações das comunidades judaicas.

A questão do antissemitismo contemporâneo de esquerda foi e continua a ser um dos principais pontos de discórdia. Assim como os árabes argumentam há muito tempo que não podem ser antijudaicos (ao contrário de serem antissionistas), porque também são semitas, porta-vozes de esquerda sustentam que alegações desse tipo são basicamente calúnias; a esquerda – que significa paz, progresso e direitos iguais para todos – não pode ser motivada pelo antissemitismo. Isto é verdade se o critério for o antissemitismo religioso das igrejas ou do Alcorão ou o antissemitismo racialista dos nazistas. Sob essa perspectiva, mesmo a extrema esquerda não pode ser definida como antissemita – ela não quer exterminar os judeus, mas simplesmente que desapareçam como judeus, como Jean-Paul Sartre notara muitos anos atrás. De fato, é possível encontrar muitas pessoas de origem judaica em suas fileiras.

Mas isso é apenas parte da história, pois tanto a esquerda como o antissemitismo mudaram de caráter ao longo do tempo. Nem é verdade que os ataques antijudaicos que emanam da extrema esquerda estão invariavelmente ligados às políticas do Estado de Israel e à sua estreita aliança com a América imperialista. Um grupo da esquerda terrorista alemã, liderada por Dieter Kunzelmann, planejava explodir uma reunião da liderança da comunidade judaica de Berlim em 1969, matando o maior número possível de pessoas. Foi uma reunião para lembrar a *Kristallnacht* de 1938, o maior pogrom nazista antes da guerra; não tinha nada a ver com o Estado de Israel e o sionismo.

Um dos princípios fundamentais da crença da extrema esquerda é que, enquanto outras nações têm o direito de ter seu próprio estado, os judeus não têm. Eles viveram, afinal, durante dois milênios sem um estado, e qualquer tentativa de voltar atrás na história é essencialmente reacionária. Ela está fadada a entrar em conflito com os interesses vitais de outras pessoas e espoliá-las. Assim, a extrema esquerda conclui que os inimigos árabes e muçulmanos de Israel são progressistas porque são antiamericanos e anticapitalistas – por mais antiprogressista que sua ideologia seja em outros aspectos –, e que devem ser apoiados, enquanto Israel e os que afirmam seu direito de existência são inimigos *a priori* do progresso e da paz.

Esse pensamento leva a uma reaproximação entre a extrema esquerda e os extremistas islâmicos, tanto no nível doutrinário como no político, como aconteceu na Grã-Bretanha. À margem de suas manifestações antissionistas, houve chamados de "morte aos judeus" e ataques físicos, mas a extrema esquerda argumenta que ela não pode ser responsabilizada por tais excessos de zelo por parte de seus parceiros. É um fato bem conhecido, argumentam, que os movimentos progressistas em países subdesenvolvidos ainda são afligidos por elementos ideológicos antiquados. Ainda assim, com tudo isso, são basicamente progressistas, e os vestígios ideológicos antiprogressistas do passado tendem a desaparecer com o tempo; eles são menos importantes, afirma a extrema esquerda, do que o papel progressivo "objetivo" desses movimentos. Se não fazem distinções sutis entre sionistas, israelenses e judeus, a extrema esquerda diz que isso é lamentável, mas perdoável. Os habitantes de Israel são afinal na maioria judeus, e o ódio dos árabes tende, portanto, a ser dirigido contra todos os judeus, assim como na Segunda Guerra Mundial "alemão" tornou-se sinônimo de nazista.

O caso da extrema esquerda contra Israel e a colaboração da extrema esquerda com grupos antissemitas podem ser mais facilmente justificados em bases pragmáticas do que doutrinárias. Isso provocou diferenças ideológicas entre a esquerda na Europa e na América. No entanto, a virada da extrema esquerda contra os judeus não é de forma alguma limitada aos delitos do Estado de Israel e sua estreita colaboração com os Estados Unidos. Historicamente, remonta a muito antes do início da aliança americano-israelense na década de 1970 e se estende a uma grande variedade de questões. Os antiglobalistas consideram os judeus inimigos por causa de seu suposto apoio ao capitalismo internacional; as feministas radicais são muito críticas aos judeus porque há 5 mil anos foram fundamentais para substituir o matriarcado pelo patriarcado. Na Europa, os internacionalistas de esquerda consideram os judeus um elemento causador de conflitos; em um momento em que as fronteiras nacionais estão desaparecendo na Europa, por que os judeus precisam de um estado próprio? (De acordo com uma pesquisa de opinião pública em 2003, 59% dos europeus acreditavam que Israel era o país mais perigoso para a manutenção da paz mundial.) A conclusão parece ser que, se não fosse por essas ambições nacionalistas dos judeus, de fato atávicas, haveria paz e harmonia entre o terceiro mundo e a Europa, e o perigo do terrorismo, assim como de outras ameaças semelhantes, seria muito reduzido.

Alguns escritores da esquerda, incluindo alguns judeus, argumentaram que a importância do Holocausto foi exagerada, se não deliberadamente explorada. Um acadêmico judeu dessa opinião, um professor canadense chamado Michael Neumann, argumentou que o antissemitismo dificilmente existe e, onde existe, deve ser tratado como uma piada enorme. Mikis Theodorakis, famoso músico e compositor grego e herói da esquerda europeia, disse em uma entrevista que os judeus eram a raiz de todo mal, que controlavam não apenas as finanças mundiais, mas todas as orquestras que não tocavam as obras dele. Também observou que não havia antissemitismo de verdade e que os judeus eram simplesmente masoquistas que gostavam do papel de vítimas. Vozes semelhantes não são raras à esquerda.

Quando o Partido Trabalhista Britânico lançou ataques antissemitas contra dois líderes conservadores de origem judaica (Michael Howard e Oliver Letwin), seu gesto não tinha nada a ver com o sionismo e Israel, já que essas figuras políticas não estavam de forma alguma envolvidas nas atividades pró-Israel (ou na vida judaica), mas simplesmente com o fato de que, como judeus, eram vulneráveis. (Cerca de metade do eleitorado britânico indicou que não desejaria um judeu como primeiro-ministro.) Pode muito bem ser que aqueles que lançaram esses ataques fossem motivados apenas por considerações "práticas". A influência das comunidades muçulmanas na Europa Ocidental está crescendo e pode ser decisiva em dezenas de colégios eleitorais. Por que não apaziguar essas comunidades pela propaganda que atende a seus humores populares, como o antissemitismo? Isso é válido não apenas para a Grã-Bretanha, como também para a França e outros países europeus, e essas atividades provavelmente aumentarão nos próximos anos.

Comunistas da velha guarda na Rússia e seus aliados nacionalistas (as diferenças entre esses dois grupos são agora pouco visíveis a olho nu) acusaram os judeus de assassinatos rituais e exigiram a proibição de todas as organizações judaicas em janeiro de 2005. Mas isso não teve nada a ver com o sionismo e Israel, e não seria difícil dar outros exemplos.

Seria um exagero afirmar que o antissemitismo contemporâneo é exclusiva ou predominantemente de caráter esquerdista, assim como em eras anteriores teria sido um exagero atribuir toda a responsabilidade pelo antissemitismo aos conservadores. Mas é verdade que, por uma variedade de razões, a extrema esquerda (ou, para ser preciso, o que agora passa por esse nome) adotou nos últimos anos uma postura antijudaica que em parte pode ser explicada com referência à oposição a Israel, mas que também tem componentes bastante desconectados do sionismo e de Israel.

Segundo uma pesquisa realizada na Europa Ocidental em 2002, 63% dos entrevistados na Espanha acreditavam que os judeus tinham muito poder no mundo dos negócios (44% na Bélgica, 42% na França, 40% na Áustria, 37% na Suíça, 32% na Alemanha e 21% no Reino Unido). Talvez mais significativamente, 58% na Alemanha pensavam que os judeus estavam falando demais sobre o Holocausto (57% na Espanha, 56% na Áustria, 52% na Suíça, 46% na França, 43% na Itália). Pode-se argumentar que tais números podem não fazer sentido, uma vez que os números para aqueles que nunca ouviram falar do Holocausto foram quase tão altos (e ainda mais altos entre as gerações mais jovens). Mas, como tantas vezes acontece, era a percepção que importava, não os fatos. Em suma, enquanto o conflito entre Israel e os árabes forneceu muito combustível para a disseminação do sentimento antijudaico no mundo muçulmano, não pode explicar o antissemitismo entre os negros nos Estados Unidos mais do que pode entre grupos na Rússia, no Leste Europeu e em outros lugares.

CAPÍTULO 8

A Assimilação e Seus Descontentes

A EXPLICAÇÃO MAIS SIMPLES sobre o antissemitismo veio, não surpreendentemente, dos antissemitas: o antissemitismo é a reação inevitável dos não judeus aos delitos dos judeus. Os judeus rejeitaram a mensagem de Jesus Cristo e Maomé. Mantinham-se separados de outras pessoas, viviam por sua própria lei e não se misturavam com os outros. Eles acreditavam que eram superiores, tendo sido eleitos para ter um pacto especial com Deus.

É difícil pensar em minorias em qualquer lugar do mundo que tenham sido populares ao longo da história, mas, além do frequente antagonismo contra as minorias (a "xenofobia normal"), os judeus têm recebido animosidade e ódio especiais. E também é verdade que o antissemitismo não desapareceu quando os judeus tentaram escapar do estigma de serem judeus através da conversão, seja na Espanha do século XVI ou na era da assimilação na Alemanha e na França.

Que os judeus se mantiveram juntos mesmo no período pré-cristão parece evidente, e até a Bíblia diz que eram um povo inflexível. Com a ascensão do cristianismo, vieram as acusações de deicídio e, na Idade Média, a acusação de que os judeus em seus livros secretos estavam ridicularizando tanto Jesus como Maria. De modo geral, argumentava-se que os judeus acreditavam que o Talmude e os outros comentários do Antigo Testamento eram mais importantes e vinculantes do que a Bíblia. Dizia-se que o Talmude estava repleto de mandamentos blasfemos (do ponto de vista cristão) e imorais; o não judeu poderia ser defraudado, roubado e até morto com impunidade; sua vida não valia mais que a de um animal.

Durante vários séculos, porta-vozes religiosos judeus tentaram sem muito sucesso explicar que a maioria das alegações eram exageradas ou totalmente falsas. Mas nem todas as acusações eram infundadas. Sendo uma compilação dos comentários de gerações de comentaristas, na maior parte das vezes contraditórias entre si, o Talmude de fato continha ditos absurdos e até imorais, mas não mais do que os escritos de outras religiões daquele período. Era verdade, por exemplo, que o Talmude continha declarações anticristãs; como isso se provou muito vergonhoso, por um tempo os rabinos alegaram que o Jesus mencionado no Talmude se referia a outra pessoa e que os "gentios" que apareciam eram na verdade os pagãos. Isso causou novos problemas porque, de acordo com o Talmude — que foi em parte composto quando a maioria dos judeus ainda não vivia na diáspora — era proibido aos judeus fazer negócios com os gentios, o que dificilmente era uma proposição prática nos séculos subsequentes. Por fim, as referências anticristãs foram censuradas e excluídas.

Com todos os mandamentos e tabus estranhos e contraditórios do Talmude, em última análise, entretanto, o princípio de *dina di malkhuta dina* foi decisivo — a lei do país (no qual os judeus viviam) era suprema e anulava todas as outras interpretações e comentários. Outra circunstância raramente lembrada foi que, com o passar do tempo, cada vez menos judeus estavam familiarizados com o Talmude e, no século XIX, ele tornou-se um livro praticamente esquecido (ou melhor, uma série de livros com milhares de páginas), acessível apenas a alguns especialistas, no mínimo por causa da variedade de línguas obscuras em que foi escrito. É uma ironia da história que não apenas os antissemitas como também a maioria dos judeus que escreveram sobre antissemitismo tenham obtido apenas um conhecimento mínimo do Talmude. No entanto, o Talmude permaneceu até a era nazista como o bastão com o qual os inimigos dos judeus batiam em suas vítimas.

No decorrer do tempo, outras acusações se seguiram, a mais proeminente delas foi o chamado libelo de sangue — segundo o qual os judeus tinham que matar cristãos (preferencialmente crianças) próximo à Pessach porque precisavam do sangue de cristãos para suas cerimônias rituais. Esta e outras acusações continuaram esporadicamente até o início do século XX. O fato de que em várias ocasiões as igrejas e mesmo o papa tenham declarado essas acusações infundadas não ajudou muito na mudança de atitudes.

A situação nos países muçulmanos era diferente, na medida em que nem o Talmude nem o libelo de sangue figuravam na perseguição dos judeus.

Os judeus não haviam matado o profeta, mas apenas tramado contra ele, e, por terem rejeitado sua mensagem, deviam ser considerados um grupo inferior. Essa acusação de rejeição foi, obviamente, correta, e teologicamente resultou no status inferior dos judeus no mundo islâmico.

As motivações para o ódio aos judeus, além das teológicas, surgiram na Idade Média e tornaram-se mais frequentes e mais proeminentes à medida que a influência da religião diminuía no século XIX. Uma das principais acusações do início da história dizia respeito à usura – empréstimos de dinheiro com base em lucros excessivos. Tanto o cristianismo como o islamismo baniram a usura, mas o progresso econômico, e mesmo a atividade econômica normal, era impossível sem o investimento de capital – de reis a camponeses pobres, todos necessitavam frequentemente de dinheiro, e foi nesse sentido que os judeus chegaram a cumprir uma importante função na sociedade. Embora o Antigo Testamento também proíba a usura, essa proibição foi interpretada como uma proibição apenas de emprestar dinheiro a outros judeus. Portanto, os empréstimos de dinheiro emergiram como uma ocupação predominantemente judaica durante vários séculos, em vários países europeus.

O empréstimo de dinheiro é uma instituição necessária e até vital, mas não popular na sociedade; faz com que aqueles que emprestam fiquem vulneráveis a acusações de serem "sanguessugas" e "parasitas". Quando Shakespeare criou a figura de Shylock, os judeus tinham sido expulsos da Inglaterra havia pouco mais de trezentos anos, mas a figura do usurário como sanguessuga ficara gravada na consciência pública. A questão em jogo não era realmente se o empréstimo de dinheiro era necessário, mas se os judeus haviam se dedicado a ele por ganância (como os antissemitas alegavam) ou porque a maioria das outras profissões lhe era proibida. Visto em perspectiva histórica, parece que na maior parte da Europa cristã a escolha de profissões era de fato extremamente restrita; judeus poderiam se envolver em comércio (mas não em todas as formas de comércio) e empréstimos de dinheiro. Em países onde outras profissões eram abertas a eles, como a Espanha muçulmana e o Império Otomano, encontram-se mais ferreiros judeus do que credores de dinheiro judeus. A maré alta da usura judaica foi antes do século XV. À medida que as cidades cresciam em poder e riqueza, os judeus foram expulsos do empréstimo de dinheiro com o desenvolvimento da atividade bancária. Após séculos de condenação eclesiástica da usura judaica, os judeus foram expulsos de muitos países e regiões, suas comunidades ficaram empobrecidas e pouquíssimos indivíduos tinham o capital necessário para se dedicar a empréstimos de dinheiro. Empréstimos de dinheiro continuaram, é claro, e os lombardos cobravam 250% de juros (isso, no entanto, não causou uma onda de antilombardismo).

Poucos judeus exerciam ocupações de produção primária, como agricultura ou mineração. Quando lhes era permitido possuir terras, havia proprietários judeus em países como Espanha e França; o mais famoso comentarista da Bíblia, Rashi, possuía vinhedos na França. Em outros lugares, os judeus podiam, em princípio, possuir terras, mas não podiam empregar não judeus como trabalhadores. Em muitos países, não podiam trabalhar como artesãos, exceto para o pequeno mercado judeu, porque as associações urbanas temiam sua concorrência.

Também é verdade que a agricultura, sendo primitiva, proporcionava apenas uma existência bem simples, com o mais baixo de todos os padrões de vida, e, durante toda a Idade Média, as pessoas fugiram do campo em muitos países (*Landflucht*). Nas circunstâncias, a agricultura tinha pouca ou nenhuma atração. No entanto, o êxodo judaico do campo começou ainda mais cedo, e os historiadores econômicos nos dão várias explicações sobre o porquê de isso acontecer.

Primeiro, a alfabetização era um mandamento religioso para os judeus, e era, claro, muito mais fácil cumprir essa obrigação em um meio urbano do que no isolamento do campo. Há muitas razões para acreditar que muitos judeus permaneceram na agricultura, mas acabaram se tornando cristãos ou muçulmanos; isso poderia explicar o fato de o número de judeus ter permanecido estático durante toda a Idade Média, enquanto a população em geral duplicou ou triplicou. Finalmente, houve a tentação de um padrão de vida mais elevado nas cidades, embora as perspectivas de encontrar trabalho agradável e gratificante ali fossem limitadas. Os judeus podiam ter e possuíam terras no mundo muçulmano durante toda a Idade Média e também, em certas circunstâncias, na Polônia. Mas, com mais frequência, os judeus trabalhavam como agentes dos grandes proprietários de terras, geralmente da nobreza, como intermediários ou no comércio agrícola.

E quanto às acusações aos usurários judeus de cobrar taxas excessivas de juros, a principal acusação por parte das igrejas? Os principais economistas, de Adam Smith a John Maynard Keynes, eram a favor da imposição de um teto às taxas de juros, e existem leis nacionais nesse sentido até hoje. As taxas de juros na Idade Média eram muito altas, certamente excessivas pelos padrões modernos. Mas os riscos na época eram enormes e havia pouca segurança em uma sociedade feudal. Quando os usurários judeus emprestavam dinheiro a reis ou homens nobres, sempre havia o perigo de eles nunca mais verem seu dinheiro, serem presos ou expulsos ou terem seu dinheiro confiscado. Não tinham poder, e as leis eram cumpridas de maneira esporádica. Não havia proteção nessa profissão e ninguém estava mais exposto e vulnerável do que os judeus.

No início da história moderna, os judeus já não eram mais proeminentes no empréstimo de dinheiro, e no século XIX, com sua gradual emancipação, os ataques contra os judeus mudaram de caráter. À medida que os judeus deixavam os guetos e ingressavam em profissões antes barradas, e à medida que sua condição material melhorava, com alguns tornando-se ricos e influentes, a principal acusação contra eles era a alegação de que aspiravam à dominação mundial. Dizia-se que os judeus haviam se empurrado para as primeiras fileiras do *establishment* político, especialmente os partidos de esquerda e liberais. Houve exceções – o proeminente político britânico de ascendência judaica, Benjamin Disraeli, dificilmente era um homem de esquerda, nem o principal ideólogo dos conservadores alemães do século XIX, Friedrich Stahl. Mas em geral as acusações estavam corretas; não havia muitos judeus entre os partidos da direita ou nos partidos assumidamente religiosos porque esses grupos não os queriam como membros.

Os judeus na política perseguiram alguma agenda judaica específica? A resposta é óbvia. As comunidades judaicas eram pequenas em número; não poderiam constituir uma base de poder para qualquer político aspirante. Os judeus da política europeia não se colocavam como representantes de nenhum interesse específico dos judeus. Pelo contrário, os políticos judeus muitas vezes tentavam distanciar-se o máximo possível de seus correligionários. A carta de Rosa Luxemburgo a um amigo judeu – na qual ela disse, essencialmente, "não me venha com suas queixas judaicas específicas" – foi um caso extremo, mas não totalmente atípico. Foi genuíno, não oportunista. Ela deve ter se sentido constrangida com seu passado judeu polonês, mas ainda mais decisivo foi o fato de que ela parece ter se sentido mais próxima dos miseráveis e perseguidos indígenas em Putamayo, Colômbia, segundo seus próprios escritos, do que dos judeus do Leste Europeu que pereceram nos pogroms.

Muitos políticos judeus estavam na vanguarda do progresso, da liberdade humana e do internacionalismo. Isso provocou ataques por parte daqueles que não partilhavam do seu entusiasmo, que achavam que esses revolucionários judeus não respeitavam os valores tradicionais de uma nação, não eram bons patriotas e eram, em geral, um fermento de decomposição. A boa-fé deles foi questionada: eles não se importavam realmente com as massas exploradas e oprimidas que afirmavam representar, mas estavam na verdade empenhados em ganhar poder para si e seus grupos, muitos deles também de proveniência judaica. O fato de que esses judeus não apenas se distanciaram de suas comunidades, mas muitas vezes se voltaram contra elas foi ignorado – talvez, os acusadores especulavam, isso fosse um mero estratagema para enganar os não judeus.

Argumentou-se que os judeus haviam acumulado grandes riquezas – e, portanto, enorme poder – não por meio do trabalho honesto, mas pela especulação e pela exploração dos trabalhadores não judeus. Os judeus eram empreendedores bem-sucedidos e capazes de se adaptar mais rapidamente à mudança do clima econômico e financeiro, precisamente porque seu status era marginal nos dias do gueto e porque não lhes era permitido criar raízes profundas. Isso foi atrelado à acusação de que os judeus estavam corrompendo a sociedade, e que *mamom* era seu ídolo, como o jovem Marx argumentou.

Os Rothschild, que eram extremamente ricos, estavam muitas vezes na atenção do público europeu porque havia cinco filhos que presidiam estabelecimentos financeiros em Frankfurt, Londres, Viena, Paris e Nápoles no início do século XIX. Em contraste, a maioria dos judeus europeus eram pequenos comerciantes e vendedores ambulantes, embora trabalhassem bastante e seus filhos muitas vezes se tornassem profissionais, advogados e médicos. Os judeus ascendiam mais do que qualquer outro estrato da sociedade. Cerca de metade dos médicos em Viena e mais da metade em Varsóvia no início do século XX eram de origem judaica. A ascensão social e econômica dos judeus estava fadada a gerar admiração e inveja; os judeus, como escreveu um autor francês antissemita, haviam se tornado os reis do nosso tempo. Consequentemente, alegou-se que o antissemitismo europeu estava diretamente ligado à sua ascensão; uma conclusão correta, embora trivial: se os judeus permanecessem pobres como os *dalits* (intocáveis) na Índia, dificilmente teriam inspirado medo e inveja.

Os judeus se tornaram proeminentes na vida cultural de seus países nativos. Eles estavam entre os principais editores de livros e jornais, comerciantes de arte dominantes e empresários musicais. Eles estavam entre os críticos literários e musicais; davam o tom, podiam fazer e desfazer as carreiras de escritores e artistas. Isso também estava fadado a provocar oposição e resistência – quem os convidara; quem lhes dera tanto poder? Não era um fato que os judeus não tinham criatividade verdadeira? Não era verdade que não conseguiram entender o espírito e as emoções mais profundas da cultura de seu país? Segundo seus críticos, os judeus eram uma força negativa e destrutiva, e a verdadeira genialidade lhes escapava. Eles eram sarcásticos, mas o verdadeiro humor lhes era estranho. E havia vozes de advertência, mesmo entre os judeus, de que haviam usurpado o papel de administradores da cultura de outras nações.

Além de tais acusações gerais, houve queixas constantes sobre características negativas do "caráter judaico" que, segundo os críticos dos judeus, tornavam a integração verdadeira difícil ou impossível, por mais que os judeus pudessem ter tentado. Dizia-se que os judeus eram gananciosos, arrogantes e agressivos; eles sempre forçavam seu caminho para as primeiras posições; dignidade, modéstia e altruísmo eram qualidades alheias a eles. Eram por natureza desonestos e desleais. Eram racionalistas frios, incapazes de sentimentos mais profundos. A verdadeira vida espiritual, o reino da alma, estava fora do alcance deles. Cuidavam um do outro, mas permaneciam sempre críticos ou hostis aos não judeus. Eles eram excessivamente ambiciosos e competitivos, totalmente incapazes de integrar um espírito de equipe ou um esforço de grupo, sempre sinuosos, nunca diretos.

Havia muito medo e suspeita dos judeus por causa de sua suposta sexualidade desenfreada. Dizia-se que eles eram fatalmente atraídos por mulheres arianas e queriam violá-las e corrompê-las; que estavam supostamente por trás do comércio de escravos brancos, especialmente no Leste Europeu (em uma época após a Primeira Guerra Mundial, 17% das prostitutas de Varsóvia eram judias – uma figura lamentável, mas não incomum, dado que a porcentagem de judeus na população em geral era quase duas vezes maior). Os judeus foram acusados de estar por trás de grande parte do crime organizado, talvez em vista de seus laços e conexões internacionais.

Por fim, os críticos citaram a aparência física dos judeus como inferior à das outras raças. Morenos, com narizes aduncos, lábios carnudos e ombros redondos, eram gordos e de pés chatos, não podiam andar ou ficar de pé direito. Alegava-se que sua linguagem corporal era excessiva e ostensiva. Muitas vezes sujos e fedorentos (recendiam a cebola e alho), grossos em seu comportamento, dizia-se que eram covardes físicos, geralmente desejando escapar de uma briga justa. Walther Rathenau, o ministro alemão das Relações Exteriores morto por antissemitas em 1922, escreveu uma vez: "Todos nós gostaríamos de ser mais parecidos com os alemães".

Esta era então a imagem (ou caricatura) do judeu retratada em muitos romances e desenhos animados em muitos países. Repulsivo, ele claramente pertencia a uma raça inferior. Essa imagem física ou estereótipo do judeu era, por razões óbvias, muito mais frequentemente usada pelos antissemitas nos países do norte, onde se acreditava que uma raça ariana prevalecia e as diferenças físicas eram mais fáceis de identificar. Mais ao sul, na Europa, onde o "tipo mediterrâneo" (e o consumo de cebola e alho) era mais frequente, havia menos ênfase nas características exteriores dos judeus; os antissemitas davam mais destaque à suposta mentalidade traiçoeira e às características negativas ocultas.

Os antissemitas se orgulhavam de serem capazes de reconhecer um judeu mesmo a uma grande distância. No entanto, na prática, isso muitas vezes não era fácil. Alguns líderes antissemitas pareciam judeus e vice-versa. Em tais casos, podia-se culpar o caráter enganoso do judeu. Até os nazistas estavam dispostos a admitir que havia um punhado de judeus decentes, e alguns dos ataques mais violentos contra os judeus haviam sido feitos por outros judeus: Otto Weininger, por exemplo, autor de um livro antissemita clássico, cometeu suicídio aos 22 anos de idade (na mesma sala em que Beethoven morrera), sem dúvida, segundo o pensamento nazista, por causa do desespero de ter nascido judeu e, portanto, incapaz de superar esse estigma inerradicável.

No entanto, ainda que houvesse alguns judeus decentes, estava claro que não deveria haver mistura com essa raça. Os antissemitas acreditavam firmemente na pureza da raça; os grandes países e civilizações da história declinaram e desapareceram porque o núcleo racial saudável e positivo havia encolhido devido a influências raciais inferiores. Assim, fazia-se a inferência de que a mistura de raças era a maior infelicidade que poderia afetar um povo.

Quando o Estado de Israel foi criado, novas acusações surgiram contra os judeus que viviam na diáspora. Os judeus foram responsabilizados pelas políticas do governo israelense. De modo geral, uma alta porcentagem de europeus acreditava que os judeus eram mais leais a Israel do que ao seu país (de acordo com uma pesquisa de 2002: 72% na Espanha, 58% na Itália, 55% na Alemanha e Áustria, 50% na Bélgica. E em nenhum país europeu, exceto o Reino Unido, a porcentagem era inferior a 40%). As acusações desse tipo foram injustificadas? Investigações paralelas mostraram que a maioria dos judeus fora de Israel sentia uma relação especial com o país. Era necessário, portanto, apenas um passo para provar que eram indubitáveis as alegações de maior lealdade a Israel e de "não se pode confiar no judeu".

A ideia de defesa contra o antissemitismo se originou séculos atrás entre o povo judeu. Rabinos medievais e líderes comunitários tentaram persuadir reis, nobres e líderes cristãos de que as acusações contra eles eram injustificadas e que textos antissemitas eram baseados em falsificações. Argumentavam que, se alguns judeus se tornaram criaturas desgraçadas, isso se deu na maior parte das vezes porque eles tinham que viver em condições desumanas; com uma chance justa, eles se mostrariam decentes, produtivos e honestos como os outros cidadãos. Às vezes, essas tentativas de persuasão eram bem-sucedidas, mas com frequência não eram.

A condição dos judeus tornou-se mais fácil no final do século XVIII com a difusão do Iluminismo, que levou à emancipação deles. Invocando os ideais do Iluminismo, os judeus não só podiam exigir direitos iguais, mas também protestar contra a perseguição e a difamação. Os ataques contra uma minoria não estavam de acordo com o espírito de progresso e, muitas vezes, violavam o código civil. Em 1840, a Aliança Israelita Universal foi fundada em Paris; em 1871, surgiu a Associação Anglo-Judaica em Londres; em 1873, a Aliança Israelita em Viena; em 1893, a Associação Central em Berlim. Nos Estados Unidos, o Comitê Judaico Americano foi fundado em 1906, e a Liga Antidifamação de B'nai B'rith (LAD), em 1913. Todas essas organizações, mas particularmente a Associação Central e a LAD, deveriam defender os judeus contra ataques antissemitas. A Verein zur Abwehr des Antisemitismus (Associação para a Defesa contra o Antissemitismo) foi criada na Alemanha em 1890, e a ela pertenciam os principais intelectuais não judeus. No entanto, as atividades da Abwehrverein eram limitadas a recursos ocasionais, enquanto o trabalho do dia a dia era feito pela Associação Central, uma organização puramente judaica.

Como tal defesa poderia ser organizada? A Associação Central era bem clara: enfatizava que "não somos judeus alemães, mas alemães da fé judaica". Ser judeu não significava pertencer a outro povo ou nação ou raça, mas simplesmente ser membro de outra religião. Em outras palavras, os judeus eram em primeiro lugar cidadãos leais e patrióticos do país em que viviam, e qualquer tentativa de minar ou duvidar de seu status equivalia à difamação.

De que maneiras os judeus poderiam ser defendidos contra ataques antissemitas? A Associação Central publicou um periódico chamado *Abwehr Blaetter* (Jornal de Defesa), no qual tentou chamar a atenção para casos particularmente flagrantes de difamação e discriminação. Alguns judeus perceberam cedo que era improvável que um diálogo com os antissemitas fosse produtivo; se o antissemitismo se baseava no preconceito, não poderia ser erradicado por fatos e argumentos racionais. Além disso, alguns dos fatos apresentados pelos antissemitas não podiam ser refutados: alguns judeus, de fato, tornaram-se muito ricos, e os judeus estavam representados em algumas profissões em números bem maiores do que sua proporção na população no final do século XIX. Se eles enfatizassem seu patriotismo, seu gesto era denunciado como uma intromissão de mau gosto. Por que os judeus não entendiam que sua presença não era desejada? Outro problema para os defensores era a constante imigração de judeus do Leste Europeu – uma das objeções habituais dos antissemitas era o medo de serem inundados por elementos indesejáveis do Leste –, mesmo que esses migrantes em sua maioria não desejassem permanecer na Europa e, em vez disso, desejassem continuar a caminho da América ou da África do Sul.

O objetivo de montar uma defesa era alcançar o grande número de gentios não engajados, aqueles que não tinham fortes sentimentos sobre o antissemitismo. Os defensores judeus destacariam as conquistas positivas dos judeus, das quais a Alemanha se beneficiara em sua economia, cultura e reputação no mundo. Se o número de advogados judeus era desproporcional, o mesmo acontecia com o número de ganhadores do Prêmio Nobel. Os judeus serviram nas forças armadas de seu país na guerra de 1870 e 1871, assim como na Primeira Guerra Mundial. O primeiro (e único) membro do Parlamento alemão que havia sido morto durante os primeiros dias da guerra, Ludwig Frank, tinha sido um voluntário judeu, de 40 anos. Alfred e Gustav Flatow, judeus alemães, haviam conquistado medalhas de ouro nos primeiros Jogos Olímpicos em 1896, assim como um número de judeus americanos. (Ambos os Flatow pereceram no Holocausto.)

Se tudo isso teve muito impacto é mais do que duvidoso. Para cada ganhador do Prêmio Nobel judeu, os antissemitas se referiam a um erudito judeu que ridicularizava tradições e valores alemães consagrados, ou a um homem de negócios judeu que se envolvera em especulação e fracassara ou estivera envolvido em corrupção e fora detido. Houve muitos fracassos e práticas corruptas, e a maioria delas envolvia não judeus. Mas os culpados judeus foram escolhidos, e não havia nada que os defensores pudessem fazer a respeito. Muito dependia das circunstâncias e da situação política. O fato de os primos Flatow terem conquistado medalhas nos Jogos Olímpicos causou pouco efeito na Alemanha, mas o fato de dois pugilistas judeus, Daniel Mendoza e Samuel (*Dutch Sam*) Elias, terem sido os principais pugilistas do seu tempo sem dúvida teve uma certa influência na imagem dos judeus entre o público inglês no início do século XIX. Havia poucos judeus na Inglaterra naquela época, e o papel do esporte na vida pública britânica era maior do que na Alemanha e na Áustria, e o senso de *fair play* era mais pronunciado. O fato de os judeus desempenharem um papel importante no boxe americano nos anos 1920 e 1930, com Benny Leonard e Barney Ross, Kid Berg e Maxie Rosenblum, provavelmente influenciou algumas atitudes nos Estados Unidos. Mas a América era um país de imigrantes, e o antissemitismo não poderia ter o mesmo impacto político que na Europa.

Durante o final do século XIX e início do século XX, as organizações de defesa judaicas admoestavam outros cidadãos judeus a contribuírem mais para seus países, a fim de refutar as alegações antissemitas. Condenavam aqueles cujo comportamento era prejudicial à comunidade judaica em geral, insistindo para que não atraíssem atenção indesejada nem fornecessem munição para os canhões antissemitas. Além do trabalho propagandístico, as organizações de defesa tomaram medidas legais contra a difamação de indivíduos e grupos sempre que possível.

Diferenças de circunstâncias devem ser novamente observadas. Enquanto alguns dos observadores judeus mais perspicazes na Alemanha e na Áustria eram bastante pessimistas sobre as chances de sucesso desse tipo de "defesa" contra o antissemitismo, havia mais otimismo na Grã-Bretanha e na França. As atividades das organizações de defesa judaicas da Europa Central podem parecer fúteis à luz de eventos subsequentes, mas é preciso recordar o contexto histórico; antes da Primeira Guerra Mundial, a crença no progresso ainda era forte e havia a suposição generalizada de que o antissemitismo, um resquício do obscurantismo medieval, estava fadado a desaparecer, apesar de haver recaídas de tempos em tempos.

Somente quando os movimentos antissemitas se expandiram enormemente e a maioria da sociedade foi infectada, a luta defensiva tornou-se completamente sem esperança. Essa foi a situação em países nos quais existia uma "questão judaica objetiva", como os sionistas diziam. A Rússia czarista era um desses países, assim como a Polônia e a Romênia; e a situação também se tornou crítica na Alemanha e na Hungria no final da década de 1920. Em resumo, quanto menor e menos visível a comunidade judaica fosse em um país, melhores seriam as perspectivas de defesa contra o antissemitismo. A América era diferente porque era um país de imigrantes, embora o funcionamento da assimilação cultural permanecesse por vezes problemático.

Havia uma "questão judaica objetiva" na Alemanha e na Áustria? Não há uma resposta fácil para essa pergunta: em contraste com a Polônia, a resposta certamente seria não, já que os judeus alemães eram menos de 1% da população total. Mas havia uma forte tradição de antissemitismo nesses países de língua alemã, e a ascensão dos judeus certamente contribuiu para o crescimento e a violência do antissemitismo. Também sabemos, de muitas lembranças individuais, que muitos dos judeus que cresceram no século XIX e no início do século XX mal conheciam o antissemitismo em nível pessoal; para eles, não era uma grande ameaça. As condições variavam de lugar para lugar e, às vezes, de acordo com a sensibilidade do indivíduo. Paul Ree, um amigo de Nietzsche, desmaiou quando Lou Andreas Salomé, uma senhora que os acompanhava, mencionou os judeus em sua presença. Nem todo mundo era tão sensível.

Se o antissemitismo no século XIX gerou entre os judeus europeus uma ânsia de se defender, havia também o desejo de escapar do estigma e do fardo de uma vez por todas. Muitos milhares deixaram a comunidade judaica; aqueles que abandonaram o judaísmo vieram especialmente dos círculos mais ricos e mais assimilados, e moravam principalmente nas grandes cidades e não nas comunidades menores. A comunidade judaica alemã perdeu a maior parte do seu *establishment* no século XIX através de casamentos mistos e conversões. Muitos daqueles que não se converteram consideraram dar esse passo em um estágio ou outro em suas vidas, incluindo várias figuras importantes no campo dos estudos judaicos, como Leopold Zunz e, no século seguinte, Franz Rosenzweig; pensadores importantes, como Sigmund Freud; e mesmo o pai do sionismo político moderno, Theodor Herzl, que contemplou a ideia de defender o batismo em massa alguns anos antes de começar a lutar pela criação de um estado judeu.

Uma vez penetradas as paredes dos guetos e reduzido o domínio da religião judaica, o que restou para manter a comunidade unida além da piedade para com pais e antepassados? Havia, é claro, também a sensação de que era de algum modo indecente, talvez até covarde, deixar uma comunidade sob ataque, especialmente se alguém não se importasse particularmente com o cristianismo; poucos judeus se converteram por profunda convicção religiosa.

Ser judeu era para muitos um fardo, uma fonte de constrangimento frequente, exceto pelos fiéis religiosos ortodoxos. A maioria dos judeus acreditava que tinha certas coisas em comum com os outros judeus, mas quão profunda era a afinidade, como defini-la? Eles eram uma família de aflição de mil anos, nas palavras de Heinrich Heine? Certamente não eram mais uma nação, tendo vivido por tanto tempo na diáspora, e as diferenças entre vários ramos do judaísmo eram tão grandes que a maioria deles não acreditava mais fazer parte de um só povo.

Embora a vida social dos judeus assimilados fosse predominantemente com outros judeus assimilados, havia um vago sentimento de solidariedade quando judeus de outros países eram atacados. Isso tornava difícil, talvez impossível, definir a forma peculiar de coesão que ainda existia entre eles — talvez uma mentalidade compartilhada, ou o fato de que o mundo exterior geralmente os considerava judeus, independentemente de como se definissem. Mas havia muito pouco especificamente judeu nos judeus assimilados, e os vínculos que os ligavam a outros judeus não eram muito fortes. Embora a atração da religião em geral tenha declinado na maior parte do mundo ao longo dos séculos XIX e XX, a religião judaica, apesar dos esforços para modernizá-la e reformá-la, provavelmente era ainda menos atraente do que outras religiões para aqueles que não eram fiéis tradicionais e devotos. Em resumo, no que diz respeito a muitos judeus assimilados, o fardo de ser judeu superava os elementos positivos. Por que se agarrar a tradições que se tornaram sem sentido?

Os problemas da assimilação e seus descontentes são de interesse no contexto atual, onde colidem com o ódio próprio dos judeus e manifestações judaicas de antissemitismo. Muito tem sido dito desse fenômeno fascinante que é o ódio próprio judaico, mas é preciso recordar que não era frequente na Alemanha nem na Áustria, exceto entre alguns círculos intelectuais e literários, e fora desses países era ainda mais raro. Aqueles que se afastaram do judaísmo na Europa e na América do Norte não o fizeram por causa de um ódio agudo, mas porque ser categorizado como judeu tornou-se sem sentido, ou, pior, um constrangimento. E, mesmo que esses judeus fossem hostis ao judaísmo e seus correligionários, sabiam que estava longe de ser prudente se envolver em ataques públicos contra os judeus, porque isso só atrairia a atenção para sua própria ascendência judaica. Freud os chamou de "mal batizados" (*schlecht getauft*). Em suas manifestações extremas, quando o autodesprezo se voltava para o antissemitismo militante entre indivíduos como Arthur Trebitsch, um judeu nazista dos primeiros dias, ou Otto Weininger ou Maurice Sachs na França, era um problema mais para psicopatologia individual do que para análise histórica e cultural e generalização.

O ódio próprio judaico é um problema insuficientemente investigado; alguns críticos e historiadores literários atribuíram aos judeus uma propensão específica ao ódio a si mesmos, mas isso está longe de ser correto. Poucas pessoas vivem em total paz consigo mesmas, e o provérbio *"Le moi est haïssable"* não foi cunhado por um judeu, mas por Blaise Pascal. É verdade que os judeus desenraizados de sua herança e, ainda assim, não aceitos em seus ambientes provavelmente seriam mais afetados do que outros; e os sentimentos internacionalistas eram por razões sólidas mais amplamente encontrados entre os judeus do que o patriotismo judaico. Mas, em princípio, o fenômeno não era especificamente judeu.

Apesar de alguns judeus bem assimilados no século XIX e início do século XX terem aceitado parte da crítica antissemita do judaísmo de falta de espiritualidade, era possível fazer a mesma crítica ao sionismo inicial. O sionismo político estava menos enraizado no profundo desejo espiritual dos judeus no Leste Europeu de retornar à antiga pátria do que no reconhecimento da anomalia da existência judaica. Essa anomalia era cultural e psicológica, além de socioeconômica, e suas raízes históricas eram óbvias. Os judeus viveram em segregação por muitos séculos, e teria sido milagroso se a perseguição e o isolamento não tivessem deixado cicatrizes traumáticas.

O desejo de sobreviver em circunstâncias adversas moldara o comportamento dos judeus europeus e muitas vezes revelara características negativas. Esse desejo teve um efeito incapacitante não só no intelecto como também no caráter e no desenvolvimento físico dessa minoria perseguida. Para sobreviver, todos os tipos de concessões, algumas moralmente questionáveis, tiveram que ser adotadas. Tal situação não era uma boa escola para a virtude, muito menos para o heroísmo, assim como Nietzsche, o ídolo intelectual daquele período, teria desejado. Favoreceu uma profunda desconfiança do mundo exterior, não a boa cidadania. No Leste Europeu, em vista de seus números, muitos judeus haviam se tornado *luftmenschen*, pessoas que vivem fora do ar, um termo que havia sido cunhado para caracterizar sua precária situação social à margem da sociedade. Eles não estavam cumprindo nenhum papel útil, muito menos necessário, na sociedade, e não tinham uma fonte de renda óbvia e visível.

O sionismo surgiu da profunda insatisfação com esse estado de coisas e do temor de que a anomalia da existência judaica não estivesse apenas fadada a gerar antissemitismo, mas que pudesse levar à destruição física das comunidades judaicas. A resposta sionista era simples: não havia futuro para muitos, talvez para a maioria dos judeus no Leste Europeu. A estrutura social das comunidades judaicas nesses países não poderia ser alterada por reformas realizadas localmente; os judeus não se tornariam de bom grado camponeses na Polônia, na Hungria ou na Rússia – independentemente do fato de que os camponeses nativos dificilmente teriam aceitado isso. A única maneira realista de resolver este enorme problema era a emigração em massa para a Palestina.

A questão judaica só poderia ser resolvida com o retorno à antiga pátria, onde estabeleceriam uma nova sociedade com uma estrutura social normal e saudável. Haveria uma cultura judaica, parte da Europa (com a língua oficial talvez alemã), mas certamente diferente em caráter da cultura dos descendentes de teutões e de Armínio, o Querusco. Alguns primeiros sionistas colocaram uma ênfase especial sobre o retorno à terra, porque o divórcio dos judeus da terra e da natureza tinha sido, de seu ponto de vista, em muitos aspectos, a raiz do mal na diáspora. Somente com o surgimento de um campesinato judeu, o laço orgânico seria restabelecido e uma sociedade saudável se desenvolveria. Líderes sionistas como Max Nordau enfatizaram a importância do aprimoramento do físico dos judeus; daí a ênfase na aptidão física – *Muskeljudentum*.

O sionismo surgiu como uma reação contra a tradição cultural e espiritual do gueto e do *shtetl*, e a educação unilateral do *heder* (a escola religiosa). O sionismo visava a restauração do respeito próprio entre os judeus. A ausência de uma defesa judaica no tempo dos pogroms nos anos 1880 e novamente na época do pogrom de Kishinev (1903) foi um choque profundo. Essa dissociação do *shtetl* do Leste Europeu estendeu-se à rejeição da língua (bastarda) falada ali (iídiche) e ao renascimento do hebraico.

Ao mesmo tempo, o sionismo se voltou contra os assimilacionistas judeus, os que não estavam dispostos a reconhecer que pertenciam a uma nação à parte, sem vontade de se identificar como judeus, embora o fossem aos olhos dos outros. Esses oponentes do sionismo entre os assimilacionistas se opunham a um renascimento nacional porque sentiam que não tinham muito em comum com seus correligionários. Temiam que isso colocasse em risco seu status e os expusessem a acusações de deslealdade a seu país natal.

Os jovens judeus podiam tentar provar que eram tão bons quanto os outros em campos tradicionalmente considerados não judeus, por exemplo, fundando suas próprias associações de debate nas universidades. Ainda assim, em última análise, era a maioria da sociedade em que viviam que decidia quem era aceito e quem não era. Os judeus poderiam dar o melhor de si pelo país em que nasceram e cresceram, mas, mesmo que tivessem posições influentes na vida acadêmica e cultural, ainda permaneceriam de fora da sociedade se a maioria não os aceitasse.

Em retrospecto, a análise do antissemitismo pelo sionismo estava mais próxima da realidade do que a de outros círculos judaicos da esquerda ou da direita. Os sionistas estavam dispostos a admitir que havia graves anomalias na existência judaica em muitos países europeus. Não argumentavam que a assimilação nunca poderia funcionar, mas pensavam que não resolveria a questão judaica a tempo nos países com as comunidades judaicas mais numerosas, onde o problema era mais agudo. Dentro do movimento sionista havia vozes alegando que o sionismo tinha ido longe demais em sua "negação da diáspora", e que às vezes chegava perigosamente perto de aceitar os argumentos dos antissemitas. Mas não era essa a fraqueza decisiva do movimento sionista. Sua real fraqueza era o fato de que poderia oferecer uma alternativa e fuga para apenas relativamente poucos. A Palestina não estava nas mãos dos judeus, e a emigração livre era impossível. A era do nacionalismo havia chegado. O sionismo surgiu tarde demais no cenário político para dar uma contribuição decisiva à solução da questão judaica

— mas, novamente, por razões históricas, não poderia ter surgido muito antes. Essa foi a tragédia histórica da ideia sionista.

Como o sionismo surgiu tão tarde, o estabelecimento de um estado judeu estava fadado a provocar resistência. Os árabes eram muitos e os judeus, poucos. As aspirações sionistas colidiram com as reivindicações de outros, o que levou a uma renovação de hostilidade. Segundo Herzl, o objetivo de um estado judeu era a restauração da dignidade dos judeus e a chance de uma vida em paz. Mas não haveria paz.

CAPÍTULO 9

O Antissemitismo e a Esquerda

O ANTISSEMITISMO MODERNO, TAL como surgiu no início do século XIX, era de inspiração nacionalista, racialista e populista de direita. Foi a era do nacionalismo e do *Volk*. Os judeus, na visão dos antissemitas, não pertenciam apenas a outra religião; seu caráter e mentalidade eram essencialmente diferentes, alheios aos valores e tradições dos franceses, alemães, poloneses, russos e outros povos europeus. Eles eram elementos destrutivos, parasitas que não ofereciam nenhuma contribuição positiva para a sociedade; sua ocupação principal era acumular riqueza e, através de seu dinheiro, influenciar a política e a cultura. Os antissemitas alegavam que os judeus queriam conspirar e dominar, e constituíam um perigo importante, talvez mortal, para o desenvolvimento normal de outras nações. Havia muito mais suspeitas e acusações e todas elas correspondiam à exigência de expor e combater a influência judaica, e, se não fosse possível, remover os judeus fisicamente. Essa então foi a linhagem predominante do antissemitismo ao longo do século XIX e início do século XX.

A esquerda, por outro lado, era a herdeira do Iluminismo e seus ideais eram os da Revolução Francesa, não apenas de liberdade e igualdade, mas também de fraternidade. A esquerda representava a libertação dos oprimidos. Em vista de sua orientação ideológica básica, a esquerda não poderia ser antissemita enquanto grupo.

Além disso, a "questão judaica" não era central para a esquerda, que estava preocupada com a luta mundial entre opressores e oprimidos, exploradores e explorados. Nesse confronto global, os judeus eram um fator pequeno e não muito importante. Não é de admirar que, neste confronto global, os judeus estivessem proeminentemente envolvidos no campo da esquerda que prometia aos judeus, por fim, plena emancipação e libertação. "Esquerda" era sinônimo de progresso e liberdade, assim como "direita" era equivalente à antiga ordem na qual os judeus estavam entre as principais vítimas.

Assim, a esquerda, a protagonista da liberdade, era a grande esperança de muitos judeus, exceto talvez dos muito ortodoxos, que preferiam o conservadorismo às ideias liberais e às revolucionárias. Os próprios ortodoxos temiam que a nova liberdade provocasse a desintegração do judaísmo tradicional. Mas também é verdade que entre os esquerdistas houve um elemento antijudaico desde o início. Surgiu nos escritos dos primeiros socialistas utópicos, para quem os judeus eram os principais representantes do novo capitalismo (personificado pelos Rothschild), que era o principal inimigo. O jovem Marx escreveu um longo ensaio repleto de estereótipos antijudaicos, e o não tão jovem Ferdinand Lassalle, o grande líder popular do movimento da classe trabalhadora alemã, escreveu em uma carta de amor que odiava os judeus.

Pode-se argumentar com alguma justificativa que esses e outros pronunciamentos antijudaicos estavam enraizados no ressentimento psicológico, e não em uma profunda convicção ideológica. O estado do judaísmo europeu após a queda do gueto, após séculos de opressão e uma existência miserável, era deplorável. Os jovens revolucionários judeus imbuídos das ideias modernas não tinham orgulho de sua ascendência judaica. Não tinham nada além de desprezo pelas práticas religiosas antiquadas do judaísmo tradicional, pela falta de cultura entre uma comunidade à qual não se sentiam vinculados e da qual queriam dissociar-se tão rápida e radicalmente quanto possível. Havia considerável constrangimento e até repulsa física – Marx, cuja aparência externa não era "nórdica", chamava Lassalle de "judeu negro".

Os esquerdistas judeus viam a si mesmos como cidadãos de seus países, patriotas do mundo, não membros de uma seita anacrônica. Entre os principais socialistas judeus europeus no século XIX e início do século XX, é difícil encontrar muitos que tivessem alguma simpatia por seus irmãos pobres e oprimidos do Leste Europeu. Por outro lado, por mais que muitas vezes enfatizassem que não deveriam ser abordados com queixas de sofrimentos especificamente judeus (como Rosa Luxemburgo), por mais que enfatizassem que não eram judeus em nenhum sentido significativo do termo (como Leon Trotsky), por maior que fosse seu desinteresse expresso pelas coisas judaicas, para os seus inimigos, os judeus continuavam desprezíveis e perigosos.

Tal era a situação dos judeus que os sociais-democratas e os primeiros partidos comunistas não queriam ter qualquer relação com o antissemitismo, que era o "socialismo dos tolos" (Engelbert Pemersdorter). Não seria difícil encontrar incidentes de antissemitismo na história dos partidos de esquerda, começando com os revolucionários socialistas (o Vontade do Povo) da Rússia no século XVIII. Mas se tratava de incidentes isolados, atípicos dos movimentos socialistas e comunistas em geral. É verdade que os ideólogos marxistas – de Lênin a Karl Kautsky – se opuseram fortemente aos movimentos nacionais judeus. No caso de Lênin, não apenas o sionismo, mas também o *Bund* antissionista; ainda assim, isso tampouco pode ser interpretado como manifestações de antissemitismo – ataques contra os judeus em si.

Os partidos socialistas e comunistas anteriores à Segunda Guerra Mundial tiveram o cuidado de não focar muito na defesa de comunidades judaicas contra ataques antissemitas, mas isso foi feito por oportunismo político e por conta de considerações táticas, não por convicção profunda. O antissemitismo populista era bastante popular, e era politicamente insensato até que um partido de esquerda se envolvesse em um confronto direto com tais sentimentos públicos generalizados.

Na década de 1950, no entanto, uma nova atitude doutrinária de esquerda, às vezes patrocinada por radicais judeus, se desenvolveu. Suas raízes podem ser rastreadas a um período anterior. Abram Leon, um jovem trotskista belga e ex-sionista, publicou durante a Segunda Guerra Mundial um pequeno livro sobre a questão judaica "do ponto de vista do materialismo histórico" que continha temas antissemitas. Argumentou, por exemplo, que historicamente os judeus haviam escolhido a usura como ocupação principal não porque outras profissões fossem barradas para eles, mas por uma inclinação interior e essencial. Ninguém os impediu de se tornarem camponeses ou trabalhadores ou de escolher outro emprego produtivo – eles haviam optado pela usura e aqueles que não admitiam isso eram tolos ou mentirosos. Nem Trotsky nem Lênin jamais argumentaram nessas linhas, e historiadores profissionais de viés marxista (como Maxime Rodinson) rejeitaram esse tipo de argumento como ignorante. Leon pereceu no Holocausto, e, embora seus escritos pudessem ser rejeitados como as aberrações de um jovem semieducado, seu livrinho tornou-se nas décadas seguintes quase um livro *cult* em certos círculos da extrema esquerda. Foi traduzido e muitas vezes reimpresso, e pode ser visto como um precursor do novo antissemitismo do último terço do século XX.

O trotskismo, entretanto, era um movimento marginal na época, enquanto o stalinismo saiu da Segunda Guerra Mundial como força dominante na União Soviética e no Leste Europeu, e também se tornou abertamente antissemita durante o início dos anos 1950. Isto se manifestou em uma variedade de declarações e ações. Os judeus, com raríssimas exceções, foram removidos de posições de liderança no Estado, partido, forças armadas, economia e vida pública em geral. Os comunistas judeus que adotaram nomes russos para esconder suas origens étnicas foram identificados na mídia como estrangeiros e tiveram seus nomes originais revelados. (Stalin, Molotov e outros também haviam mudado de nome, mas era diferente.) O que restara da cultura, do teatro e das publicações judaicas foi destruído. Organizações judaicas como o Comitê Antifascista, fundado durante a guerra, foram dissolvidas; seus membros foram presos e alguns executados. Realizou-se uma grande campanha de propaganda antijudaica alegando que os judeus eram inimigos da Rússia e do comunismo, culminando na prisão de importantes médicos judeus acusados de envenenar líderes comunistas. Stalin planejava deportar os judeus soviéticos para partes distantes do país, e apenas sua morte repentina em março de 1953 parece ter intervindo.

Embora os estereótipos antissemitas fossem usados constantemente, teria sido politicamente inoportuno atacar os judeus enquanto judeus após o assassinato em massa cometido pelos nazistas durante a guerra – os paralelos com a Alemanha nazista teriam sido impressionantes demais. Assim, os judeus eram geralmente chamados de "sionistas" ou "cosmopolitas sem raízes". No entanto, não havia um único sionista entre as vítimas dos expurgos antijudaicos; eram fervorosos antissionistas, fiéis filhos e filhas do Partido Comunista e da pátria soviética. Seu crime era serem judeus, e não o de terem se envolvido em algum desvio ideológico, muito menos em traição.

Essa campanha antissemita não se limitou à União Soviética e teve fortes repercussões em outros países do Leste Europeu. Uma intensa campanha de propaganda antijudaica foi lançada nesses países de 1949 a 1952, às vezes em conexão com a campanha anti-Tito (o líder iugoslavo havia se distanciado do campo comunista em 1947-1948). O caráter antijudaico dos expurgos e provações foi talvez mais evidente em Praga, no julgamento de

Slansky em 1952; os acusados eram todos ex-líderes do Partido Comunista, e, se dois ou três não judeus estavam incluídos entre eles, foi sem dúvida por razões propagandísticas. Os interrogadores chamaram os judeus acusados de "porcos judeus" e inimigos do povo, que se infiltraram no partido e no Estado para causar o máximo dano à causa do comunismo e da humanidade progressista.

Processos semelhantes foram executados ou preparados em outras chamadas democracias populares, com pequenas diferenças de época. Na Alemanha Oriental, Paul Merker, um não judeu (que passou os anos da guerra no México, não na União Soviética), foi designado o principal culpado. Foi acusado de ter exagerado o papel e o sofrimento dos judeus entre as vítimas nazistas, tendo sugerido até que os judeus deveriam ser compensados até certo ponto pela propriedade que havia sido roubada pelos nazistas. De acordo com a linha partidária no bloco soviético, o fato de os judeus terem sido sistematicamente assassinados pelos nazistas em contraste com todos os outros grupos ou nacionalidades foi minimizado: os judeus haviam sido meras "vítimas passivas", não antifascistas ativos; haviam sido perseguidos, mas eram vítimas de segundo ou terceiro grau. Merker foi salvo porque as investigações contra ele se arrastaram e, após a morte de Stalin, tiveram de ser interrompidas. No entanto, nunca foi totalmente reabilitado, e vários outros importantes judeus foram sentenciados a longas penas de prisão, ao passo que outros morreram sob interrogatório ou foram levados ao suicídio. A maioria dos comunistas judeus na Alemanha Oriental foi rebaixada ou excluída do partido, mas muitos foram reintegrados depois de 1955.

Na Hungria, onde a porcentagem de judeus na liderança suprema era maior do que em todos os outros países comunistas, Matyas Rakosi, líder do partido e judeu, previra a chegada da campanha antissemita e logo alertou os órgãos de segurança soviéticos sobre a infiltração de elementos hostis (judeus) no partido. Na Romênia, líderes comunistas judeus foram expulsos e alguns (como Ana Pauker) sentenciados a longas penas de prisão. Na Polônia, também, os judeus estavam fortemente representados nos altos escalões da liderança (Jakub Berman, Hilari Mine, Roman Zambrowski), mas a oposição ao comunismo era tão grande e a ausência de poloneses confiáveis (do ponto de vista de Moscou), tão óbvia, que a remoção dos judeus ocorreu somente após a morte de Stalin, em 1956 e em 1968. Em última análise, como nas outras democracias populares, os judeus foram totalmente eliminados das posições de liderança no Estado e no partido poloneses.

A eliminação dos judeus do governo e o clima antissemítico afetaram não apenas os membros do Partido Comunista Judaico, mas também o restante das antigas comunidades judaicas, resultando na emigração de muitos deles, principalmente da Romênia, Hungria e Polônia. Na União Soviética, houve a princípio uma grande relutância em deixar os judeus irem embora, mas o desejo de se livrar deles colidiu com a reivindicação ideológica de ter resolvido o problema nacional de uma vez por todas.

Quais eram os motivos do antissemitismo comunista e como ele diferia daquele pregado e praticado pelos nazistas? As perseguições do início da década de 1950 podem ser explicadas em parte pelas atitudes pessoais de Josef Stalin e sua paranoia, que se tornou mais obsessiva com a velhice. Entre os muitos outros fatores estava o sentimento antijudaico compartilhado por outros líderes soviéticos e enraizado na população em geral. Embora em 1950 poucos judeus tivessem sido colocados em posições de liderança na União Soviética, certamente não era o caso nas democracias populares, e sua substituição, mais cedo ou mais tarde, por quadros nativos era inevitável. O fato de que isso se deu de forma horrível e mentirosa é outro problema.

O antissemitismo comunista sob Stalin tinha em comum com o antissemitismo nazista e fascista a crença em uma conspiração mundial judaica. Essa era uma parte essencial da doutrina comunista; o papel supostamente desempenhado por Kuhn, Loeb e outros bancos de Wall Street na luta contra a União Soviética no início dos anos 1920 ainda ecoava na memória comunista. Os judeus soviéticos não eram o único grupo étnico com correligionários no exterior. Mas no caso dos armênios, por exemplo, a concentração de seu povo e o centro de sua religião estavam dentro da União Soviética, enquanto no caso dos judeus a maioria estava localizada no exterior, e, é claro, o Estado de Israel agia como um ímã.

A crença profunda em tramas e conspirações precedeu a Guerra Fria – foi a razão dos grandes expurgos da década de 1930, das alegações de que líderes comunistas haviam se vendido para a Gestapo, para o serviço secreto japonês, para o imperialismo britânico e francês. Com a eclosão da Guerra Fria, os Estados Unidos se tornaram o principal inimigo e, como a comunidade judaica americana era considerável e influente, os judeus em todos os lugares se tornaram suspeitos *a priori*. Este permaneceu o caso, embora não de forma tão extrema, após a morte de Stalin, embora não houvesse dirigentes judeus para serem expurgados. No entanto, a máquina de propaganda antijudaica continuou seu trabalho. A política externa soviética, inicialmente neutra no conflito árabe-israelense, virou-se contra Israel depois de 1967, e a Rússia rompeu relações diplomáticas. Mas, no que diz respeito aos judeus do bloco soviético, a campanha de propaganda preocupava-se apenas com os crimes do Estado de Israel, e seguiu linhas antissemitas clássicas. De acordo com os livros e panfletos de vários escritores oficiais, disseminados pelo departamento de propaganda do Partido Comunista ou pela inteligência do exército soviético (não havia certeza sobre a identidade dos patrocinadores), os ensinamentos do judaísmo inspiravam atos inumanos, davam base à ideia chauvinista de que os judeus eram o povo eleito e levavam à sua pretensão de governar sobre outras pessoas do mundo. Esses ensinamentos eram um livro insuperável de sanguinolência e hipocrisia, traição, perfídia e licenciosidade vil. Os judeus eram a quinta coluna de Hitler, alegaram os propagandistas; financiaram os nazistas e foram fundamentais na tentativa de derrubar a ordem soviética. Esses textos antissemitas eram acompanhados de charges que pareciam, e em alguns casos reproduziam, a propaganda nazista.

A grosseria dessas publicações causou reações negativas e constrangimento entre os membros do partido comunista fora da União Soviética. De tempos em tempos, essa propaganda foi suavizada, mas basicamente continuou até os últimos anos da União Soviética. Após a queda da União Soviética, foi retomada e intensificada pelos ex-comunistas e pela extrema direita, e também por setores da Igreja Ortodoxa Russa, que agora podiam alegar que suas terríveis profecias sobre a conspiração judaica haviam se tornado realidade.

Havia certas diferenças nas atitudes em relação aos judeus nas democracias populares. Na Alemanha Oriental, por razões históricas óbvias – as lembranças da ideologia e da propaganda nazistas –, houve menos casos de ataques abertamente antissemitas e poucos ataques contra o Antigo Testamento e os ensinamentos do judaísmo, ou quase nenhum. Os judeus eram denunciados como "inimigos de classe", e o termo "sionista" era geralmente preferido nessas denúncias. Ao contrário do que ocorreu na União Soviética, os cargos no Estado e na liderança partidária, exceto pelo breve período mencionado acima, não foram barrados aos comunistas de origem judaica. Além disso, à medida que a Alemanha Oriental tentava normalizar as relações com os Estados Unidos na década de 1980, os ataques antijudaicos tornaram-se muito mais infrequentes. O mesmo se aplica, em menor medida, aos outros países do Leste Europeu. O declínio nos incidentes abertamente antissemitas teve mais a ver com a diminuição da intensidade da Guerra Fria do que com qualquer mudança ideológica profunda.

Em retrospecto, havia, é claro, outras diferenças significativas entre o antissemitismo de estilo nazista e o antissemitismo comunista. Acima de tudo, o comunismo negaria enfaticamente que sua repressão aos judeus enquanto comunidades ou indivíduos ou que sua doutrinação política antijudaica tivesse algo a ver com o antissemitismo. Comunistas argumentariam que o Sistema Comunista tratava igualmente todos os grupos étnicos e que a pertença étnica não tinha significado – se indivíduos eram atacados ou reprimidos, era porque eram inimigos da paz, ou agentes do capitalismo ou do imperialismo, e não porque eram judeus.

Em vista de seus princípios ideológicos, o marxismo-leninismo, mesmo em sua fase stalinista, não podia ser abertamente racialista; a União Soviética, além disso, era um império multinacional, e alguns judeus sempre foram deixados em paz, mesmo nos piores momentos. O marxismo, afinal de contas, era o herdeiro do Iluminismo e dos ideais da Revolução Francesa, e o conceito de uma raça superior era impensável – embora a ideologia soviética tivesse percorrido um longo caminho desde os primeiros dias internacionalistas até algo semelhante ao nacional-socialismo. Marx havia nascido judeu e muitos outros judeus de um período anterior haviam sido comunistas – essa história não poderia ser reescrita.

Mesmo nos dias de Marx e Engels, no entanto, nem todos os povos eram considerados iguais – poloneses e húngaros, por exemplo, eram considerados progressistas, enquanto os russos eram uma força reacionária na história do mundo, e os eslavos do sul não tinham importância. Mais tarde, surgiu uma doutrina marxista-leninista oficial de igualdade absoluta, mas havia uma linha partidária não escrita segundo a qual alguns grupos eram mais progressistas do que outros, e os judeus eram considerados reacionários. O mínimo que se exigia dos judeus, a fim de serem aceitos como iguais, era dissociar-se totalmente do judaísmo, não só da religião judaica ou da simpatia pelo sionismo, mas de qualquer identificação com outros judeus, e lutar ativamente contra todos os sentimentos nacionais judaicos. Somente nessas condições poderiam esses judeus não judeus – para usar a expressão cunhada por um deles, Isaac Deutscher – esperar ser tratados como camaradas na luta por justiça e progresso. Mas, mesmo nessas circunstâncias, ainda restava um resíduo de suspeita e hostilidade.

O antijudaísmo comunista também é interessante por causa do uso intercambiável dos termos "sionismo" e "judaísmo". Os bolcheviques se opunham ao sionismo mesmo antes da Revolução de 1917 (assim como Kautsky, um dos principais social-democratas), mas o uso do termo "sionismo" como sinônimo de judaísmo e judeu era impensável. Entre os judeus remanescentes no Império Soviético depois da Segunda Guerra Mundial não havia mais do que talvez um punhado de sionistas, porque os verdadeiros sionistas tinham usado as oportunidades no final da guerra para emigrar para a Palestina. Aqueles que foram atacados como sionistas sob Stalin e seus sucessores eram tudo menos sionistas; a maioria conhecia pouco e se importava menos ainda com o estado judeu que havia surgido em 1948. Portanto, é legítimo definir a atitude comunista para com os judeus durante a maior parte do período do pós-guerra como antijudaica, embora esse antissemitismo seja diferente em caráter das manifestações antissemitas religiosas ou racialistas anteriores.

A influência dos partidos comunistas e do comunismo diminuiu muito com a desintegração da União Soviética, mas a Nova Esquerda continuou um ator influente no cenário político em muitos países. Foi entre esses grupos e especialmente entre os mais radicais que surgiram opiniões antissemitas. Novamente, como no caso dos comunistas, houve negações enfáticas por parte dos acusados de antissemitismo: dizia-se, por exemplo, que se tratava de uma calúnia disseminada por judeus nacionalistas de direita; muitas das principais figuras da Nova Esquerda, dos trotskistas e de outros grupos de esquerda eram judeus, e as acusações de antissemitismo eram apenas uma tentativa de silenciar os críticos das políticas direitistas, agressivas e reacionárias seguidas pelo Estado de Israel.

A ocupação da Cisjordânia após a Guerra dos Seis Dias de 1967, a luta contra o terrorismo e as políticas do Likud de direita geraram sentimentos anti-israelenses em geral entre grupos de esquerda (e outros) tanto na Europa como na América, e também entre árabes e muçulmanos. No entanto, como indicado anteriormente, havia hostilidade com relação a Israel, mesmo antes de 1967. As políticas israelenses depois dessa data não são suficientes para explicar as atitudes antijudaicas que se desenvolveram na esquerda política. Pelo menos algumas das outras forças motivadoras envolvidas devem ser mencionadas.

Enquanto os judeus continuavam proeminentemente envolvidos com a esquerda radical no Ocidente, especialmente com os trotskistas e grupos similares, eram "judeus não judeus". Por outro lado, os judeus estavam pelo menos igualmente envolvidos de forma proeminente nos campos antistalinista e anticomunista durante a Guerra Fria, e isso a extrema esquerda não estava disposta a esquecer nem perdoar, especialmente quando a sua avaliação sobre a União Soviética e o comunismo foi confirmada pelo colapso do Império Soviético no final da década de 1980.

Além disso, como resultado de desenvolvimentos sociais e econômicos, um número crescente de judeus havia se mudado da esquerda para o centro; por motivos sentimentais, a maioria dos judeus americanos ainda votava nos democratas, embora pudessem apoiar igualmente os republicanos. Embora nos anos anteriores não houvesse lugar para os judeus em partidos conservadores, não era mais o caso; já não havia sentimentos antissemitas significativos nesses círculos. Entre os populistas radicais de esquerda na Europa e também na América, ataques – algumas vezes velados, às vezes diretos – foram lançados contra os judeus. Se a direita já não era o que era, o caráter da esquerda também mudara. Uma vez houve uma esquerda democrática e uma esquerda marxista ou anarquista, mas, com o passar do tempo, elementos populistas se tornaram muito mais fortes entre eles. Esse populismo, com igual facilidade, poderia vir para a direita ou para a esquerda, e poderia cooperar com grupos antissemitas reacionários.

No que diz respeito a Israel, é útil relembrar mais uma vez que a maioria da esquerda radical (exceto por um curto período, pois os partidos comunistas seguiam a liderança soviética) foi contra a criação do Estado de Israel, que, em sua opinião, era, na melhor das hipóteses, um anacronismo, uma recaída no nacionalismo burguês numa época em que o mundo inteiro caminhava para o internacionalismo. Assim, a esquerda radical considerou o sionismo e o estabelecimento de Israel acontecimentos retrógrados e reacionários, enquanto os árabes eram vistos como combatentes progressistas da libertação nacional.

Nessa perspectiva, o fato de haver um forte movimento trabalhista e de esquerda entre os israelenses foi de pouca importância, assim como o fato de não haver uma esquerda árabe significativa, embora a fraseologia anti-imperialista e quase leninista tenha sido adotada em certos círculos árabes durante as décadas de 1960 e 1970. Mais tarde, o nacionalismo extremo e o fundamentalismo religioso tomaram a esquerda árabe. No que diz respeito à esquerda radical, "objetivamente" os opositores árabes de Israel eram uma força progressista e tinham que ser apoiados. Mesmo as linhas clássicas do marxismo e do leninismo ensinavam que a luta pela libertação nacional e social nos países subdesenvolvidos poderia assumir formas estranhas e antiquadas. Por outro lado, os esquerdistas de Israel, quaisquer que fossem suas doutrinas políticas, eram considerados "objetivamente" reacionários e pró-imperialistas.

Portanto, já nos anos 1950 e início dos anos 1960, houve uma identificação nos círculos esquerdistas radicais ocidentais com insurgentes palestinos, que se manifestavam em escritos ideológicos, bem como no uso do *kaffiyeh* e no envio de terroristas ocidentais ("Carlos, o Chacal" e membros da gangue Baader-Meinhof) para campos de treinamento em países árabes. No fim, membros desses grupos terroristas adotaram uma causa comum com organizações terroristas árabes em sequestros de aeronaves e outras operações. O grupo Baader-Meinhof saudou o assassinato de atletas israelenses nas Olimpíadas de Munique como mais um passo na luta pela libertação nacional. Também participou de ataques contra israelenses e judeus europeus. De seu ponto de vista, os judeus que viviam no que antes era a Palestina não tinham direito a um estado próprio; deviam e iriam emigrar ou encontrar seu lugar em um país e sociedade árabes.

Tais declarações e demandas extremas não foram de modo algum partilhadas por todos os segmentos de esquerda, e é discutível se os grupos radicais de extrema esquerda, terroristas ou pró-terroristas ainda poderiam ser considerados "esquerdistas" em qualquer sentido significativo. Definiam-se como esquerda, mas o fascismo primitivo, afinal, também se proclamara anticapitalista, anti-imperialista e contra a plutocracia. Essa nova doutrina de esquerda provavelmente teve mais a ver com o romantismo do terceiro mundo do que com ideias da esquerda tradicional. Seja ideologicamente legítimo ou não, o caráter antijudaico dessa propaganda emergiu claramente antes de 1967, quando, em consequência da Guerra dos Seis Dias, Israel ocupou a Cisjordânia e Gaza. Mostrou-se também em aspectos que não tinham nada a ver com Israel – como a negação ou o desprezo pelo Holocausto.

Essa escola de pensamento encontrou muitos adeptos, principalmente entre neonazistas e simpatizantes. Também foi adotada por grupos da extrema esquerda, como *La vieille taupe* ("A velha toupeira") na França, bem como ex-líderes comunistas, como Roger Garaudy, que se deslocou do Politburo do Partido Comunista Francês para a extrema direita. Outros adotaram o que chamaram de "terceira via". *La vieille taupe* foi atacada por sua defesa da negação do Holocausto, assim como Robert Faurisson, o autor francês do texto-padrão e do manifesto detalhando as alegações. Mas o livro de Faurisson teve um prefácio de Noam Chomsky, o mais famoso porta-voz da esquerda norte-americana, e isso causou um pequeno escândalo.

A gangue Baader-Meinhof e seus grupos aliados, que afirmavam que o seu antinazismo era incomparável, argumentavam, no entanto, que a Alemanha precisava de alguma forma superar o íncubo de Auschwitz. Como Horst Mahler, o advogado do grupo na época, disse mais tarde, a "mentira de Auschwitz" foi "fabricada por nossos inimigos para nos destruir e, logo, todo o povo alemão". No que se refere aos judeus, para esses grupos, as vítimas de ontem se tornaram os assassinos de hoje (*ZioNazis*) que desejavam exterminar os palestinos, e Moshe Dayan era o Himmler de Israel. O caso de "Carlos, o Chacal" não foi atípico. Terrorista mais proeminente dos anos 1960 e 1970, esse atirador venezuelano havia saído das suas posições ultraesquerdistas, que rejeitavam as políticas soviéticas por não serem suficientemente revolucionárias, para a identificação com a luta travada por Osama bin Laden. Tentar definir tal posição como comunista ou fascista pode ser discutível, mas o elemento antijudaico era óbvio, e a negação do Holocausto fazia parte de sua nova ideologia.

A negação do Holocausto também se tornou parte do arsenal ideológico da propaganda árabe contra Israel e os judeus. Visto do ponto de vista árabe, não se tratava de um argumento racional e lógico, pois, se não fosse pelo assassinato em massa dos judeus pelos nazistas, o Estado de Israel, com toda probabilidade, nunca teria surgido. Mas essa é uma ilustração de como fatores emocionais superaram o pensamento racional.

Em sua forma extrema, os negacionistas de esquerda do Holocausto não eram muitos, mas havia um grupo consideravelmente maior de pessoas que expressavam teses semelhantes em uma versão diluída ou lutavam pelo direito dos negacionistas de expressar suas opiniões. Outros ainda afirmaram que, embora o Holocausto tenha de fato ocorrido, fora explorado e instrumentalizado por judeus chauvinistas para ganhar simpatia internacional, extorquir dinheiro da comunidade internacional em compensação pelos fundos roubados pelos nazistas e também para justificar a política israelense.

Os judeus individuais da extrema esquerda desempenharam um papel importante na "desconstrução" da história do Holocausto: essa campanha foi bem-sucedida porque coincidiu com o surgimento de uma reação generalizada contra o Holocausto. Não era verdade que muito havia sido dito do assassinato dos judeus por muito tempo, e não era correto que outros casos de assassinato em massa estivessem ocorrendo no mundo contemporâneo? Por que os judeus deveriam insistir em tratamento preferencial e enfatizar o caráter exclusivo do Holocausto? Acima de tudo, essa ênfase no Holocausto não serviria de ajuda para Israel?

Duas outras considerações – uma de política prática, a outra ideológico-psicológica – desempenharam um papel importante no surgimento de sentimentos antijudaicos entre a esquerda europeia. (Políticas práticas e considerações ideológicas também estavam em jogo na América, onde os radicais de esquerda encontravam desculpas, quando não justificativas, para a Nação do Islã de tipos como Louis Farrakhan, Al Sharpton e outros que afirmavam que os judeus eram os principais comerciantes de escravos, entre seus outros crimes.)

Houve um momento em que a classe trabalhadora industrial era considerada a aliada natural dos partidos Social-Democrata e Comunista, mas nas últimas décadas esse segmento da sociedade havia encolhido e sua composição étnica havia mudado. Após a grande onda de imigração na Europa nas décadas de 1960 e 1970, surgiu um forte elemento muçulmano no que restava da classe trabalhadora industrial europeia. O rápido aumento populacional entre esses recém-chegados da Turquia, do norte da África e do mundo árabe fez deles um fator de importância política. Políticos socialistas e social-democratas, bem como os verdes e outros partidos políticos na Alemanha, tiveram que levar em conta o humor e as demandas desses novos eleitores, cujos números poderiam ser decisivos em dezenas de distritos eleitorais. E não era segredo que o sentimento antijudaico corria solto nesses círculos.

Se isso se aplica aos moderados socialistas e seus cálculos eleitorais, a esquerda mais radical, como vários grupos trotskistas e da Nova Esquerda, foi ainda mais longe, foi mais sincera e teve menos restrições. Pequenos e isolados, esses grupos vinham procurando aliados há décadas, enquanto tentavam funcionar através de partidos políticos e sindicatos estabelecidos em uma política denominada "entrismo *sui generis*"; isso, no entanto, não foi bem-sucedido. Para eles, esse novo "proletariado" parecia ser apenas mais uma oportunidade para fortalecer sua influência e criar uma base de massa.

Embora a ideologia trotskista tradicional não esteja de forma alguma próxima dos ensinamentos islâmicos radicais e da xariá, como os islamistas radicais também se afiliaram ao anticapitalismo, antiglobalismo e antiamericanismo, parece ter surgido um terreno comum o suficiente para uma aliança. Portanto, os militantes da extrema esquerda começaram a marchar lado a lado com os radicais islamistas em manifestações, denunciando a agressão americana e os crimes israelenses. Na Grã-Bretanha, um novo partido político chamado Respect foi fundado, unindo trotskistas, stalinistas, militantes da Irmandade Muçulmana e grupos semelhantes. E era natural que, em manifestações de protesto, militantes da extrema direita se juntassem a eles; que cartazes antissemitas fossem exibidos; e que literatura antijudaica, como *Os Protocolos*, fosse vendida. Não se poderia razoavelmente esperar que os politicamente pouco sofisticados fizessem as sutis distinções entre o sionismo e o judaísmo. Ocasionalmente, gritos como "morte aos judeus", "morte aos gays", ou "abaixo os direitos das mulheres", ou a defesa do terrorismo suicida envergonhavam os militantes de esquerda, mas era um pequeno preço a se pagar para ganhar aliados poderosos.

Alianças semelhantes de vários grupos mais incipientes – anarquistas, ATTAC (Associação para uma Tributação de Transações Financeiras e para Assistência aos Cidadãos, uma organização internacional antiglobalização) e outras organizações "autônomas" que surgiram sob a proteção geral da antiglobalização – foram forjadas para manifestações públicas. Individualmente, a maioria não era antissemita, ou pelo menos não mais antissemita do que os membros de outros partidos, e rejeitava furiosamente qualquer imputação nesse sentido. Mas a pesquisa de opinião estabeleceu que, no que dizia respeito a eles, o inimigo não era apenas Ariel Sharon; estavam convencidos de que os judeus eram influentes demais na política mundial em geral, de que Israel (e não a proliferação de armas nucleares, nem a al-Qaeda, nem mesmo a América) era o maior perigo para a paz mundial. E, como a maioria dos habitantes de Israel era composta de judeus, já que muitos judeus fora de Israel tinham família lá, e muitos judeus simpatizavam com o Estado de Israel, apesar de discordar de seu governo, os judeus em geral eram responsáveis por Israel (a menos que realmente lutassem contra isso), e para eles o mundo seria certamente um lugar mais seguro se Israel não existisse. Eram claras as conclusões a que esse raciocínio levaria.

Vistos a partir desse espelho, os judeus eram os novos nazistas. Eles estavam sistematicamente exterminando os inocentes palestinos, encarcerando-os em guetos. Mas, delitos israelenses à parte, os judeus eram responsáveis por crimes internacionais do passado, do comércio de escravos negros ao comércio de escravos brancos (prostituição), corrupção e muitos outros. Embora os líderes mais responsáveis do antiglobalismo e da esquerda frequentemente rejeitassem essas denúncias, elas persistiram mesmo assim. Também é verdade que as acusações de nazismo e nazificação nem sempre significaram o que pareciam significar, especialmente quando emanavam de fontes árabes. O nazismo no mundo árabe nunca foi o pior dos crimes; pelo contrário, Hitler e seu regime mantêm popularidade considerável até hoje no mundo árabe, com base no fato de que o inimigo do meu inimigo deve ser meu amigo.

Havia uma crença na esquerda de que os judeus eram a principal força por trás do globalismo, e isso, ao lado da ascensão do antiamericanismo (e a convicção de que os judeus administravam a política americana de uma forma ou de outra), era a fonte doutrinária do sentimento antijudaico de esquerda. As grandes potências nunca foram historicamente populares, e o antiamericanismo não era novidade, exceto que, no século XIX até meados do século XX, era muito mais difundido na direita europeia do que na esquerda. Ataques contra a "plutocrática América" sob o presidente Franklin Rosenfeld (Roosevelt) eram frequentes na era nazista.

Quando a Guerra Fria terminou, a América emergiu como a única superpotência, e isso criou uma situação inteiramente nova. Muitos na esquerda radical não podiam aceitar que o lado errado tivesse prevalecido na Guerra Fria, e passaram a considerar o agressivo imperialismo americano o inimigo de todos os povos. Isso aconteceu com o governo de Bill Clinton e especialmente com o do presidente George W. Bush, que seguiu uma política externa agressiva no Afeganistão e no Iraque. A América, e em particular a administração republicana, tornou-se a grande ameaça a ser combatida, e, na luta contra ela, todos os aliados foram bem-vindos.

De onde surgiu a inspiração para a política americana? Dos neoconservadores e de Leo Strauss. Leo Strauss (1899-1973), um filósofo político de origem judaico-alemã, chegou à América nos anos 1930 e lecionou durante muito tempo na Universidade de Chicago. Ele havia escrito sobre Xenofonte e Platão, sobre Spinoza, Hobbes e Maimônides, mas na realidade (de acordo com a versão da Nova Esquerda) era um criptofascista. A insidiosa mensagem de seu trabalho tinha sido estabelecer a hegemonia global americana e o império mundial americano por meio da artimanha. Strauss, afirmava-se, havia estabelecido um grupo de estudantes principalmente judeus, a chamada escola neoconservadora, e seus discípulos alcançaram posições de imensa influência sob o governo Bush no final da década de 1990. Seria difícil demonstrar que o presidente ou o vice-presidente dos Estados Unidos, os secretários da Defesa e do Estado, ou o chefe da Agência Central de Inteligência já haviam ouvido falar de Strauss, mas tão poderoso e insidioso era o legado ideológico de Strauss que moldara quase imperceptivelmente a política externa americana, culminando na invasão do Afeganistão, do Iraque e da guerra contra o terror, através das maquinações de seus acólitos judeus, fervorosos defensores do sionismo de direita, atuando em uníssono e com grande determinação.

O precedente, em breve esboço, foi a explicação semiacadêmica da Nova Esquerda sobre muito, ou tudo, o que havia acontecido de errado com a política americana, que, de forma simplificada, através dos meios de comunicação de massa, chegou a um público muito mais amplo. No caso de *Os Protocolos dos Sábios de Sião*, aqueles que puxavam as cordas eram rabinos e banqueiros. As principais figuras dessa nova conspiração eram professores de Filosofia. Como no caso do comunismo em suas fases stalinista e pós-stalinista, a Nova Esquerda e os antiglobalistas enfrentavam algumas barreiras para proclamar abertamente o antissemitismo racial: a ideia de raças superiores e inferiores. Palavras de código foram usadas, mas a esquerda radical e a antiglobalização certamente tinham o que alguns observadores chamaram de um "problema judeu". Os judeus eram vistos com desconfiança a menos que deixassem claro que participavam ativamente da luta contra o capitalismo, imperialismo, globalismo e, em alguns casos, a existência de um estado judeu.

Chamar de antissemitas essas suspeitas de intrigas judaicas, imputações de lealdades duplas e denúncias de excessiva influência judaica, ou usar outros termos, é uma questão de interesse semântico que pode ser discutida incessantemente. A atitude da Nova Esquerda para com os judeus certamente se assemelhava mais à da Igreja medieval do que à da era do racialismo, pois pelo menos havia salvação através da conversão. Algumas das semelhanças com formas anteriores de hostilidade contra os judeus enquanto grupo ou indivíduos eram sem dúvida mais do que superficiais, e faziam parte do que foi chamado, por falta de uma expressão mais precisa e menos ofensiva, de novo antissemitismo.

CAPÍTULO 10

O Antissemitismo e o Mundo Muçulmano

O **SURGIMENTO DO ANTISSEMITISMO** político no mundo árabe e muçulmano é relativamente recente. Acreditava-se que o antissemitismo fosse um fenômeno exclusivamente europeu. Porta-vozes árabes e muçulmanos argumentavam com frequência que, por definição, não podiam ser antissemitas porque eram eles mesmos semitas. Mas os termos "semita" e "semítico" referem-se a um grupo de línguas, e o fato de os judeus falarem uma língua (hebraico) que já foi relacionada ao árabe não exclui conflitos entre esses dois povos mais do que exclui conflitos entre russos e alemães, ou franceses e britânicos, simplesmente porque todos falam línguas pertencentes à família indo-europeia.

O Alcorão e seus intérpretes tinham muitas coisas conflitantes a dizer sobre os judeus, e esses escritos têm sido importantes para moldar as atitudes árabes e muçulmanas até hoje – especialmente em eras em que a religião fundamentalista figura de forma proeminente. Na época do profeta Maomé, tribos judaicas viviam na Península Árabe, particularmente em Medina e arredores. Maomé tentou, sem muito sucesso, convertê-los à sua nova religião. Eles se recusaram a aceitar sua mensagem e ele acabou por lutar contra os judeus, derrotando-os e executando a maioria deles.

Mas o Alcorão também diz que Maomé tinha amigos judeus e há mesmo um versículo que pode ser interpretado como dizendo que Alá prometeu Jerusalém aos judeus. É possível encontrar versículos que pregam a tolerância: "Não deve haver coerção em questões religiosas" (Sura 2,256);

tanto Moisés como Jesus eram profetas genuínos; judeus e cristãos são referidos como *ahl al-kitab* (Povo do Livro) e deveriam ser mais bem tratados nas sociedades muçulmanas do que pagãos.

É igualmente fácil encontrar citações afirmando que a *jihad* (guerra santa) é dever sagrado de todo crente muçulmano, que judeus e cristãos devem ser mortos, e que essa luta deve continuar até que reste apenas a religião muçulmana (Sura 8,39). Como al Baqara, a segunda sura do Alcorão diz sobre os judeus: matem-nos (filhos dos macacos e porcos) onde quer que os encontrem. Ou, como diz um dos dois principais intérpretes de Maomé, Buhari: a última hora não chegará até que os muçulmanos lutem contra os judeus, até que um judeu se esconda atrás de uma pedra ou de uma árvore, e a pedra ou a árvore dirá: "Oh, muçulmano, há um judeu se escondendo atrás de mim. Venha e mate-o" (Sahih, 4,52.176). Esse trecho é citado inúmeras vezes até os dias de hoje, e até aparece na Constituição do Hamas, a organização islamista palestina. Dizem que os judeus são traiçoeiros e hipócritas e que nunca poderiam ser amigos dos muçulmanos. O fato de que os escritos sagrados do islã contenham muitas declarações antijudaicas não deveria talvez ser considerado uma hostilidade exclusiva e sem precedentes. Observações hostis semelhantes podem ser encontradas em relação aos cristãos, todos os não muçulmanos e, em particular, os pagãos.

Como os judeus viviam sob o domínio muçulmano? Em geral, consideravelmente melhor do que na Europa cristã até o século XVIII, e não houve holocausto no mundo muçulmano. Pelo contrário, houve épocas e lugares em que os judeus prosperaram material e culturalmente. Isto é verdade, acima de tudo, em relação à Espanha, no início e na alta Idade Média. Esse período entrou na história judaica como a era de ouro da Andaluzia.

Historiadores judeus do século XIX exageraram um pouco o grau de liberdade e bem-estar dos judeus na Espanha e em Portugal. Certamente os judeus nesses países se saíram melhor do que sob os visigodos que precederam os invasores muçulmanos, e melhor do que sob os governantes cristãos que os sucederam. O exagero, deliberado ou inconsciente, provavelmente surgiu para colocar o sofrimento dos judeus na Europa cristã em relevo ainda mais gritante. Mas também é verdade que os judeus nos países muçulmanos estavam, como diz o Alcorão, num estado de miséria por terem rejeitado a mensagem de Maomé. Os judeus eram, na maior parte do tempo, na prática diária e em princípio, vistos com desprezo, como covardes e traiçoeiros, e como um elemento de corrupção.

Em Bagdá e em outros lugares, os judeus tinham que usar um distintivo amarelo ou algo na cabeça para diferenciarem-se das outras pessoas. Houve grandes pogroms em Granada (1066) e Fez (1465) em que milhares foram mortos, e eles não foram os únicos a serem atacados. Algumas comunidades judaicas do norte da África foram convertidas à força; no Iêmen e Bagdá, em várias épocas, muitas sinagogas foram destruídas. Houve uma nova onda de pogroms no final do século XVIII e início do século XIX, principalmente no norte da África. No Império Otomano, as autoridades, em geral, não toleravam massacres desse tipo.

O status legal dos judeus no mundo muçulmano era o de *dhimmi*; gozavam de proteção como cidadãos de segunda classe (*dhimmis*). Estavam autorizados a praticar sua religião (mas não muito alto ou ostensivamente), tinham que pagar uma taxa *per capita* (*jizya*) e estavam sujeitos a uma grande variedade de restrições. Não podiam portar armas nem ser funcionários públicos (embora os judeus durante certos períodos servissem como administradores e até ministros). Eles não tinham permissão para andar a cavalo ou camelo. Na rua, tinham que dar aos muçulmanos o direito de passagem; não eram autorizados a testemunhar em tribunal em sua própria defesa. Os muçulmanos podiam se casar com mulheres judias, mas os homens judeus eram proibidos de ter relações sexuais com mulheres muçulmanas ou de casar-se com elas.

Os impérios muçulmanos estendiam-se do norte da África ao sul e centro da Ásia, e o tratamento dos judeus não era de modo algum uniforme. Por isso, é difícil fazer generalizações abrangentes. Pode-se argumentar que o status de cidadão de segunda classe era preferível a não ter nenhum direito. Os judeus eram tolerados desde que aceitassem seu status inferior. Os muçulmanos não odiavam nem temiam tanto os judeus – afinal, eles não eram acusados de terem matado o fundador de sua religião (apenas de terem tentado fazê-lo); não eram considerados um elemento perigoso, mas fraco e miserável. E isso eles haviam infligido a si mesmos.

Os muçulmanos sempre foram superiores aos judeus, que perderam seu antigo status de povo eleito ao rejeitar Maomé. Essa, em geral, era a razão de seu status na lei, como na conduta da vida cotidiana. Se os ataques contra judeus e tumultos acontecessem, tinham a ver principalmente com o caráter dos governantes e também com suspeita e inveja da parte da população em geral, e porque os judeus individualmente tinham de algum modo obtido posições de influência política e afluência. Às vezes havia antissemitismo de cima, outras vezes de baixo e às vezes pouco ou nenhum. Se os judeus prosperassem em uma sociedade muçulmana, deveriam abster-se de mostrá-lo. Tudo isso se aplica à Idade Média e ao início da Era Moderna, mas houve uma lenta melhora na posição dos judeus durante os últimos dois séculos do Império Otomano.

Em sua forma moderna, o antissemitismo muçulmano apareceu apenas no século XIX, em grande parte por influência das comunidades cristãs árabes. Acusar os judeus de assassinato ritual era virtualmente desconhecido no mundo muçulmano, mas, com o caso de Damasco em 1840, essa importação europeia surgiu no Oriente Próximo. Padre Tomaso, um monge capuchinho em Damasco, desapareceu de repente. Seus colegas monges acusaram falsamente os judeus locais de assassinato ritual; os chefes da comunidade foram presos, torturados e confessaram; alguns morreram em decorrência da tortura. Um agente diplomático francês local era a principal força por trás dessas acusações; o caso foi amplamente divulgado em toda a Europa e provocou protestos generalizados até que as autoridades otomanas admitiram que as acusações eram totalmente falsas.

No entanto, essa não foi a última tentativa de acusar judeus e comunidades judaicas de assassinato ritual. Acusações semelhantes foram feitas em muitas cidades do Império Otomano no século XIX – algumas em 1897-98 na Argélia e em 1901-02 no Cairo. Em todos esses casos, as acusações originaram-se de comunidades cristãs ortodoxas e católicas, frequentemente com o apoio de agentes consulares europeus que geralmente eram franceses ou gregos. Em partes do Império Otomano onde as comunidades cristãs não existiam, tais incidentes não ocorreram. No caso do envolvimento francês, provavelmente havia uma conexão com o caso Dreyfus; muitos membros do corpo diplomático e consular francês eram anti-*dreyfusards*, como também faziam parte da administração colonial francesa no norte da África. Um embaixador britânico em Constantinopla, Sir Gerald Lowther, também desempenhou um papel importante na propagação de textos antissemitas, e algumas das publicações antissemitas europeias foram traduzidas para o árabe antes da virada do século, por exemplo, *O Judeu do Talmude*, de August Rohling.

A colonização judaica da Palestina (na época parte do distrito de Damasco) começou na década de 1880, mas foi em escala muito pequena e provocou pouco interesse fora da Palestina. Nem os congressos sionistas (o primeiro ocorreu em Basileia em 1897) geraram muita atenção. Najib Nasser, um árabe cristão, publicou em Haifa um periódico intitulado *Al Karmel*, que era antissionista, e um cristão libanês, Najib Azouri, localizado em Paris e que escrevia em francês, foi além do antissionismo em um livro publicado em 1905, ecoando as alegações antijudaicas que provavelmente se originaram com a direita francesa. No entanto, essas publicações não alcançaram grandes audiências. Foi somente com a Primeira Guerra Mundial, a declaração de Balfour e o estabelecimento de uma pátria judaica que o antissionismo se tornou uma questão importante para os árabes palestinos e, em menor escala, para os países árabes vizinhos, que alcançaram a independência depois do colapso do Império Otomano.

Embora porta-vozes palestinos e árabes há muito afirmassem que sua oposição ao sionismo não tinha nada a ver com a atitude deles em relação aos judeus em geral, que eram seus primos, se não irmãos, e sempre viveram em paz no meio deles, o antissionismo se transformou em hostilidade contra todos os judeus. Isso se manifestou cedo em ataques físicos – por exemplo, o massacre da antiga comunidade judaica não sionista de Hebron em 1929; o Pogrom Bagdá-Farhud de junho de 1941, no qual centenas foram mortos; ataques em Constantina, na Argélia, em 1934; e os massacres de Trípoli, na Líbia, em 1945 e 1948, em que muitos pereceram. O antissemitismo se manifestou ainda mais claramente no nível ideológico. Os sionistas, afinal, eram judeus e desfrutavam do apoio de outros judeus em todo o mundo. Sob essas condições, fazer distinções sutis entre bons judeus e maus sionistas parecia desnecessário e, do ponto de vista político, contraproducente. A liderança iraniana não quer apenas destruir Israel, mas também afirma que o Holocausto nunca aconteceu.

Houve diferenças significativas entre o antissemitismo europeu e o árabe. O antissemitismo europeu estava enraizado em uma variedade de motivos teológicos e racialistas posteriores que não se aplicavam, ou se aplicavam em menor escala, no mundo árabe. Nem os fatores psicológicos, econômicos e sociais relevantes no antissemitismo europeu necessariamente funcionavam no Oriente Médio e no mundo muçulmano. O antissemitismo árabe e muçulmano inicialmente não tinha nada a ver com as crises econômicas e a ascensão do capitalismo, e muito pouco a ver com o aumento da globalização.

Como Yehoshafat Harkabi apontou há muitos anos, o antissemitismo árabe e muçulmano era o resultado, e não a razão, da hostilidade árabe para com Israel; gradualmente se tornou um "meio de aprofundar, justificar e institucionalizar essa hostilidade entre os árabes" e, posteriormente, também entre os muçulmanos. Mas não foi a única razão. Embora na Europa o estereótipo do judeu fosse o do parasita, no mundo árabe, pelo contrário, era – especialmente depois de 1948 – o de um agressor, assassino e belicista. A situação era duplamente inaceitável: que a pátria palestina tenha sido roubada já era ruim o suficiente, mas que os perpetradores fossem judeus, sempre considerados fracos e covardes, era totalmente inaceitável. Como o islã era tradicionalmente uma religião expansionista e em guerra, as derrotas de 1948 e 1967 por um inimigo que ninguém jamais havia levado a sério representaram um grande trauma para seus adeptos.

O antissemitismo árabe mudou sua ênfase ao longo do tempo. Entre as duas guerras mundiais, a ênfase recaiu sobre o caráter revolucionário, comunista, ateu e, portanto, subversivo dos judeus. Isso também figurou nas várias declarações do grão-mufti de Jerusalém que encontraram público na Alemanha nazista. A luta contra o bolchevismo e o judaísmo mundial foi mais ou menos a mesma batalha, e as unidades voluntárias bósnias, estabelecidas com a ajuda do mufti, participaram do assassinato dos judeus iugoslavos. O anticomunismo era a atitude da moda na época, mas depois da Segunda Guerra Mundial isso mudou, à medida que a União Soviética se tornava aliada política do mundo árabe. A ênfase a partir de então foi sobre o caráter capitalista, imperialista e pró-americano do judaísmo mundial.

Já se enfatizou a inspiração europeia inicial do antissemitismo árabe, e em anos posteriores certos aspectos do antissemitismo europeu (incluindo a negação do Holocausto e justificativa dos crimes nazistas) continuaram a encontrar uma recepção calorosa e muitos imitadores no mundo árabe e muçulmano. Isto é particularmente verdade em relação ao alegado caráter conspiratório do judaísmo mundial. *Os Protocolos dos Sábios de Sião*, e literatura semelhante, incluindo o *Mein Kampf* de Hitler, não encontraram em nenhum lugar leitores e adaptadores mais entusiasmados do que no mundo árabe e muçulmano. Uma edição de Beirute do *Protocolos* figurou em várias listas de *best-sellers*. *O Judeu do Talmude*, de Rohling, gerou nada menos que 22 livros em árabe sobre o mesmo assunto. Se nos anos anteriores – até o final dos anos 1960 – a "questão judaica" ainda era pequena, tornou-se no final da década um tema central no discurso árabe. O miserável e desprezado judeu se transformou em uma figura sobre-humana, demoníaca, quase onipotente – um perigo para o mundo inteiro, o instigador de uma nova guerra mundial. A crença em tramas e conspirações tinha uma tradição sagrada no mundo árabe e nenhum outro encorajamento europeu foi necessário a esse respeito.

Outra característica importante do antissemitismo árabe nas últimas décadas tem sido sua islamização. Cada vez mais se faz uso de citações antijudaicas seletivas do Alcorão, apontando o fato de os judeus serem pérfidos, egoístas, avarentos, obstinados, fraudulentos, dominadores e sanguessugas. Esse tipo de propaganda, que também se refletia nas *belles-lettres* e charges dos árabes, estava fadada a suscitar dúvidas e contradições ocasionais: se os judeus eram todos cafetões covardes e prostitutas degeneradas, como explicar sua vitória sobre os exércitos árabes?

Essa islamização do antissemitismo estava claramente ligada à ascensão do fundamentalismo islâmico e da Irmandade Muçulmana (em especial o Hamas na Palestina). Os textos básicos da Irmandade Muçulmana e movimentos aliados contêm propaganda abertamente antijudaica, em vez de antissionista. Foi em muitos aspectos um fenômeno natural, considerando o *Zeitgeist* dessa parte do mundo, e ajudou a manter a solidariedade entre palestinos e muçulmanos em outros lugares. Textos como os livros de Sayyid Qutb – muitas vezes chamado de pai da militância radical *jihad*, executado no Egito na época de Gamal Abdel Nasser – tinham como alvo o judaísmo. De acordo com esses textos, o sionismo era, obviamente, inimigo dos árabes e muçulmanos, mas os judeus também eram responsáveis por outras catástrofes como o colapso do califado no início da década de 1920 (eles supostamente desencadearam a Primeira Guerra Mundial para esse propósito específico), pela difusão do ateísmo e do materialismo, pela destruição dos laços familiares e pela promoção da pornografia.

O componente antijudaico na doutrina islâmica não é de forma alguma restrito aos árabes palestinos e aos países vizinhos. Apareceu proeminentemente no Irã depois da revolução de Khomeini, quando *Os Protocolos* teve ampla divulgação. E, entre outras acusações, os judeus foram responsabilizados pela homossexualidade e pelo lesbianismo. Os judeus, argumentaram os lhomeinistas, estavam na vanguarda da propaganda anti-islâmica. E em um país que não é conhecido por inclinações islamistas e ainda mais distante de Israel do que o Irã, Mahathir Mohamad, então primeiro-ministro da Malásia, disse em um discurso em 2003 que os europeus mataram 6 milhões dos 12 milhões de judeus, "mas, hoje, os judeus governam o mundo por procuração". Além disso, disse que os judeus sobreviveram há 2 mil anos de pogroms não pela reação, mas pelo pensamento. Inventaram e promoveram com sucesso o socialismo, o comunismo, os direitos humanos e a democracia, de modo que os perseguir pareceria estar errado, e que por isso podiam desfrutar de direitos iguais com os outros. O discurso foi amplamente aplaudido pelos muitos estadistas árabes e muçulmanos presentes.

Os árabes de todo o mundo ouvem declarações antijudaicas de clérigos muçulmanos proeminentes. Também conhecido como o mufti da televisão por causa de seu programa semanal na *Al Jazeera*, o xeique Youssef el Qaradawi talvez seja o mais influente deles; ele disse que "não há diálogo entre nós e os judeus, exceto a espada e o fuzil". Em suas aparições na Europa, esse aspecto de seus ensinamentos sempre foi minimizado ou mesmo negado, mas, neste caso e em incontáveis outros, a referência foi feita não aos sionistas e israelenses, mas simplesmente aos judeus. Muhammad Sayyid Tantawi – possivelmente mais respeitado que Qaradawi por ser xeique de Al Azhar, o chefe do seminário religioso do Cairo, o mais famoso e respeitado no mundo muçulmano –, em sua dissertação de 1966, discutiu a sombria história dos judeus com particular ênfase em seus crimes, atrocidades e suas práticas enganosas. Citando o Alcorão, chamou os judeus de "porcos e macacos", mas em uma subsequente mudança de mentalidade, causada talvez pela intervenção de líderes egípcios, declarou mais tarde que isso não deveria ser dito.

De acordo com esses pregadores muçulmanos, o mundo inteiro era hostil ao islã, e os judeus eram ainda mais hostis do que outros. Os judeus eram os principais agentes do imperialismo e da democracia (um movimento inaceitável para o islã porque coloca a soberania do povo e dos direitos humanos individuais acima de Alá). De acordo com esses clérigos, os Estados Unidos, o grande Satã, eram mais poderosos, mas Israel e os judeus, embora o pequeno e fraco Satã, eram ainda mais virulentos e perigosos; os judeus eram racistas e teriam que ser destruídos antes que o reino de Alá pudesse ser estabelecido na terra.

Islamistas antissemitas colaboraram com os antissemitas europeus de esquerda e com os antissemitas neofascistas na convocação de várias conferências, reuniões de protesto, manifestações e declarações. A principal contribuição ideológica do islamismo tem sido no campo da teoria da conspiração. Essas teorias têm uma longa história na Europa, datando de sua forma moderna à Revolução Francesa e talvez até antes. Embora as teorias da conspiração nativas existissem há muito tempo no Oriente Médio e no mundo muçulmano, a disposição de acreditar nelas era provavelmente maior do que em qualquer outro lugar.

Depois da Segunda Guerra Mundial, os neonazistas, os trotskistas e especialmente a mídia árabe alegaram que os sionistas tinham entrado em conspiração com Hitler para matar milhões de judeus e, na onda de simpatia pró-judeus após 1945, estabelecer um estado judeu. Depois de 11 de setembro de 2001, a produção de teorias da conspiração entrou em alta velocidade. Entre as teorias: os ataques em Manhattan e Washington foram planejados e executados pelos judeus, particularmente pelo Mossad. Não era verdade que os judeus que trabalhavam no World Trade Center haviam sido avisados para não ir trabalhar naquele dia?

Outros teóricos da conspiração não islamistas argumentaram que os ataques foram lançados pela Al-Qaeda, mas que Osama bin Laden era um agente do Mossad cujo nome real era Ben Landau. Líderes espirituais e políticos muçulmanos argumentaram, ao mesmo tempo, que seus correligionários não poderiam ter realizado os ataques porque não tinham a sofisticação necessária, mas que estavam orgulhosos de que tal golpe mortal tivesse sido administrado aos odiados americanos. De acordo com pesquisas de opinião pública, a maioria dos árabes acreditava que os judeus haviam realizado os ataques de 11 de setembro, apesar de Bin Laden ter dito que seus seguidores haviam realizado os ataques.

Outras teorias da conspiração afirmavam que Israel deliberadamente apoiava a resistência palestina radical para poder manter os territórios ocupados e talvez matar ou expulsar todos os palestinos se a violência aumentasse ainda mais ou em um momento de guerra. Nessa perspectiva, o presidente americano era visto como um fantoche dos israelenses, que poderiam chantageá-lo facilmente porque sabiam detalhes comprometedores sobre sua família. Nos anos anteriores, os teóricos da conspiração da extrema direita haviam argumentado que os judeus haviam sido capazes de chantagear Bill Clinton através do caso Monica Lewinsky – em um momento decisivo da guerra contra o terror, segundo essa linha de raciocínio, o presidente estava preocupado com problemas íntimos.

Para os esquerdistas e islamistas adeptos de teorias da conspiração, os eventos no Oriente Médio eram apenas uma pequena parte de uma conspiração global gigante na qual os neoconservadores (a maioria deles judeus) tiveram um papel decisivo. Os escritos filosóficos de Leo Strauss sobre Platão, Spinoza e Hobbes tornaram-se os novos *Os Protocolos dos Sábios de Sião*. As possibilidades de desenvolver novas teorias da conspiração neste campo lotado são infinitas. Elas se tornaram um componente importante do novo antissemitismo, mas seus motivos e sua grande atração para pessoas de várias partes do espectro político ainda não foram suficientemente estudados.

A nova judeofobia não se limita à propaganda. Houve violentos ataques contra instituições judaicas na Argentina (provavelmente organizadas pelo governo iraniano) nas quais dezenas de pessoas foram mortas, contra restaurantes judaicos em Paris e contra judeus , individualmente, em muitos países europeus. Daniel Pearl, um jornalista americano, e Nicholas Berg, outro civil norte-americano, foram assassinados (e seus assassinatos foram televisionados) de uma forma particularmente horrível, porque eram judeus, não sionistas. Houve muitos desses casos, e, embora os islamistas contemporâneos também tenham matado muitos não judeus no Paquistão, no Iraque, no Egito e em outros lugares, surge a pergunta: por que os judeus foram escolhidos? Por que o antissemitismo se tornou talvez o fator mais importante na nova ideologia muçulmana, não apenas no norte da África, no Oriente Médio e em partes da Ásia, e talvez ainda mais proeminente entre a forte e crescente diáspora muçulmana na Europa? Por que o slogan "morte aos judeus" que não tinha sido ouvido nas ruas da Europa desde os dias de Adolf Hitler se tornou tão prevalente?

Esse novo antissemitismo tinha mais de um motivo. Os imigrantes muçulmanos na Europa vinham de países nos quais o antissemitismo latente era endêmico, e era, portanto, fácil para pregadores radicais estimularem sentimentos antijudaicos baseados em motivos religiosos e culturais tradicionais. Esses muçulmanos, especialmente os mais jovens, tinham muitas reclamações contra as sociedades europeias, que, segundo eles, não os tratavam como iguais e, embora tolerantes, muitas vezes não permitiam que eles transferissem seus costumes tradicionais para a Europa Ocidental se esses costumes fossem conflitantes com as leis das sociedades ocidentais. Além disso, havia uma grande agressividade entre esses jovens muçulmanos, muitas vezes desempregados, que precisava de uma válvula de escape.

Uma cultura de violência surgiu, e os judeus europeus, uma pequena minoria, eram um alvo óbvio nessas circunstâncias. Era claramente menos arriscado atacar os judeus do que os membros dos grupos étnicos majoritários, embora esses confrontos também ocorressem com frequência. Havia inveja: os judeus, muitos deles imigrantes relativamente recentes, tiveram sucesso; muitos eram ricos, tinham posições influentes nas esferas política, econômica e cultural. Por que os imigrantes muçulmanos tiveram menos sucesso? Só poderia ser consequência de uma conspiração de discriminação deliberada.

E há Israel. Os judeus haviam roubado terras árabes, expulsaram os habitantes originais e foram cruelmente oprimindo aqueles que estavam sob seu domínio. Levaram os palestinos ao desespero. A televisão árabe mostrava diariamente os efeitos da ocupação e os mártires dando suas vidas na luta contra os inimigos de Alá. Não era dever de todo crente mostrar solidariedade aos seus irmãos sob ataque?

A incitação dos pregadores nas mesquitas desempenhou um papel importante, mas os ataques antijudaicos poderiam ter acontecido mesmo sem o componente religioso islâmico, como mostram outros exemplos. Nos Estados Unidos, por exemplo, a aliança judaico-negra de décadas passadas havia ruído e o antissemitismo em segmentos da população negra se tornara prevalente, mas isso tinha pouco a ver com o que o Alcorão e seus intérpretes diziam sobre os judeus. Além disso, a causa palestina não era tão próxima do coração dos negros americanos.

No que diz respeito às comunidades muçulmanas no Oriente Médio, norte da África e Ásia, há poucas dúvidas de que a recente grande onda de antissemitismo foi exacerbada como resultado da existência do Estado de Israel. O antissemitismo teria sido excessivo entre esses imigrantes mesmo que Israel não existisse, mas Israel deu a eles uma causa com a qual angariar apoio fora de sua comunidade, e lhes deu um slogan eficaz. A propaganda antijudaica da *Al Jazeera*, *Al Manar* e outros canais de televisão deu-lhes um enorme alcance no Oriente Médio e também na Europa Ocidental, um alcance muito maior e mais intenso do que os movimentos antissemitas desfrutaram no passado.

O que o sionismo e Israel fizeram para neutralizar esse desenvolvimento? A principal razão de ser do sionismo de Herzl tinha sido encontrar uma pátria segura para os judeus e resolver a questão judaica na Europa, evacuando-os para um país onde poderiam viver uma vida normal. Os sionistas foram acusados de estabelecerem-se em um país com o qual os judeus tinham uma conexão histórica próxima, mas ignoravam o fato de que esse país, a Palestina, não estava vazio.

Essa acusação é apenas meia verdade; enquanto a Palestina não estava vazia, sua população árabe total era na época (em 1900) cerca de um quarto da de Viena, onde Herzl morava. Em outras palavras, não era exatamente superpopulosa. Mas, argumenta-se, não era um país sagrado para os muçulmanos em todo o mundo? Sim e não: continha importantes santuários religiosos muçulmanos, mas não era sagrado como a Península Árabe, uma área na qual, segundo o Alcorão, nenhum não muçulmano deveria residir. A Palestina não estava vazia em 1900, mas também é verdade que houve uma presença judaica no país ao longo da história – havia uma maioria judaica em Jerusalém no século XIX, bem antes do surgimento do sionismo.

Em retrospecto, é duvidoso que um conflito entre judeus e palestinos pudesse ter sido evitado. De acordo com os árabes palestinos (cujo número estava crescendo mais rápido do que os judeus antes de 1948), eles foram reduzidos a uma minoria em sua terra natal. Se os judeus precisavam de um lar, por que eles, os palestinos, sofreriam as consequências do antissemitismo europeu? Pois então eles foram à guerra contra a divisão da Palestina em 1948 com a ajuda dos países árabes vizinhos, e perderam.

Milhões de pessoas foram expulsas de suas casas após a Segunda Guerra Mundial, na Europa e na Ásia, mas elas acabaram reinstaladas e a situação foi normalizada em uma geração ou duas. Se os judeus na Palestina tivessem sido cem ou pelo menos 50 milhões, essa normalização provavelmente teria acontecido também no Oriente Próximo. Muçulmanos e árabes aceitaram ao longo da história sua expulsão de países que já estiveram em seu poder: da Espanha aos Bálcãs, passando pela Índia. Mas não poderiam aceitar que os judeus, essa pequena e desprezada minoria, quisessem tomar a Palestina. Por isso, recusaram-se a reassentar os refugiados e queriam continuar os ataques contra os judeus na esperança de que com o tempo os muitos prevalecessem sobre os poucos.

Antes da Guerra dos Seis Dias, não havia espaço para uma solução de acordo com os palestinos, que rejeitavam a própria existência de Israel como uma questão de princípio sagrado. Mas, depois de 1967, Israel poderia e deveria ter feito um esforço para encontrar um *modus vivendi* com um estado palestino vizinho. Em vez disso, esperou por uma iniciativa árabe que nunca veio. Os israelenses mantiveram os territórios ocupados e solenemente declararam que uma Jerusalém indivisa era deles e que nunca mais seria dividida.

Enquanto o radicalismo e o fundamentalismo religioso varreram o mundo muçulmano, houve também uma onda nacionalista-religiosa em Israel. Embora tenha afetado uma parte menor da população, era uma minoria vociferante e politicamente influente. À margem das realidades políticas e demográficas, seguiu uma linha política destinada a provocar não apenas palestinos, mas muçulmanos em todos os lugares. Isso contribuiu largamente para a disseminação do antissemitismo no mundo muçulmano e para o isolamento internacional de Israel. Os que não estavam dispostos a abandonar os territórios ocupados com uma maioria árabe alegaram que os árabes eram intransigentes, não estavam satisfeitos com as concessões de Israel e queriam que Israel desaparecesse do mapa.

Isso pode ter sido verdade para os grupos extremistas, e é provavelmente correto que a maioria dos árabes palestinos não teria se entristecido com a destruição de Israel. Mas também é verdade que os extremistas árabes não estavam em posição de alcançar seu objetivo final, e, mesmo que tivessem alcançado alguns de seus objetivos, não teriam o apoio total do mundo muçulmano para perseguir seus objetivos máximos até o fim.

Havia uma chance razoável de que uma solução provisória de concessão pudesse ser alcançada, e nada perdura como o temporário. Foi provavelmente esse medo de perder o apoio muçulmano mais amplo, uma vez que uma solução provisória fosse alcançada, que fez com que os radicais e líderes palestinos, como Yasser Arafat, se recusassem a aceitar uma solução parcial. Mas, se foi assim, Israel deveria ter agido unilateralmente, o que não aconteceu; daí o constante agravamento da situação.

De particular importância nesse contexto era a situação de Jerusalém. Até 1967, praticamente todos os políticos israelenses estavam cientes da participação que as principais religiões tinham nessa cidade. Mas a vitória em 1967 e a ocupação do Monte do Templo tiveram um efeito coletivo inebriante, algo não muito diferente da "síndrome de Jerusalém", que afeta indivíduos. Isso levou às várias declarações e resoluções israelenses de que nunca mais se dividiria a cidade e não se compartilharia a soberania, o que, por sua vez, facilitou a islamização do antissemitismo.

Não é fácil definir e categorizar o antissemitismo islâmico de acordo com as linhas ocidentais. Não é racista. O islã, sendo uma religião que se estende por vários continentes e muitos países, e inclui pessoas brancas e negras, não pode adotar uma teoria que acredite em raças superiores e inferiores, pelo menos não no nível abstrato.

De certa forma, a atitude dos muçulmanos aos judeus se assemelha à atitude comunista para com os judeus nos dias de Stalin. A princípio, o comunismo se opunha a qualquer forma de discriminação étnica ou racial, mas na realidade alguns povos eram considerados mais iguais do que outros. De forma semelhante, os muçulmanos originais (os árabes) são considerados superiores àqueles que abraçaram o islã somente mais tarde na história. Tampouco o mundo do islã pode aceitar judeus e outros não muçulmanos como cidadãos iguais em uma sociedade baseada na xariá, e a forte ênfase nas teorias da conspiração também coloca a situação em uma categoria à parte. Embora o cristianismo também tivesse tais ambições, aparentemente ilimitadas, se envolvendo em cruzadas, criando a Inquisição e queimando bruxas, isso foi há muitos séculos, e, como outras religiões, o cristianismo superou seu papel de Igreja militante enquanto o islamismo radical, não. No século XXI, o islã tornou-se a força central nos ataques contra os judeus.

É absurdo argumentar que o antissemitismo muçulmano contemporâneo está totalmente desconectado da existência de Israel e da política dos governos israelenses. Mas também é verdade que esse antissemitismo está servindo de para-raios tanto para governos quanto para islamistas; se não fosse por Israel e pelos territórios ocupados, a agressão subjacente encontraria outras válvulas de escape. Com toda a probabilidade, se tornaria ainda mais contra os governos árabes e muçulmanos que frustraram as esperanças de amplos segmentos de suas sociedades. A agressão não diminuiria em relação ao antiamericanismo e ao antiocidentalismo. Em vez de gritar "morte aos judeus", os jovens muçulmanos radicais que se manifestam nas ruas da Europa encontrariam outra causa para abraçar e outro foco para seus ataques, como os distúrbios na França em 2005 demonstraram. Essa função do antissemitismo como um para-raios na Europa, assim como no mundo árabe e muçulmano, é muitas vezes subestimada.

CAPÍTULO 11

À Guisa de Conclusão

O ANTISSEMITISMO É UM tópico histórico, mas, como ainda não terminou, não é apenas de interesse histórico. A hora de escrever seu epitáfio ainda não chegou.

Não pode haver contestação de que o caráter do antissemitismo mudou nos últimos séculos. Até a Segunda Guerra Mundial, a maioria dos judeus vivia na Europa, incluindo a União Soviética. Hoje, quase metade dos judeus do mundo vive em Israel, sendo os Estados Unidos a segunda maior comunidade. Como resultado do Holocausto, a distribuição demográfica mudou radicalmente. Embora, em princípio, possa haver antissemitismo mesmo na ausência de judeus – o Paquistão é um exemplo –, é improvável que, em tais circunstâncias, o antissemitismo possa ser uma questão política decisiva. A fraqueza do neonazismo, um pilar tradicional do antissemitismo, e o surgimento de grandes comunidades muçulmanas na Europa são outros fatores que provavelmente terão um impacto decisivo sobre o caráter do antissemitismo no século XXI.

A dificuldade em diferenciar antissemitismo de antissionismo foi enfatizada mais de uma vez nestas páginas. Mas aqui novamente surge a questão de saber se os termos tradicionais explicam mais do que ofuscam. A hostilidade de setores da esquerda contemporânea é pós-racialista, pois tem pouco a ver com o antissemitismo da era nazista. Nem a esquerda hoje tem muito em comum com a tradicional esquerda do século XIX e início do século XX; embora muitas vezes tenha um caráter populista e anticapitalista, ela pode com a mesma facilidade ficar à esquerda ou à direita. O antissionismo é outro termo ultrapassado, pois o sionismo, o movimento visando a reunião dos exilados e o estabelecimento de um estado judeu, não existe mais como fator político significativo. O Estado de Israel passou a existir e já não se pode mais esperar um grande número de imigrantes. A história desde 1948, em todo caso, é a do Estado de Israel, não do sionismo. A ideologia desse estado inclui elementos sionistas, mas também muitos outros. Na era contemporânea, o antissemitismo não é mais tão claro como era, e é usado simplesmente por falta de outro termo mais satisfatório. Mas, qualquer que seja a semântica, a hostilidade contra os judeus enquanto indivíduos e/ou coletividade ainda existe e é improvável que cesse em breve.

Há outros fatores que tornam a discussão sobre o futuro desse fenômeno do antissemitismo altamente especulativa. A assimilação de judeus fora de Israel continua e a taxa de natalidade (com a importante exceção dos ortodoxos) é baixa; as comunidades judaicas na Europa e nas Américas não sustentam seus números para a próxima geração. Não está claro quantos judeus que se identificam como tais existirão fora de Israel no ano de 2050, quanto mais até o final deste século. Um traço religioso ortodoxo remanescente continuará a existir e, nesse sentido, a crença na eternidade de Israel (*nezah yisrael lo yeshaker*) será justificada; mas isso se aplica mais a questões espirituais do que ao mundo real. E pode ser que, nessas circunstâncias, o antissemitismo global possa desaparecer ou pelo menos diminuir de importância. A massa crítica necessária para um movimento como o antissemitismo poderá não existir mais. Ainda assim, são especulações e não levam em conta o futuro do Estado de Israel nem as atitudes em relação a ele.

Atualmente, o antissemitismo, seja qual for seu nome, ainda é muito mais que uma mera lembrança histórica.

BIBLIOGRAFIA

As primeiras bibliografias históricas sobre antissemitismo foram as publicadas pela Biblioteca Wiener de Londres (Helen Kehr, Janet Langmaid, Ilse R. Wolff, orgs.), incluindo *Prejudice* (Londres, 1971). A mais atualizada é a bibliografia de Felix Posen do Centro Vidal Sassoon, na Universidade Hebraica de Jerusalém, que abrange até o momento 40 mil itens, em sua maioria contemporâneos.

A lista de livros abaixo fornece nada mais do que um guia para leitura adicional.

OBRAS DE TEMA GERAL

ALMOG, S. (org.) *Antisemitism through the Ages.* Oxford, 1988.

BARON, S. W. *A Social and Religious History of the Jews.* 19 vols. New York, 1952-1983.

BEIN, A. *The Jewish Question.* Rutherford, New Jersey, 1989.

BEN SASSON, H. H. (org.). *A History of the Jewish People.* 12. ed. Cambridge, Massachusetts, 2002.

CHANES, J. A. *Antisemitism – A Reference Handbook.* Santa Barbara, California, 2004.

GILMAN, S. L. e Katz, S. T. *Antisemitism in Times of Crisis.* New York, 1991.

LANGMUIR, G. I. *History, Religion and Antisemitism.* Berkeley, 1990.

POLIAKOV, L. *A History of Antisemitism.* 4 vols. New York, 1965-1986.

WISTRICH, R. *Antisemitism: The Longest Hatred.* New York, 1991.

O MUNDO ANTIGO

FELDMAN, L. H. *Josephus and Modem Scholarship.* Berlin, 1984.

GAGER, J. G. *The Origins of Anti-Semitism.* New York, 1985.

HENGEL, M. *Judaism and Hellenism.* Philadelphia, 1981.

ISAAC, J. *Genèse de L'antisémitisme*. Paris, 1956.
LANGMUIR, G. L. *Towards a Definition of Antisemitism*. Oxford, 1990.
RUETHER, R. *Faith and Fratricide*. Minneapolis, 1974.
SCHAEFER, P. *Judaeophobia*. Cambridge, Massachusetts, 1998.
SEVENSTER, J. N. *The Roots of Antisemitism in the Pagan World*. Leiden, 1975.
STEM, M. *Greek and Latin Authors on Jews and Judaism*. 3 vols. Jerusalém, 1974.
TCHERIKOVER, T. *Hellenistic Civilization and the Jews*. New York, 1979.
YAVETZ, Z. *Judenfeindschaft in der Antike*. Munique, 1997.

CRISTIANISMO

BAUM, G. *The Jews and the Gospel*. London, 1961.
CHADWICK, O. *A History of Christianity*. New York, 1998.
DAVIES, A. (org.). *Antisemitism and the Foundations of Christianity*. New York, 1979.
HORBURY, W. *Jews and Christians in Contact and Controversy*. Edimburgh, 1998.
LATOURETTE, K. *A History of Christianity*. Vol. 1. San Francisco, 1975.
PARKES, J. *The Conflict between the Church and the Synagogue*. London, 1934.
SANDMEL, S. *Anti-Semitism in the New Testament*. Philadelphia, 1978.
SIMON, M. *Verus Israel*. Paris, 1964.
STENDAHL, K. *Paul Among Jews and Gentiles*. Philadelphia, 1976.
WILLIAMS, A. L. *Adversus Judaeos*. Cambridge, Grã-Bretanha, 1935.

A IDADE MÉDIA

BAER, Y. F. *A History of the Jews in Christian Spain*. 2 vols. Philadelphia, 1961-1966.
CHAZAN, R. *European Jewry and the First Crusade*. Berkeley, 1987.
CHAZAN, R. *Medieval Stereotypes and Modern Antisemitism*. Berkeley, 1997.
DUNDES, A. *The Blood Libel Legend*. Madison, Wisconsin, 1991.
EDWARDS, J. *The Jews in Christian Europe, 1400-1700*. London, 1987.
EIDELBERG, S. *The Jews and the Crusades*. Madison, Wisconsin, 1945.
KERTZER, D. *The Popes Against the Jews*. New York, 2001.
KISCH, G. *The Jews in Medieval Germany*. Chicago, 1949.
MARCUS, J. R. *The Jew in the Medieval World*. New York, 1972.
OBERMANN, G. A. *The Roots of Antisemitism in the Age of Renaissance and Reformation*. Philadelphia, 1981.

ROTH, C. *The History of the Jews in Italy.* Philadelphia, 1946.
ROTH, C. *A History of the Marranos.* New York, 1974.
TRACHTENBERG, J. *The Devil and the Jews.* New Haven, 1943.

O ILUMINISMO E ALÉM

FLERTZBERG, A. *The French Enlightenment and the Jews.* New York, 1968.
FRANKEL, J. *Prophecy and Politics.* Cambridge, Grã-Bretanha, 1981.
GREENBERG, L. *The Jews in Rússia.* 2 vols. New Haven, 1944.
ISRAEL, J. I. *European Jewry in the Age of Mercantilism.* Oxford, 1986.
KATZ, J. *Out of the Ghetto.* Cambridge, Massachusetts, 1973.
KATZ, J. *From Prejudice to Destruction.* Cambridge, Massachusetts, 1980.
LEVINE, H. *Economic Origins of Antisemitism.* New Haven, 1991.
MARRUS, M. *The Politics of Emancipation.* Oxford, 1971.
RUERUP, R. *Emanzipation und Antisemitismus.* Göttingen, 1975.
STERN, S. *The Court Jew.* Philadelphia, 1950.
SZAJKOWSKI, Z. *Jews and the French Revolution.* New York, 1970.

O ANTISSEMITISMO RACIALISTA

ALMOG, S. *Nationalism and Antisemitism in Modern Europe.* New York, 1990.
BIRNBAUM, P. *Le Moment antisemitique.* Paris, 1995.
BYRNES, R. F. *Antisemitism in Modern France.* Bloomington, Indiana, 1950.
COHN, N. *Warrant for Genocide.* New York, 1966.
DE MICHELIS, C. *The Non-Existent Manuscript.* Lincoln, Nebraska, 2004.
KLIER, J. D. e LAMBROZA, S. *Pogroms: Anti-Jewish Violence in Modern Russian History.* Cambridge, Massachusetts, 1992.
LAQUEUR, W. e BAUMEL, J. (org.). *Holocaust Encyclopedia.* New York, 2002.
LEVY, R. S. *Antisemitism in the Modern World.* Lexington, Kentucky, 1991.
LOEWE, H. D. *Antisemitismus undreaktionaere Utopie.* Flamburg, 1978.
LOEWE, H. D. *The Tsars and the Jews.* New York, 1993.
MASSING, P. *Rehearsal for Destruction.* New York, 1949.
MENDELSSOHN, E. *The Jews of East Central Europe between the Two World Wars.* Bloomington, Indiana, 1983.
PAULEY, B. F. *From Prejudice to Persecution: A History of Austrian Antisemitism.* Chapel Hill, 1992.
PULZER, P. *The Rise of Political Antisemitism.* Cambridge, Massachusetts, 1988.

REINHARZ, J. org. *Living with Antisemitism.* Boston, 1987.
ROLLIN, H. *L'Apocalypse de notre temps.* Paris, 1991.
ROSE, P. L. *German Question/Jewish Question.* Princeton, 1992.
SCHORSCH, H. *Jewish Reactions to German Antisemitism, 1870-1914.* Philadelphia, 1972.
STRAUSS, H. A. (org.). *Hostages of Modernization.* 2 vols. Berlin, 1993.
VOLKOV, S. *Juedisches Leben und Antisemitismus im 19. Jahrhundert.* Munique, 1990.
ZUMBINI, M. F. *Die Wurzeln des Bösen.* Frankfurt, 2003.

O ANTISSEMITISMO E A ESQUERDA

HABERER, E. *Jews and Revolution in Nineteenth-Century Russia.* Cambridge, Massachusetts, 1995.
HAURY, T. *Antisemitismus von Links.* Hamburg, 2002.
LAZARE, B. *Antisemitism, Its History and Causes.* Lincoln, Nebraska, 1995.
LEON, A. *The Jewish Question.* Ciudad de México, 1950.
MENDELSOHN, E. *Essential Papers on Jews and the Left.* New York, 1997.
SILBERNER, E. *Sozialisten zur Judenfrage.* Berlin, 1962.
SZAJKOWSKI, Z. *Jews, War and Communism.* 2 vols. New York, 1972, 1974.
VAKSBERG, A. *Stalin Against the Jews.* New York, 1994.
WISTRICH, R. *The Left Against Zion.* London, 1979.
WISTRICH, R. *Socialism and the Jews.* New York, 1985.

JUDEUS E MUÇULMANOS; O ANTISSEMITISMO E O MUNDO MUÇULMANO

BAT Ye'or. *Eurabia.* New York, 2005.
COHEN, M. *Under Crescent and Cross.* New York, 1995.
GOITEIN, S. D. *Jews and Arabs.* New York, 1974.
HARKABI, Y. *Arab Attitudes to Israel.* New York, 1974.
KUENTZEL, M. *Jihad und Judenhass.* Fribourg, 2003.
LEWIS, A. *Semites and Antisemites.* New York, 1999.
LEWIS, B. *The Jews of islam.* New York, 1987.
STILLMAN, N. *Jews of Arab Lands.* Philadelphia, 1975.
STILLMAN, N. *The Jews of Arab Lands in Modern Times.* Philadelphia, 1991.

O ANTISSEMITISMO CONTEMPORÂNEO

BENZ, W. *Antisemitismus in Deutschland.* Munique, 1995.
BRENT, J. e NAUMOV, V. *Killers in White Gowns.* New York, 2004.
DINERSTEIN, L. *Antisemitism in America.* New York, 1995.
FRIEDLÄNDER, S. *Nazi Germany and the Jews.* Vol. 1. New York, 1997.
GITELMAN, Z. *A Century of Ambivalence.* New York, 1988.
GRAML, H. *Antisemitism in the Third Reich.* Oxford, 1988.
IGANSKI, P. e KOSMIN, B., (org.). *The New Antisemitism.* London, 2003.
LINDEMANN, A. *Esau's Tears.* New York, 2000.
RABINOVICI, D., SPECK, U., SZNAIDER, N. *Neuer Antisemitismus?.* Frankfurt, 2004.
ROSSMAN, V. *Russian Intellectual Antisemitism.* Lincoln, Nebraska, 2002.
SCHOENFELD, G. *The Return of Anti-Semitism.* San Francisco, 2004.
TAGUIEFF, P. A. *Les Protocoles des Sages de Sion.* Paris, 2004.
TAGUIEFF, P. A. *Precheurs de Haine.* Paris, 2004.

INTERPRETAÇÕES

ARENDT, H. *The Origins of Totalitarianism.* New York, 1951.
BERNSTEIN, F. *Jew-Hate as a Sociological Phenomenon.* New York, 1950.
CRAMER, E. *Hitlers Antisemitismus und die Frankfurter Schule.* Dusseldorf, 1979.
ERNER, G. *Expliquer l'antisemitisme.* Paris, 2005.
FEIN, H. (org.). *The Persisting Question.* Berlin, 1987.
FINKIELKRAUT, A. *Au nom de Tautre.* Paris, 2003.
GILMAN, S. *Jewish Self-Hatred.* Baltimore, 1986.
REICHMANN, E. *Hostages of Civilization.* London, 1950.
SARTRE, J. P. *Antisemite and Jew.* New York, 1995.
SIMMEL, E. *Antisemitism: A Social Disease.* Boston, 1946.
VOLKOV, S. *Antisemitismus als kultureller Code.* Munique, 2000.

ÍNDICE ANALÍTICO

VOCÊ PODERÁ INTERESSAR-SE TAMBÉM POR:

Em *A Indústria de Mentiras*, Ben-Dror Yemini faz uma distinção clara entre as críticas legítimas ao Estado de Israel e as narrativas injustas que nunca estão de acordo com os fatos históricos, nem com as causas dos conflitos do Oriente Médio. O objetivo de Yemini é afastar as interpretações cheias de erros e confusões que na maioria das vezes tratam os israelenses como vilões por conta de um maniqueísmo ingênuo e precipitado. Embora o autor acredite que essa atitude não revela simplesmente uma má intenção, até porque a maior parte das pessoas comuns não tem meios para checar todas as fontes e fazer um julgamento justo sobre um tema bastante complexo, ele demonstra que, por outro lado, existe uma máquina da desinformação que pretende manipular a opinião pública apenas para legitimar uma visão política anti-israelense.